천주실의

리마두 지음
노용필 옮김

어진이

차례

해설 : 『天主實義』·『텬쥬실의』·『천주실의』

1. 『天主實義』

이탈리아 태생의 예수회 신부 마테오 리치Matteo Ricci(리마두利瑪竇, 1552-1610)가 중국에 천주교를 전파하기 위해 마카오Macao에 첫발을 디딘 것은 1582년이었다. 이후 감옥에 억류되는 등 천신만고 끝에 간신히 1601년부터 북경北京 거주가 허용되자, 그는 곧 『천주실의天主實義』를 완성하여 1603년에 초판初版을 발행하였다.

그 자신이 남긴 기록에 의하면, 『천주실의』는 1609년까지 4판이 발행되었고, 그 가운데서 2개의 판본은 천주교 교인이 아닌 이교도異敎徒들에 의해서 출판이 되었다고 한다. 이런 사실은 『천주실의』에 대해 천주교 교인은 물론이고 일반 대중의 관심이 매우 깊었고, 그리하여 독자층이 폭넓게 형성되어가고 있었음을 알려주는 것이라 하겠다.

지금까지 간행된 『천주실의』의 판본들을 중국 학자들이 조사한 바를 종합하면, 1605년부터 1898년까지 광동廣東·항주杭州·복건현福建縣·상해上海·헌현獻縣 등 곳곳에서 중각重刻 혹은 중인重印이 이루어지고, 1904년부터는 상해上海 토산만土山灣 자모당慈母堂 및 上海 土山灣 인서관印書館 그리고 홍콩香港 납잡륵정원納匝肋靜院 등에서 새로운 활자판活字版이 출판되었다. 이렇게 초판을 중각한 판본인 초판중각본初版重刻本이 빈번하게 출판되는 과정에서, 그 이전과는 달리 독자들의 심층적인 이해를 돕기 위해서 본문에 그 내용을 압축한 주석註釋을 삽입하고 그것을 정리해서 목록目錄으로 작성하여 上卷상권 · 下卷하권의 서두에 각각 삽입한 새로운 체재體裁의 주석목록본註釋目錄本이 출현하였다.

이 주석목록본은 본문에 주석을 삽입하고 그것을 정리하여 목록으로 서두에 삽입한 간주형間註型으로, 이 책『天主實義 · 텬쥬실의』상권 · 하권의 影印영인 자료가 바로 이 형태이다. 이후 활자活字로 조판組版되면서 본문의 주석을 본문 위에 별도의 칸을 마련하여 제시한 두주형頭註型이 새로이 등장하였다. 그러므로『천주실의』주석목록본은 애초에는 간주형으로 출판되다가 이후 그것을 근간으로 금속 활자로 조판하면서 두주형으로 출판하기에 이르렀던 것이다.

이러한『천주실의』가 조선에 처음 수용된 초기에는 필사본으로 널리 보급되기 시작하였다. 윤지충尹持忠(1759-1791)의 다음과 같은 말에서 이러한 사실이 잘 드러나고 있다.

「죄인罪人 윤尹(지충持忠) 공供」. … 계묘癸卯(1783)년 봄에 저는 진사進士가 되었습니다. 이듬해 겨울 서울에 가서 명례방골에 사는 중인中人 김범우金範禹의 집에 우연히 들렀더니, 그 집에는『천주실의』라는 책과『칠극七克』이라는 책, 이렇게 두 권이 있었습니다. … 저는 그 두 책을 빌려서 소매에 넣고 시골집에 돌아와 베꼈습니다. (안응모 · 최석우 역주,『한국천주교회사』상, 1979, pp.345-346)

윤지충이 1784년 서울 명례방 소재 김범우(미상-1786)의 집에서 이렇듯이 『천주실의』등을 빌려와서 필사했다고 밝히고 있음에서 당시에 이미『천주실의』가 수용되었음은 물론이고 필사되어 전파되고 있었음이 입증된다. 이 때 그가 빌려와서 필사했다는 이『천주실의』는 그의 말에서 정확히 드러나지 않지만, 당시 중국에서 유행하던 주석목록본『천주실의』를 수용하여 이를 필사했음이 거의 틀림이 없다.

2.『텬쥬실의』

당시 조선에서『天主實義』를 수용하여 필사를 통해 유행함과 동시에 언문으로 번역하고 필사한 이른바 언해필사본諺解筆寫本『텬쥬실의』가 등장하여 유행하였다. 이 책『天主實義 · 텬쥬실의』상권 · 하권의 영인 자료『텬쥬실의』가 바로 그 실물이다. 그런데 이『텬쥬실의』의 구성과 내용을 분석해본 결과, 그 내용이 초판중각본이 아닌 주석목록본을 저본底本으로 삼아 언해한 것임이 확인되므로, 조선에서는 당시 중국에서 유행하던 주석목록본『천주실의』를 수용하여 곧 언해하고 필사한『텬쥬실의』가 크게 유행하였음이 입증된다.

이러한『천주실의』의 언해 작업과 관련하여 1784년 어간에 이가환李家煥(1742-1801)이 그것을 주관하였다는 사실이, 이규경李圭景(1788-미상)의『오주연문장전산고五洲衍文長箋散稿』에 전재轉載된 이만수李晩秀의 소위「토사주문討邪奏文」내용 중에 전해지고 있어 크게 주목된다. 핵심 대목은 다음과 같다.

" … 처음에 이벽李蘗은 양학洋學이라는 것이 있다는 말을 듣고, 이승훈李承薰을 변장시켜 그의 아버지 동욱東郁이 공사貢使로 가는 길에 딸려 보냈는데, 그는 중국에 들어가 서양 사람이 살고 있는 곳에 가서 서양 서적을 가지고 돌아와서 (ⓐ)이벽 · 정약종丁若鍾 · 정약용丁若鏞 · 이가환李家煥 등과 함께 강독講讀하여 본받았습니다. 그리고 (ⓑ)이승훈이 사서 가지고 온 사서邪書들을 (ⓒ)언문諺文으로 번역하여 널리 퍼뜨렸는데, 이 일은 가환이 주관하였습니다. … "(이규경,『오주연문장전산고』경사편 3 석전류 3 서학「사교邪敎의 배척에 관한 변증설」)

요컨대 중국에서 이승훈(1756-1801)이 "사서 가지고 온 사서들을(ⓑ)" "이벽 · 정약종 · 정약용 · 이가환 등과 함께 강독하여 본받았(ⓐ)"으며, "언문으

로 번역하여 널리 퍼뜨렸는데, 이 일은 가환이 주관하였(ⓒ)"다는 것이다. 이
승훈은 이가환의 조카였으므로 이런 일은 충분히 가능했을 것이며, 그리고
이 '사서들' 중에는 『천주실의』도 제일 먼저 물론 포함되어 있었을 것이고, 이
를 "언문으로 번역하여 널리 퍼뜨리는" 일을 이가환이 "주관하였다"는 사실
도 역시 진실일 것이다. 그렇더라도 이 '언문 번역'이 "이벽·정약종·정약
용·이가환 등과 함께 강독"한 결과물이었지, 그 '언문 번역' 자체를 이가환
혼자서만 한 것은 아니었고, 이러한 천주학 관련 서적 곧 천주서天主書를 필
사하여 '널리 퍼뜨리는 일'만을 이가환이 문자 그대로 '주관'했던 것으로 여겨
진다.

그런데 이러한 언해 천주서의 필사와 관련하여, 이 기록에서 드러난 이가
환과 같은 양반 학자가 아닌 농사꾼과 아낙네들이 직접 필사하였다는 기록이
있어 당시의 실제 상황을 정확히 파악하는 데에 더할 나위 없이 요긴하다. 정
조 12년(1788) 8월 3일(壬辰) 이경명李景溟이 제출한 상소문의 한 대목이 그
것으로, 이 상소문의 내용 중 주목되는 관련 대목만을 제시하면 다음이다.

"아, 요즈음 세속에 이른바 서학이라고 하는 것은 참으로 후세에 있어서 하나의
큰 변괴입니다. 근년에 성상께서 하교를 분명히 게시하셨고 처분을 엄정하게 하셨
음은 제가 다시 사실을 자세히 말씀드릴 필요가 없습니다만 시일이 조금 오래되니
그 단서가 점점 치열해져 서울에서 먼 시골에 이르기까지 더욱 서로 속이고 꾀어
이르지 않는 곳이 없습니다. 암만 지극히 어리석은 농사꾼과 무지한 시골 아낙네
라도 언문으로 그 책을 베껴 신명처럼 받들고, 혹 농사일을 철폐하는 데에 이르더
라도 외워 익히며 비록 죽더라도 후회하지 않습니다(雖至愚田氓 沒知村婦 諺謄其
書 奉如神明 至或廢事誦習 雖死靡悔)"(『승정원일기』정조 12년 8월 3일 임진)

이경명은 '하나의 큰 변괴'인 '서학'이 "서울에서 먼 시골에 이르기까지" "이
르지 않는 곳이 없음"을 크게 우려하였는데, 그러면서 "암만 지극히 어리석은
농사꾼(至愚田氓)과 무지한 시골 아낙네(沒知村婦)라도 언문으로 그 책을 베

껴 신명처럼 받들고, 혹 농사일을 철폐하는 데에 이르더라도 외워 익히며 비록 죽더라도 후회하지 않습니다"라고 기술하고 있음이 주목된다. 따라서 정조 12년(1788) 당시에 이미 이렇게 '지극히 어리석은 농사꾼 · 무지한 시골 아낙네'의 '언문으로 책 베껴(諺謄其書)' '읊어 익히기(誦習)'가 '혹 농사일을 철폐하는 데에 이르더라도(至或廢事誦習)' '비록 죽더라도 후회하지 않는(雖死靡悔)' 실정에 있었음이 이로써 명명백백하게 입증된다고 하겠다.

이렇게 전파된 언해필사본 천주서 『텬쥬실의』 등은 언문 해독 능력을 갖춘 이들에게는 문자 그대로 '복음'을 접하는 듯한 감흥을 불러일으켰을 것이며, 그래서 자기 손으로 직접 베껴 지니고서는 애지중지하며 읽고 또 읽었을 것이다. 그렇지만 채 언문을 깨치지 못한 이들에게는 언문을 깨쳐 술술 읽어내려가는 이들이 야속하다고 느낄 정도로 그야말로 선망의 대상이 되었을 것이다. 그러므로 미처 언문을 깨치지 못한 이들은 그들이 들려주는 내용을 한번 들을라치면 어떻게든 그 내용을 잊어버리지 않도록 깡그리 외워서라도 기억하려고 힘을 기울였을 것이다.

그럼에 따라 점차 그 내용은 물론 기도문 자체도 외워 읊을 수 있게 되었던 듯하다. 이러한 정황에 대해서는 윤기尹愭(1741-1826)가 1792년에 지은 「감회感懷 팔백자八百字」라는 글에서 다음과 같이 기술하고 있음에서 낱낱이 우러나온다.

> (3)ⓓ우리나라 사신들 귀국 길에 재앙을 싣고 와서 / 서적이 상자에 가득한데
> ⓔ시험 삼아 책 속의 뜻 물어보면 / 물이 끓듯 매미 울듯 어지럽게 아뢴다네 …
> ⓕ교대로 읊으며 비는 방법을 쓰니 / 참으로 요사하여 상서롭지 못하네

이 대목에서 "우리나라 사신들 귀국 길에 재앙을 싣고 와서 / 서적이 상자에 가득한데(ⓓ)"라고 하였음이 먼저 눈에 띈다. 여기에서의 '서적'은 분명히 '천주서'를 가리키는 것임이 분명하며, "상자에 가득한데"라고 하는 표현은 다

소 과장된 듯도 하지만, 따라서 그만큼 중국으로부터 수입하는 천주서의 분량이 대단한 규모로까지 확대되었던 사실을 드러낸다고 읽는다.

그 다음 대목에서 "시험 삼아 책 속의 뜻 물어보면 / 물이 끓듯 매미 울듯 어지럽게 아뢴다네(ⓒ)"라고 했는데, 그들이 이렇듯이 "물이 끓듯 매미 울듯 어지럽게 아뢴" 것은 다름이 아니라 그 내용을 죄다 외워서 언제 어디서든지 줄줄 읊을 수 있었기 때문일 것이다. 설령 언문을 미처 깨치지 못해 언해필사본 천주서를 직접 읽고서 그 내용을 꿰지 못했을지라도 주변에서 누군가가 이를 읽고 그 문구를 알려줄라치면 정신을 바짝 차리고 한 글자 한 획도 놓치지 않으려 안간힘을 쓰며 귀담아들어서 그 내용 전부를 외우다시피 했으므로 그럴 수 있었을 법하다.

이런 면모는 곧 이어지는 대목에서 "교대로 읊으며 비는 방법을 쓰니(ⓕ)"라고 했음에서 더욱 명료하게 입증된다고 하겠다. 이렇게 '교대로 읊으며 비는 방법'을 통해 필수적인 기도문을 완벽하게 입에 붙이고 나서 그 사실을 사제司祭의 찰고察考를 통해 확인을 받은 후 비로소 영세領洗를 주는 절차를 거쳤을 것인데, 여기서 이 '교대로 읊으며 비는 방법'이라는 것은, 천주교에서 기도를 여러 명이 함께할 때 참여자를 두 부류로 나누어서 먼저 '계啓'라 하여 한 부류가 기도문 앞부분의 한 소절을 읊으며 빌고 나면, '응應'이라 하여 나머지 부류가 이어받아서 기도문의 다음 한 소절을 읊으며 비는 고유의 기도 방식을 가리키는 것으로 여겨진다.

이렇게 해서 천주교에 입교하는 평민 혹은 그 이하 신분층의 사람들이 급증하게 되었고, 그 여파는 양반층으로까지 옮아가는 추세에 이르게 되었던 모양이다. 윤기尹愭의 같은 글 가운데 다음과 같은 부분에서 그런 상황이 실감 나게 묘사되어 있어서 그런 분위기를 충분히 느낄 수 있다.

(4)ⓖ어리석은 백성 이미 현혹되었고 / 영특한 선비들도 휩쓸리누나 …
ⓗ사람들이 전해 듣고 남보다 뒤질세라 / 앞다투어 양식 싸들고 파도처럼 몰려

드니 /
　말류의 폐단이 끝내 이런 지경이라
　ⓘ아아, 이젠 쓸어낼 수 없게 되었네

　당시에 "어리석은 백성 이미 현혹되었고 / 영특한 선비들도 휩쓸리는(ⓖ)" 상황에 처해 있었음이 명백하다. 그리고 이러한 추세는 "사람들이 전해 듣고 남보다 뒤질세라 / 앞다투어 양식 싸들고 파도처럼 몰려(ⓗ)"드는 지경에 다다랐던 것이라 여겨진다. 그래서 결국 윤기는 "아아, 이젠 쓸어낼 수 없게 되었네(ⓘ)"라고 한탄하기에 이르고 말았다. 정조正祖 재위 당시에 이미 이렇듯이 모든 신분층에 걸친 천주학天主學의 전국적인 확산이 당시의 실제 상황이었다. 그래서 정부는 탄압의 수단을 쓰는 것밖에는 달리 방도를 도저히 찾을 수 없는, 그래서 더욱 수습하기 어려운 상태로 돌입하게 되었다고 하겠다.

　총괄하건대 중국에서 출판된『天主實義』주석목록본이 조선에 수용되어 필사본으로 유행하기 시작한 것은 윤지충(1759-1791) 관련 기록에서 찾아지듯이 1784년으로 규명되고, 그것이『텬쥬실의』로 언해된 것은 그 작업을 주관한 이가환(1742-1801) 관련 기록에서 드러나는 바대로 1784년 어간이었음이 확인된다. 따라서 주석목록본『天主實義』가 조선에 수용되어 필사되어 유행하기 시작하면서 동시에 언문으로 언해가 이루어져『텬쥬실의』가 등장하게 되는 것이 1784년 어간으로 특정된다.

　그러한『텬쥬실의』필사와 관련해서 '지극히 어리석은 농사꾼·무지한 시골 아낙네'의 '언문으로 책 베껴' '읊어 익히기'가 '혹 농사일을 철폐하는 데에 이르더라도' '비록 죽더라도 후회하지 않는' 실정이 된 것은 이경명이 그러한 당시의 실정을 고스란히 담아 상소문을 제출했던 게 1788년으로, 그리고 '어리석은 백성 이미 현혹되었고 영특한 선비들도 휩쓸리'며 '사람들이 전해 듣고 남보다 뒤질세라 앞다투어 양식 싸들고 파도처럼 몰려드'는 상황에 대해 윤기가 적나라하게 기술한 게 1792년으로 역시 특정된다.

따라서 천주학은 정조正祖(1777-1800)가 재위하고 있던 당시에 이미 이렇듯이 모든 신분층에 걸쳐 전국적으로 확산되고 있었던 게 실제 상황이었다. 그래서 결국 정부는 탄압의 수단을 쓰는 것밖에는 달리 방도를 도저히 찾을 수 없어서 이후 순조純祖가 즉위한 1800년 이듬해인 1801년(辛酉) 소위 신유박해를 필두로 그 이후 천주학은 대대적인 박해迫害를 받기에 이르게 되었던 것이다.

3. 『천주실의』

주석목록본 『천주실의』의 「목록目錄」 및 언해필사본 『텬쥬실의』의 「목록」에는 소제목만 나열되어 있을 뿐이지만, 본문의 서술 내용 중 '강학講學'·'강도講道' 등의 용어를 곳곳에서 구사하고 있다는 사실에 착안하여 '강'을 취하여 『天主實義·텬쥬실의』에도 반영하였고, 이 한글판 『천주실의』에서는 특히 서술 순서에 따라 [제1강]·[제2강] … 등을 차례 및 본문의 그 소제목 앞에 붙여 체계적으로 정리하였다. 이렇게 한 것은 다름이 아니라 구체적인 서술 내용 전반에 대한 독자의 체계적이고 심층적인 이해를 돕고자 한 것이다.

그리고 이 한글판 『천주실의』에는 명실공히 한글판답게 하느라 주석목록본 『天主實義』 및 언해필사본 『텬쥬실의』를 일일이 대조하여 정리한 『天主實義·텬쥬실의』의 〈교주〉 내용을 담지 않았다. 다만 「서序」를 기고한 풍응경馮應京이 마테오 리치의 『天主實義』 저술 원문을 중국인들이 쉽게 이해할 수 있도록 중국어의 용례를 반영하여 손질해준 대목이 적지 않게 있으므로, 이를 일일이 중국어 사전을 찾아 확인하여 제대로 국역하고자 하다 보니, 오로지 한문 문장으로만 파악하고 언해한 것으로 판단되는 언해필사본 『텬쥬실의』의 국역과는 격차가 다소 생긴 부분들이 여러 군데다. 이런 부분에 대해서는 『天主實義·텬쥬실의』의 〈역해〉에 일일이 상세히 정리하였으나, 이 한글판 『천주실의』에서는 제외하였다.

이 한글판 『천주실의』에는 그야말로 한글만으로도 독자들이 쉽게 이해할

수 있게끔『天主實義 · 텬쥬실의』의 〈국역〉 부분만 수록하였다. 〈교주〉 및 〈
역해〉의 세부적인 사항들은『天主實義 · 텬쥬실의』를 참조하여 주기를 바란
다.

〈참고문헌〉

노용필,『한국천주교회사의 연구』, 韓國史學, 2008; 金景善 译,『韩国摄取
西洋文化史研究』, 北京:學苑出版社, 2021.

노용필,「천주교 한글 교리서『텬쥬실의』·『교요서론』의 언해 · 필사 · 보
급」,『한국 천주교회와 서양 음악, 신학 교육, 한글 보급』, 한국천주교주교회
의, 2021;『朝鮮後期天主學史研究』, 韓國史學, 2021.

盧鏞弼,「緒論:朝鮮後期 天主學史의 大勢」,『朝鮮後期天主學史研究』, 韓
國史學, 2021.

노용필,「해설:『天主實義』·『텬쥬실의』」,『天主實義 · 텬쥬실의』상권,
韓國史學, 2021.

서序 · 인引

서序

풍응경馮應京(1555-1606)

(1)

『천주실의』는 서쪽 큰 나라의 이마두利瑪竇와 그의 고향 수도회修道會 벗이 우리 중국 사람과 묻고 답한 문장이다. '천주'는 무엇이냐. 천지 · 사람 · 사물의 위에 계신 주님이시다. '실'이라 말하는 것은 '비어있지 않음'이며, 우리 나라의 6경六經[『시경詩經』· 『서경書經』· 『역경易經[주역周易]』· 『춘추春秋』· 『예기禮記』· 『악기樂記』] · 4서四書[『논어論語』· 『대학大學』· 『중용中庸』· 『맹자孟子』]에서 성인들 · 현인들이 이르기를, '아래 땅에 임하심에 밝고 뚜렷함이 있으시다.'라고 하였으며, 이르기를, '사방을 살펴보신다.', 이르기를, '세심하게 환히 섬기신다.'라고 하였다.

(2)

대저 누가 텅 빈 주장이라 여기리오. 불교는 한漢 명제明帝 때 천축天竺[인도印度의 옛 이름]으로부터 얻어왔으니, 부질없이 말하기 좋아하는 자가, '공자가 일찍이 서쪽 지방 성인이라 부른 것이 겨우 부처를 이른 것인가.'라 하고 서로 그 주장을 고취하고 선동하여 우리 6경에 나오는 것같이 합니다, 천축이 중국의 서쪽이면서 대서大西 또한 천축의 서쪽임을 어찌 알겠습니까. 부처가 서쪽의 피타고라스Pythagoras가 어리석은 풍속을 권유하는 말을 절취하여 '윤회輪廻[수레바퀴가 끝없이 돌듯이 사람의 영혼이 없어지지 않고 돎]'라는 말을 만들고, 중간에 노자老子의 모든 사물에 관한 아무 소용없는 주장을 절취하여 '적멸寂滅[고요히 없어져 버림]'이라는 말을 만들어서, 온갖 먼지·쓰레기와 천지·사방四方 [육합六合]을 곧장 뛰어넘어 벗어나고자 함을 최고로 여겼으니, 중국에서 성인은 멀고 그 말씀조차 파묻히니 그 마음을 생각하면서 그 형세를 막을 수 있음이 드물었다. 또한 혹은 안으로는 느긋하고 한가하며 비워서 고요한 편안함을 즐기고 밖으로는 여유 있으면서 널리 늘어놓는 기이함을 사모하여, 죽기 전에는 명예와 이익에 빨리 응답해야 하는 수고를 꺼리고 죽은 뒤에는 여섯 세계[지옥地獄·아귀餓鬼·축생畜生·아수라阿修羅·인간人間·천상天上]의 고통을 두려워하였다.

(3)

옛날에는 몹시 진력나게 하늘을 부르짖더니 지금은 부처를 부르짖고, 옛날에는 하늘·땅·토지 및 오곡五穀의 신神[사직社稷]·산·하천·조상祖上에게 제사지내더니 지금은 부처에게 제사지낸다. 옛날에는 학자가 하느님을 공경하고 두려워하여 밝히 섬겼으나, 지금은 부처를 외며 절을 세운다. 옛날에는 벼슬하는 자가 하늘이 하는 일을 공경하고 도움에 감히 스스로 한가롭거나 스스로 편안해져 모든 백성에게 소홀히 하지 못했으나, 지금은 크게 숨는다고 하면서도 조정朝廷에서 낮은 관직이라도 맡아 숨기고 지내거나 속세를 피해 참선參禪하며 세상과 교제를 끊는다. 무릇 부처는 천축天竺의 임금이요 스승이었고 우리나라에도 당연히 임금이자 스승이 있었으니 삼황三皇[복희씨伏羲氏·신농씨神農氏·황제黃帝 또는 천황天皇·지황地皇·인황人皇이라고도 함]·오제五帝[복희씨伏羲氏·신농씨神農氏·황제黃帝·요堯·순舜 또는 소호少昊·전욱顓頊·제곡帝嚳·요堯·순舜이라고도 함]·삼왕三王[하夏나라의 우왕禹王, 은殷나라의 탕왕湯王, 주周나라의 문왕文王·무왕武王, 문왕과 무왕은 부자父子이므로 한 임금으로 본다고 함]·주공

周公·공자孔子 및 우리 태조太祖[명明나라의 주원장朱元璋]이래로 모두 그렇다. 저들의 임금이자 스승은 하느님을 업신여기면서 그 위에서 우쭐거리며 말하였고, 우리들의 임금이자 스승들은 하느님을 공경하여 순종하면서 그 아래에서 극진함을 나타냈으니 저 나라의 쫓음에는 책임이 없으나 우리는 배운 바를 버리고 저들을 쫓아 어찌 살겠는가. 정자程子[정이程頤·정자程子 형제의 존칭]가 이르기를, '유학자는 하늘을 근본으로 삼고, 부처는 마음을 근본으로 삼는다.'고 하였으니, 마음을 스승으로 여김과 하늘을 본받음은 내가 있고 내가 없음의 구별이니 유교·불교 둘 다 뜻을 정하기에는 충분하다.

(4)

이 책은 우리 6經[『역경易經[주역周易]』·『시경詩經』·『서경書經[상서尙書]』·『춘추春秋』·『주례周禮』·『예기禮記』]의 어구語句를 두루 인용해서 그 사실을 입증하고 공허한 이야기의 그릇됨을 깊이 꾸짖어서, 서쪽 대서大西의 것인 천주교로써 같은 서쪽의 천축天竺 것인 불교를 바로잡고 중국의 것인 유교로써 같은 중국의 것인 도교를 소화해냈다. 사람이 사람으로서의 윤리를 저버리고 사물을 남기면서도 외람되게 말하기를 드러내지도 않았고 물들이지도 않았노라고 했음을 보건대, 요지는 '윤회輪廻'를 탈피한 것이어서 마침내 윤회의 허탄함이 매우 명확해졌도다. 부처가 제 몸을 도모함에 슬기의 힘을 다하고 경계를 나눔은 염두에 두지 않았으니 요지는 홀로 그 어버이만을 어버이로 여기며 홀로 그 자식만을 자식으로 여기는 것이어서, 마침내 하늘의 아버지께서 공변되심이 오히려 매우 명확해졌다. 심성에 관해 말함에 이르러서는 사람은 날짐승·길짐승과 크게 다르며, 학문에 관해 말함에 이르러서는 어진 일을 행하는 데로 돌아옴은 욕망을 버림에서 시작된다. 그 때에는 또한 어쩌면 우리나라에서는 평소에 듣지 못하였거나 일찍이 들었지만 힘쓰지 못한 자가 있음이 열에 아홉이었다.

(5)

이마두利瑪竇[마테오 리치]가 8만 리를 두루 돌아 가장 높은 곳 하늘 높이를 계측하고 아주 깊은 웅덩이를 측량하여 모두 조금도 틀리지 않았고, 우리가 일찍이 깊이 연구하지 못한 바의 형상을 다 깊이 연구하여 이미 확실한 증거가 있음을 궁구한 경우에는 그 신비로운 이치는 당연히 꾸밈없이 받아들이는 바가 있어야 한다. 우리들이 설령 보류해두고 논의하지 않은 바와 논의하였으되 따지지 않은 바가 있고, 일찍이 들었으되 힘쓰지 못한 바에 다다르더라도 문득 깨닫고 두려워하며 생각하여 부지런히 힘써서 도모함이 없어도 되겠는가. 제가 태어남이 늦었고 발걸음은 문지방 밖의 지역에 두루 미치지 못하였으며 지식은 우물 위 하늘을 넘지 못하였으나, 다만 허황된 이야기의 폐단을 눈으로 보고 많은 사람들의 진실한 이야기를 즐겼으니 삼가 그 실마리를 제목으로 삼아 지혜에 밝고 사리에 통달한 이마두와 함께 늘어놓는다.

(6)

만력 29년(1601) 음력 정월 초여드렛날에 후학 풍응경馮應京이 서문을 짓다.

인引

이마두利瑪竇(Matteo Ricci, 1552-1610)

(1)

온 세상을 화평하게 하며 나라를 다스리는 평범한 이치는 오직 하나에 다하니, 그러므로 현인賢人 · 성인聖人이 신하에게 권장하기를 '충忠'으로써 하라고 하였습니다. '충'이라는 것은 둘이 없음을 이르는 것이며, 오륜五倫[군신유의君臣有義 · 부자유친父子有親 · 부부유별夫婦有別 · 장유유서長幼有序 · 붕우유신朋友有信]은 임금이 최상이요, 임금 · 신하는 삼강三綱[군위신강君爲臣綱 · 부위자강父爲子綱 · 부위부강夫爲婦綱]의 머리입니다. 무릇 올바른 도의를 지닌 선비는 이것에 밝아 이것을 행하니 옛날에 세상의 어지러움을 만나 많은 영웅들이 나누어져 다투어 참다운 임금을 결정하지 못하여도 도의를 품은 자는 정통이 있는 바를 모두 깊이 살펴 곧 몸을 받들어 목숨을 바쳤으며 그렇지 않으면 바꿈을 허락하지 않았습니다. 나라에 임금이 있으니 천지에 홀로 주님이 없겠습니까. 나라가 [임금] 하나에게 통솔되었는데, 천지에는 두 주님이 있겠습니까. 그러므로 천지의 근원과 조물주의 으뜸을 군자는 깨달으면서 우러러 생각하지 않을 수가 없습니다.

(2)

사람들이 거침없이 맞서서 기만하니 범하지 않은 죄가 없으며, 교묘하게 다른 사람의 세상을 빼앗고도 오히려 만족하지 못하고 천주의 위격을 함부로 사용하면서 그 위에 올라가 앉고자 하는 데에 이르렀습니다. 다만 하늘은 높아 사다리로 오를 수 없어 사람의 욕심이 마음먹은 대로 되기 어려우니 그런 까닭에 그릇된 주장을 어긋나게 퍼뜨려 서민을 거짓으로 속여 천주의 자취를 사라지게 하고 망령되이 행복과 이득을 사람들에게 허락함으로써 사람들로 하여금 흠모하고 공경하면서 제사지내게 하였습니다. 저것과 이것이 모두 천주께 죄를 지은 게 아니겠습니까. 그래서 천주께서 재앙을 내려 대대로 거듭하였지만, 그러나 사람이 그 까닭을 생각하지 못하였으니 슬프고 슬픕니다! 어찌 도적을 인정하여 주인으로 삼음이 아니겠습니까. 성인은 나지 않고 추잡한 부류가 서로 선동하니 성실한 도리가 거의 사라져 없어졌습니다.

(3)

저 이마두利瑪竇는 어려서부터 고향을 떠나 온 세상을 유람하면서 이 사나운 독이 미치지 않는 곳이 없음을 보았는데, 중국은 요堯·순舜의 백성이요 주공周公·공자孔子의 무리이니 위대한 이치의 천학天學이 틀림없이 바뀌거나 물들지 않을 것이라 짐작하였지만 그러나 또한 간혹 면할 수 없는 것들이 있었습니다. 슬그머니 한번 증명해보고자 하다가 다시 생각하건대 먼 지방의 외로운 나그네가 언어·문자가 중화와 달라 입과 손이 같이 열리고 움직이지 않으며 더군다나 자질이 덜렁대고 거칠어서 밝히려 하지만 더욱 어둡게 할까 두려워서 저의 심정에 오랫동안 개탄함이 있었습니다. 20여 년 동안 아침저녁으로 하늘을 바라보고 울며 기도하면서 우러러 천주께서 가엾게 여겨 백성을 용서하시고 틀림없이 열어 밝혀 바로잡을 날이 있으리라 생각하였습니다. 홀연히 두세 벗이 견해를 알려주었으니 이르기를 비록 바른 발음은 식별하지 못하더라도 도둑을 보고도 소리 지르지 않음은 물론 해서는 안 된다고 하였으며, 혹은 곁에 어진 이가 있어 측은히 여겨 굳세고 과감하게 이 소리를 듣고 떨쳐 일어나 책망하리라 하였습니다. 제가 마침내 중국 선비가 우리들의 생각에 대해 질문한 답변을 기술하여 한 질의 책을 완성했습니다.

(4)

아아! 어리석은 자가 눈으로 볼 수 없는 바로써 없다고 함은 마치 눈먼 자가 하늘을 보지 못하니 하늘에 태양이 있음을 믿지 못함과 같습니다. 그러나 햇빛은 실제로는 있지만 눈이 스스로 보지 못함이지 어찌 태양이 없음을 근심하겠습니까. 천주의 도리가 사람 마음에 있지만 사람이 스스로 깨닫지 못하며, 또한 깨닫고자 하지 않는 자는 하늘이 주재하심을 알지 못하니 비록 그 형상은 없을지라도 그러나 전능이 눈이 되시니 곧 못 볼 바가 없고, 전능이 귀가 되시니 곧 못 들을 바가 없고, 전능이 다리가 되시니 오고 가지 못할 곳이 없습니다. 닮은 자식에게는 마치 부모의 은혜와 같고, 닮지 않은 자식에게는 마치 헌법 재판관의 위엄과 같으니, 무릇 선을 행하는 자는 틀림없이 하늘 위에 계신 존엄한 분께 섭리가 있음을 믿습니다. 이 세상 곳곳에 만약 이르기를 이 [존엄하신] 분께서 계시지 않다고 하거나 혹은 계시기는 하지만 사람의 일에 관여하지 않으신다고 하면, 어찌 선행의 문을 막고 악행의 길을 크게 엶이 아니겠습니까. 사람이 천둥벼락 소리를 들었어도 겨우 말라죽은 나무를 쳤을 뿐이고 곧 어질지 않은 사람에게 미치지 아니함을 보면 위에 주님께서 계시지 않은가 의심합니다. 천주께서 죄과를 갚으심이 매우 넓고 커서 빠뜨리지 않으시니 깨달음이 굼뜨면 벌이 더욱 무거워집니다.

(5)

돌이켜보니 우리 사람이 하늘 위에 계신 존귀하신 분을 공경하여 순종하면서도 비단 향을 사르고 제사를 지낼 뿐만 아니라 언제나 온갖 사물의 근원이신 아버지의 조물주로서 위대한 은공을 생각하면서 그분께서 틀림없이 지극한 지혜로써 이를 경영하시고 지극한 권능으로써 이를 예비하시며 각각의 사물과 온갖 부류가 바라는 바를 모두 모자르거나 부족하지 않게 하심을 알아야 비로소 위대한 섭리를 아는 것이라고 말합니다. 다만 그 섭리가 은밀하여 밝히기 어렵고 넓어 다 알기 어려우며 알지만 말하기 어렵습니다. 그러므로 배우지 않을 수 없으며 비록 천주께서 하신 일의 조금만 알지만 그 조금의 이익이 오히려 다른 일의 많음을 아는 것보다 낫습니다. 바라건대 이 『천주실의』를 보는 분께서는 글이 미약하다고 해서 천주님의 뜻이 미약하다고는 하지 마십시오. 그런데 천주께서 천지로도 싣지 못하시니, 이 작은 글로써 누가 실을 수 있겠습니까.

(6)

때는 만력 31년(1603) 계묘 7월 음력 15일에 이마두가 씁니다.

서序

이지조李之藻(1565-1630)

(1)

일찍이 『주역周易』을 읽으면서 '우러러 하늘을 보고 굽어 땅을 살펴, 멀리는 많은 사물에게서 얻고 가까이는 자신에게서 얻어라.' 하는 말에 이르러, 자신도 느끼지 못한 채 한숨 쉬고 탄식하며 말하였다. "천지 만물에 다 참된 이치가 있다. 사물을 보아 이치를 살피면 마침내 근본 원리를 볼 것이니, 무릇 물에는 원천이 있고 나무에는 뿌리가 있다. 천지 · 사람 · 사물에 위대한 주님 한 분이 계시니 깨닫고도 존경하여 친애하지 않을 수 있겠는가."

(2)

『주역』에도 역시 이르기를 '건괘乾卦의 으뜸이 하늘을 통솔하여 임금이 되고 아비가 된다.'고 하였고, 또 말하기를 '제帝가 진震의 방향에서 나왔다.'고 하였다. 주자朱子가 풀어서 '제帝'라는 것을 하늘을 주재함으로 여겼으니, 그렇다면 천주의 의미는 이마두利瑪竇선생으로부터 시작한 게 아니며, 곧 이 『천주실의』의 이치 역시 아울러 새롭고 기묘한 게 아니다. 부처 · 노자老子 둘의 허탄하고 망령됨을 기이하게 여겨 회피하니 대개 부처 · 노자가 주님을 깨달아 인정하지 못하고 사람으로 신을 삼아 공경하기를 마치 주님같이 하며 높임을 임금 · 아비보다 우월하게 하여 그 큰 근본과 큰 근원을 잊고 그 성경

속 현인賢人들의 전승을 어겼으니 참으로 애석하도다.

(3)

이마두 선생의 학술은 근본이 같은 참된 근원으로 하늘이 하늘 되신 까닭을 아주 분명하게 이야기했으며, 세상의 사특한 불교로 근본을 잊은 사람을 보고는 측은히 여김을 참을 수 없어 마침내 옳은 말로 논의하여 결정하였다. 선생의 설명을 원래 그대로 서술하여 『천주실의』 8편을 만들어서 선을 가르치고 악을 방비하게 하노라.

(4)

그 말은 이렇다. "사람이 그 부모 섬길 줄을 알면서도 천주께서 위대한 부모이심을 알지 못하며, 사람이 국가에 정통正統[임금]이 있음을 알면서도 천주께서 하늘을 통솔하여 위대한 정통[하느님]이 되심을 알지 못한다. 부모를 섬기지 않으면 자식이 되지 못하고 정통을 인식하지 못하면 신하가 될 수 없으며, 천주를 섬기지 않으면 사람이 될 수 없다. 그러나 더욱 선·악의 분변과 상서·재앙의 감응에 정성스럽고 간절하여 상세히 모든 선을 논의해도 갖추지 못하니 순전한 선이라 일컫지 못하고 미세한 악이라도 성품을 더럽히니 다만 구제해야 할 악이라고 일컬을 뿐이다. 선을 함은 오르기와 같으니 천복당天福堂[천당]에 오르고 악을 지음은 떨어짐과 같으니 지명옥地冥獄[지옥]에 떨어진다. 대략 사람으로 하여금 잘못을 뉘우쳐서 변하여 의로워지며 욕망을 저지하고 순전히 어질어서 근본의 시초를 생각하면서 천주께서 내려오시어 살피심을 두려워하고 끊임없이 돌아보며 어려워하면서 빨리 죄를 씻음으로써 오직 하느님 위대하신 주님께 거의 죄를 짓지 않게 될 것이다."

(5)

그가 아주 먼 곳에서 오면서 가져온 값진 선물은 옛적부터 중국과 서로 통하지 못하여 처음에 소위 복희伏羲, [주周나라의] 문왕文王, 주공周公, 공자孔子의 가르침이 있음을 듣지 못하였다. 그러므로 그 주장하는 바도 역시 처음에 염계濂溪 지방 주돈이周敦頤, 낙양洛陽 지방 정호程顥 · 정이程頤 [형제], 관중關中 지방 장재張載, 민중閩中 지방 주희朱熹의 해석을 따르지 않았다. 그러나 특별히 매우 주의 깊게 명백히 섬기는 요지에는 바로 중국의 경전에 기록된 바와 마치 약속이라도 한 것 같이 일치한다. 오직 이 천당 · 지옥에 대해 거리끼는 자들은 믿지 않았으나, 요점은 선한 자는 복 받고 음란한 자는 화를 입는다는 데에 있으니 유학자가 항상 하는 말이며 천하에서 살펴보면 또한 저절로 밝혀지는 이치이다.

(6)

선을 버리고 악을 뒤쫓음은 큰길이 싫어서 높은 산을 오르고 험한 바다를 배 타고 가는 것과 비교하여 또한 어찌 다르겠는가. 만약 임금 · 아버지의 위급함에 달려가지 않으면 충성 · 효도의 크기와 관련되지만, 혹시 호랑이 · 이리 · 악어 · 고래의 우매함을 알려주어도 믿지 않으면서 그러나 틀림없이 몸을 던져 살펴보고자 한다면 이것 역시 사리에 우매하고 완고하여 영리하지 못함이 심하지 않은가! '네게 왕림했으니 의심하지 말라.'는 말은 원래 심성이 진실한 학문으로부터 왔으니 악을 쫓으면 화를 입고 선을 행하면 복을 받음에 반드시 이르게 됨을 의심하지 말라는 것입니다. 만약 어리석음을 징계하고 게으름을 훈계할 때에는 명령하고 책망하여 악을 막으며 선을 드러내도록 올바른 도리를 응당 품게 하여야 하며, 풍속을 가르치고 교화를 설정하는 데에는 늘 고심함으로부터 시작해야 한다.

(7)

일찍이 그 책을 읽으니 이따금 부류가 유교에 가깝지 않지만 아주 오랜 옛날 [『황제내경黃帝內經』의] 「소문素問」, 『주비(산경)周髀(算經)』, [『주례周

禮』의] 「고공(기)考工(記)」, 『칠원漆園』[『장자莊子』] 등 여러 서적과 더불어 묵묵히 조사해 봐도 일치하니 돌이켜보건대 순수하여 올바름에 어그러지지 않는다. 그 몸을 살피고 마음을 힘씀에 이르러 엄중하게 근신하며 나태하지 않았으니 곧 세상에서 소위 학자라고 불리는 유학자라도 어쩌면 앞서지 못한다. 믿노라! 동양과 서양에서 마음이 같고 이치가 같음을! 같지 않은 바의 것은 특히 언어·문자의 경우이지만 이 책이라는 것이 나오니 곧 같은 문장으로써 우아해지리라! 또한 이미 [예전에 군대가 진군할 때] 앞에서 깃발을 들어야 북을 치며 나팔을 불어서야 분명히 멈추니 교화를 칭찬하여 풍속을 엄숙하게 함은 뜻밖에 그렇게 되는 게 아니며 또한 어찌 다만 소용이 없겠는가. 본디부터 천주교를 [중국 춘추전국春秋戰國 시대의] 제자백가諸子百家와 같은 부류라고 보는 것은 부당하다.

(8)

우리의 벗 왕맹박汪孟樸 씨가 항주杭州에서 거듭 판각板刻하였지만 내가 외람되이 두어 말씀을 드린다. 감히 외국의 책을 자랑하려는 게 아니라 들어본 적이 없는 바를 들었다고 여겨 함께 하느님을 받들고 공경하여 모여서 숭배하는 요긴한 뜻을 진심으로 이르는 것이다. 어쩌면 또한 익혔으나 공부에 힘쓰지 못한 것이 있을까 그리하여 살피면서 곧 마음에 품고 천성을 함양하는 학문에 당연히 이로움이 조금은 있어야 한다.

(9)

만력萬曆 정미丁未(1607년) 개심改心한 날에 절강浙江 서쪽의 후학後學 이지조李之藻가 물에 손을 씻고 삼가 서문序文을 쓰다.

제1편

제1편
천주께서 처음 천하 만물을 창조하시고 주재하시면서 편안히 기르심을 논하다

(1)

중국선비가 말한다 : 대저 자기를 닦는 학문은 세상 사람이 숭상하는 일입니다. 무릇 다만 생명을 받고 짐승 무리들과 같지 않고자 하는 자는 틀림없이 그리하여 힘을 다하여 자기를 닦고 공적을 이루어야 겨우 군자라 일컬어지지만 다른 재주가 비록 뛰어날지라도 소인의 부류를 면하지 못하는 것입니다.

(2)

덕을 이룸은 바로 참된 행복이요 덕이 없는 행운은 잘못 말해서 행운이지 실제로는 그 근심을 마음에 품었을 따름입니다. 세상 사람의 길은 이르거나 그치게 되는 곳이 있으니 그 길을 수리함은 그 길을 위함이 아니라 마침내 그 길이 이르거나 그치게 되는 곳을 위함입니다.

(3)

제가 자기를 닦는 길은 장차 어디에 이르는 것일지요. 이 세상에 이르는 바는 비록 이미 대략 이해하였더라도 죽은 뒤의 일은 어떠한가를 알지 못합니다. 듣자니 선생님께서 천하를 두루 유랑하며 천주교 성경의 취지를 전해주어 사람들을 인도하여 선하게 한다 하니 큰 가르침 받기를 원합니다.

(4)

서양선비가 말한다 : 고려해주서서 매우 감사합니다. 천주님의 어떤 뜻과 무슨 일을 묻고자 하시는지 모르겠습니다.

(5)

중국선비가 말한다 : 들자니 높으신 가르침의 도리가 깊으면서 취지는 오묘하다 하는데, 몇 마디의 말씀으로는 만족할 수가 없습니다. 다만 선생님 나라에서 흠숭하는 천주께서는 처음 천지·사람·사물을 창조하시고 주재하시며 편안히 기르시는 분이라 이르지만, 제가 일찍 익히 듣지 못하고 모든 옛사람이 일찍이 강론하지 못하였으니, 바라옵건대 제게 가르쳐주십시오.

(6)

서양선비가 말한다 : 천주님의 도리는 한 사람과 한 집과 한 나라의 도리가 아니라, 서쪽으로부터 동쪽에 이르기까지 여러 큰 나라가 모두 그것을 익혀 지킵니다. 성인과 현인이 전한 바 천주께서 천지를 처음 열고 내려오서서 백성과 사물을 만드심으로부터 지금까지 성경을 주고받았으니 의심이 용납되지 않습니다. 다만 그대 나라의 선비가 다른 나라에 드물게 가기 때문에 우리 지역의 문자·언어에 밝지 못하여 그 인물을 익숙히 알 수가 없었습니다.

(7)

제가 장차 천주님의 공변된 가르침을 번역하여 그것이 참된 가르침임을 증명할 것이지만, 그분의 가르침을 받들어 믿는 자가 많으며 게다가 현명하다는 것과 그 성경에 말한 바를 잠시 논의하지 않고, 이제 그 의거한 바의 이치를 먼저 들겠습니다.

[제1강]
사람은 이치를 미루어 헤아릴 수 있음이 날짐승 · 길짐승과 다르다

(1)

무릇 사람이 날짐승 · 길짐승과 다른 까닭은 영성보다 더 큰 것이 없으니, 영성이라는 것은 옳고 그름을 밝혀 진실과 거짓을 분별하니 이치가 없는 바로써 속이기 어려운 것입니다. 날짐승 · 길짐승의 어리석음은 비록 지각운동이 있어 사람과 조금 같아도 먼저와 나중, 안과 밖의 이치를 분명하게 통달할 수는 없습니다. 이로 말미암아 그 마음이 단지 마시고 먹으며 사귀어 그때를 만나 짝을 지워 그 부류의 새끼를 까고 낳는다고 말할 뿐입니다.

(2)

사람은 곧 온갖 부류보다 월등히 뛰어나 안으로 신령함을 받고 밖으로 사물의 이치를 보아 그 말단을 살피면서 그 근본을 알며, 그것이 본디부터 그러함을 보면서 그것이 그리된 까닭을 압니다. 그러므로 응당 지금 세상의 괴로움과 수고로움을 사양하지 않고 오로지 도리를 닦음에 정진함으로써 죽은 뒤 영원한 세월의 편안함과 즐거움을 꾀합니다.

(3)

영성이 드러낸 바에 그것이 진실하지 못한 자에게 목숨을 바치도록 강요할 수는 없습니다. 무릇 이치가 진실하고 옳은 바를 우리가 진실하지 않고 옳지 않다고 생각하지 않을 수는 없으며, 이치가 거짓되고 허황된 것을 거짓되지 않고 허황되지 않다고 생각할 수는 없습니다. 이것이 사람 육신에 있음이 마치 태양이 이 세상에 두루 광명을 비추는 것과 같으며, 영성의 올바른 이치를 버리면서 다른 사람이 전하는 바에 목숨을 바치면 물건을 찾아 구하면서 바야흐로 햇빛을 가리고 등불 · 촛불을 잡는 것과 다르지 않습니다.

(4)

　지금 그대가 천주께서 가르치신 근원에 대해 듣고자 하니, 바로 제가 이 이치를 솔직하게 진술하여 대답하겠는데, 다만 이치에 의뢰하여 옳고 그름을 갈라 결정하더라도 어쩌면 다른 의견이 있을 수 있어서 마땅히 다 시비를 가려 진위를 밝혀야 하니 저를 허망하다고 여기지 마십시오. 이는 천주의 바른 도리와 공변된 사안을 논의하는 것이라서 개인적인 겸손으로 그만두지 못합니다.

(5)

　중국선비가 말한다 : 이에 무슨 지장이 있겠습니까. 새는 날개를 얻음으로써 산과 숲을 날고 사람은 바른 도리로써 사물을 깊이 밝혀내므로 논의는 오직 이치를 숭상하는 것일 뿐입니다. 이치의 본체와 소용이 넓고 두터우니 비록 성인·현인이더라도 역시 알지 못하는 바가 있는 것입니다. 한 사람은 알 수 없더라도 한 나라가 알 수 있거나, 한 나라는 알 수 없지만 천 나라의 사람은 알 수 있는 것입니다. 군자는 이치로써 주장하니 이치가 있는 경우에는 순조롭고 이치가 없는 경우에는 거슬리니 누가 깨닫고도 기이하게 여기겠습니까.

[제2강]

천지에 주재主宰가 계심을 여러 단서로써 입증하다

　서양선비가 말한다 : 그대가 먼저 이른바 처음 천지 만물을 만들면서 때맞춰 주재하신 분에 관해 물었고, 제가 천하에 이보다 더 명확하게 드러난 것은 없다고 일렀습니다. 사람이 누군가 눈으로 하늘을 우러러보지 못하다가 하늘을 보았을 때 누구나 묵묵히 스스로 탄식하며 말하기를, '이 가운데 틀림없

이 주재하시는 분이 계시는구나' 하지 않겠습니까. 그분이 곧 천주이시니 우리 서쪽 나라에서 일컫는 바 '데우스Dew'가 이분이십니다. 이제 그대를 위하여 다만 이치의 두세 가지 단서로써 입증하겠습니다.

[제3강]
하나는 타고난 재능으로써 입증하다

그 첫째는 이렇습니다. 자기가 믿어 실행하지 않아도 할 수 있음은 타고난 재능입니다. 지금 천하 많은 나라가 각기 자연스러운 성품과 정성이 있어 서로 알려 깨우치지 않았지만 모두 한결같이 하늘 위에 계신 높으신 분을 공경합니다. 재난을 입은 자는 슬피 부르짖으며 구원을 바라기를 마치 자애로운 부모를 한결같이 바라봄과 같이하며, 악을 행하는 자는 마음을 어루만지며 경계하며 두려워하기를 마치 모든 적국을 두려워함과 같이 하니, 곧 이 존귀하신 분께서 계셔 이 세상 인간의 마음을 주재하시면서 이들로 하여금 스스로 높일 수 있도록 하심이 아니겠습니까.

[제4강]
하나는 하늘의 움직임으로써 입증하다

(1)
그 둘째는 이렇습니다. 사물에 영혼도 없고 지각도 없다고 하는 것은 반드시 본래 머물러 있는 곳에서 스스로 움직여 옮겨도 도수에 맞출 수 없지만, 도수에 맞도록 움직이게 하려면 반드시 밖의 신령함을 빌려 도움을 받아야 할 것입니다.

(2)

　설령 그대가 돌을 공중에 들어 올리거나 혹은 물 위에 두더라도 돌은 반드시 아래로 내려가 땅에 이르러서야 멈추고 다시 움직이지 못합니다. 이런 이유로 그 돌은 당연히 아래로 내려가니, 물과 공중은 돌이 본래 머물러 있는 곳이 아닌 까닭입니다. 만약 바람이 땅에서 발생하면 본래 머무르는 곳에서 저절로 움직일 수 있지만, 그러나 모두 따라 일어나 어지럽게 움직이니 그 움직임은 도수가 아닙니다.

(3)

　해 · 달 · 별로 말하면 함께 하늘에서 빛나며 각각 하늘을 본래의 머무르는 곳으로 삼으나 실은 영혼도 없고 지각도 없습니다. 지금 위의 하늘을 보니 동쪽으로부터 운행하고 해 · 달 · 별들은 하늘에서 스스로 서쪽으로부터 거슬러 가더라도, 도수는 각각 그 법칙에 의거하여 머무는 곳이 각각 그 위치를 안정되게 하니 지금까지 옷감의 올만큼도 어긋남이 없습니다.

(4)

　만일 존귀하신 주님께서 그 사이에 알선하고 주재하지 않으시면 어긋남이 없음을 면할 수 있겠습니까. 예를 들어 배가 강과 바다를 건널 때 위아래에서는 바람이 일고 파도가 쳐도 뒤집히거나 쓸려갈 우려가 없음은 비록 배에 탄 사람에게는 보이지 않을지라도, 또한 한 척의 배 가운데에는 키를 잡는 슬기로운 사공이 틀림없이 있어 그가 배를 젓고 손잡이를 잡아야 마침내 안전하게 흘러가 평탄하게 건널 수 있습니다.

[제5강]
하나는 날짐승 · 길짐승의 동작으로써 입증하다

(1)
그 셋째는 이렇습니다. 사물에는 설사 원래 지각이 있더라도 그러한 영성은 없습니다. 그것이 혹은 영이라고 하는 것의 일을 행할 수 있음은 틀림없이 영이라는 것이 있어 형상이 되어 움직인 것입니다. 시험 삼아 보건대 날짐승 · 길짐승의 부류는 본래 우둔하고 완고하여 영하지 못합니다.

(2)
그러나 굶주리면 먹을 것을 구할 줄 알고 목마르면 마실 것을 구할 줄 알며 줄을 매어 쏘는 화살을 두려워하면서 푸른 하늘을 낮게 날며 그물에 놀라서 산과 못에 잠깁니다. 토하거나 새끼에게 먹이거나 꿇어 새끼에게 젖을 주기도 하고 함께 자신을 보존하고 새끼를 키우면서 해로움을 막고 이로움을 취하니 영이 있는 것과 다르지 않습니다.

(3)
이는 틀림없이 존귀하신 주님께서 계시면서 묵묵히 가르치시니 겨우 이와 같을 수 있는 것입니다. 예를 들면 천만 개의 화살이 날아와 여기를 지나가 항상 과녁 가운데 맞으니, 제가 비록 활 당기는 것을 보지는 못하더라도 또한 재주 있는 장인이 화살을 쏘아 결국 적중시키는 데에 실수하지 않았음을 아는 것입니다.

(4)
중국선비가 말한다 : 천지 가운데 사물의 이치가 지극히 번거롭고 지극히 깊으니 주재하시는 분이 계심을 믿습니다. 그러나 그분께서 근원을 창조하

시고 모든 사물을 조화롭게 하셨음은 무엇으로 입증하겠습니까.

(5)

서양선비가 말한다 : 무릇 이 세상 허다한 사정 가운데 사물을 창조하고 주재하는 이치에는 둘이 있는 듯하지만, 사물의 시초 근원이신 주님을 논의함에 이르는 데에는 결코 둘이 없습니다. 다시 곧 두서너 이치로 풀겠습니다.

[제6강]

하나는 사물이 저절로 이뤄질 수 없음으로써 입증하다

(1)

그 첫째는 이렇습니다. 무릇 사물은 저절로 이뤄질 수 없으며 반드시 밖에서 하는 자가 이뤄줘야 하니 망루·돈대·방·집이 저절로 만들어질 수 없고 항상 장인의 손에서 이뤄집니다. 이를 알게 된 경우에는 천지가 저절로 이뤄질 수 없고, 실행하여 제작하시는 분이 정해져 계신다는 것을 깨닫게 되니 곧 우리의 이른바 천주이십니다.

(2)

예컨대 구리로 작은 공을 주조함에 해·달·별·바다에서 나는 것 등 모든 사물을 갖추었으니 기교 있는 장인이 주조하지 않으면 구리가 저절로 이룰 수 있겠습니까. 하물며 하늘·땅 자체의 크기, 낮·밤의 순환, 달·해의 떠올라 빛남, 별자리의 펼침, 산에서 나는 풀·나무, 바다에서 자라는 고기·용, 바닷물의 달 인력 좇음, 그 사이에 둥근 머리와 네모진 다리의 사람이 총명함은 모든 사물보다 뛰어나지만 누가 저절로 이룰 수 있습니까.

(3)

만일 저절로 자기를 만들 수 있는 사물이 하나라도 있었으면 틀림없이 응당 먼저 하나라도 자기를 만들려고 생각하는 게 있었을 것입니다. 그러나 기왕에 이미 있으니 자기가 어찌 저절로 만들겠습니까. 만일 최초에 자기가 아직 있지 못했을 때 자기를 만든 것은 틀림없이 자기가 아닙니다. 그러므로 사물은 저절로 이룰 수가 없습니다.

[제7강]
하나는 사물의 순서 배치로써 입증하다

(1)

그 둘째는 이렇습니다. 사물이 본디 영리하지 않지만 편안히 배치함이 있으면 모두 편안히 배치됩니다. 예컨대 궁실을 보면 앞에 문이 있어 통해서 출입하고 뒤에 동산이 있어서 화초와 과수를 심으며, 뜰이 중간에 있어서 손님을 응접하고 방이 좌우에 있어서 편하게 누워 잠자게 하며, 기둥은 아래에 있음으로써 들보를 바치고 기와는 위에 둠으로써 비바람을 막습니다. 이같이 배치된 곳에 적합하고 마땅해서 뒤에 주인이 편안히 살며 즐겁다고 여기게 하려면, 궁실은 반드시 솜씨 있는 장인이 공사를 실행한 뒤에야 완성될 수 있습니다.

(2)

또 구리로 주조한 글자를 보면 본디 각기 한 글자이나 접속해서 구절을 이루고 배열해서 한 편의 문장을 이루니, 참으로 현명한 선비가 적당하게 배치하지 않았으면 어찌 자연스럽게 짝이 맞았겠습니까. 이 때문에 하늘·땅·모든 사물에는 다 적당하게 배치하는 하나의 정해진 이치가 있으며 바탕도 있고 무늬도 있으면서 더하거나 덜할 수가 없음을 아는 것입니다.

(3)

무릇 하늘은 높고 밝아 위에서 덮고, 땅은 넓고 두터워 아래에서 실으니 나 눠 두 짝이 되고 합하여 우주가 되며 별자리의 하늘이 해 · 달의 하늘보다 높 고 해 · 달의 하늘은 불에 싸이고 불은 기운에 싸이며 기운은 물과 흙에 싸이 니 물은 땅에서 흐릅니다. 땅은 한가운데에 있으면서 사계절이 번갈아 도니 곤충과 물 · 나무를 살리고 물은 자라 · 바다거북 · 상어 · 용 · 물고기를 기르 며 기운은 나는 새와 달리는 길짐승을 기르고 불은 물체의 바닥을 따뜻하게 합니다.

(4)

우리 사람들은 그 사이에 나서 같은 무리보다 빼어나고 영리함이 모든 사 물보다 뛰어나고 품성으로 오상五常을 받음으로써 많은 부류를 다스리며, 백 개의 뼈를 갖춤으로써 그 자신을 세우고 눈은 오색을 보고 귀는 오음을 들으 며 코는 모든 냄새를 맡고 혀는 오미를 맛보며 손은 쥘 수 있고 발은 갈 수 있 으며 혈맥 · 오장은 온전히 그 생명을 기릅니다.

(5)

아래로 날고 달리는 비늘 껍질의 모든 동물들은 영성이 없어 소용되는 바 를 스스로 둘 수 없어서 사람과 같지 않으니, 다만 나면서 털을 얻거나 깃을 얻거나 비늘을 얻거나 껍질 등을 얻거나 하여 의복에 해당함으로써 신체를 가려 막고 덮으며, 날카로운 손톱을 갖추거나 뾰족한 뿔을 갖추거나 굳은 발 굽을 갖추거나 단단한 긴 이빨을 갖추거나 강한 부리를 갖추며, 독한 기운 등 을 갖추거나 하여 무기로 삼아서 해치려는 것에 대적합니다.

(6)

또한 동시에 가르침을 기다리지 않고도 그것이 나를 다치게 하는지 아닌지를 식별합니다. 그러므로 닭·오리가 매는 피하지만 공작은 피하지 않으며, 양이 승냥이·이리는 꺼리지만 소·말은 꺼리지 않습니다. 매가 승냥이·이리보다 더욱 크고 공작이 소·말보다 더 작아서가 아니라, 그것이 다치게 하는지와 다치게 하지 않는지의 차이가 있음을 아는 것입니다.

(7)

또 아래로는 풀 하나 나무 하나까지 그것이 지각하는 품성은 없지만 날짐승과 길짐승으로부터 자기를 보호하며 모든 열매와 씨앗까지 돌보게 하면서 날짐승과 길짐승의 괴롭힘에 대비하게 합니다. 그러므로 심으면 가시가 나거나 껍질이 나거나 거죽이 나거나 솜이 나거나 하여 다 가지와 잎이 나서 에워싸 가립니다.

(8)

제가 시험 삼아 미루어 헤아려보니 이 세상 만물을 안배하여 배치함에 차례가 있고 불변함도 있으니 처음에 지극히 영험하신 주님께서 계셔 그 자질을 나눠주지 않으셨으면 어찌 우주 아래에 넉넉하게 노닐어 각기 그 자리를 얻었겠습니까.

[제8강]
하나는 사물이 처음 생겨나 같은 부류를 유전함으로써 입증하다

(1)

그 셋째는 이렇습니다. 제가 많은 사물이 생겨난 바의 형상과 성품을 논의

하건대, 모태를 받았거나 알에서 나왔거나 씨앗에서 싹터 나왔거나 하였으니, 모두 자기로 말미암아 만들어진 게 아닙니다. 게다가 의문이 드는 것은 모태·알·씨앗이 여전히 하나의 사물일 뿐이며 또 반드시 처음 생겨나게 된 까닭이 있어야 그 후에 다른 사물을 생기게 할 수 있으니, 과연 어디에서 생겨났겠습니까. 그러나 반드시 같은 부류마다 최초 조상에 미치니 모두 본래의 부류가 생겨날 수 있는 데에 있지 않으며, 반드시 근원의 처음에 특이한 부류가 있으니 모든 부류를 변화시켜 생성하신 분이 곧 우리가 일컫는바 천주님이십니다.

(2)

중국선비가 말한다 : 만물에는 이미 내신 바의 처음이 있으니 선생님께서 이르시기를 천주님이라고 하셨습니다. 감히 여쭙겠으니 이 천주님은 누구로 말미암아 나셨습니까.

[제9강]

천주께서는 처음도 없으시고 마침도 없으시다

(1)

서양선비가 말한다 : 천주라는 칭호는 만물의 근원이시니, 만약 내신 바에 말미암아 계신다고 말하는 때에는 천주가 아니십니다. 사물의 처음도 있고 마침도 있는 것은 날짐승·길짐승·풀·나무가 이것이고, 처음이 있으나 마침이 없는 것은 천지·귀신·사람의 영혼이 이것입니다. 천주께서는 곧 시작도 없고 마침도 없으면서 만물의 처음이 되시며 만물의 근본이 되시니 천주께서 계시지 않으시면 만물도 없습니다. 사물은 천주로 말미암아 생겼으나, 천주께서는 말미암아 난 바가 없으십니다.

(2)

중국선비가 말한다 : 만물이 처음 생김이 천주로부터 나왔다고 함은 이미 말참견을 허용하지 않습니다. 그러나 지금 보니 사람은 사람을 따르고 가축은 가축을 따릅니다. 무릇 만물이 모두 다 그렇지 않음이 없는 경우에는 곧 유사한 사물이 스스로 사물이 되는 것은 천주님과는 관계가 없는 것 같습니다.

[제10강]
천주께서 어떻게 만물을 생성하셨는가

서양선비가 말한다 : 천주께서 만물을 생성하시면서 비로소 처음에 사물 부류의 여러 으뜸을 생성하셨으니 이미 여러 으뜸이 있었고, 여러 으뜸이 스스로 생성하면서 곧 사물이 사물을 생성해서 마치 사람이 사람을 생성함과 같으니, 사람을 부림은 하늘을 부림이니 바로 사람을 생성하신 분이 어찌 천주님이 아니시겠습니까. 예컨대 톱과 끌이 설사 그릇을 완성할 수 있더라도 모두 장인으로 말미암아 되는 것인데, 누가 말하기를 그릇을 완성한 것이 그래서 톱과 끌이지 장인이 아니라고 하겠습니까.

[제11강]
만물의 그렇게 된 까닭에 네 가지가 있다

(1)

제가 먼저 만물의 그렇게 된 까닭을 푸는 경우에는, 그 이치가 저절로 밝혀질 것입니다. 시험 삼아 만물의 그렇게 된 까닭을 논의함에는 네 가지가 있습니다. 네 가지는 오로지 무엇인가. 짓는 것이 있고, 본뜨는 것이 있고, 바탕의 것이 있고, 만들어진 것이 있습니다.

(2)

무릇 짓는 것은 그 사물을 만들면서 사물이 되게 하는 것이고, 본뜨는 것은 그 사물을 형상하여 본래의 도리에 두어 다른 부류와 분별하는 것이며, 바탕의 것은 사물의 본래 체질로 본뜬 것을 받는 바이고, 만들어진 것은 사물이 지향하는 곳과 쓰이는 바를 결정하는 것입니다.

(3)

이러함은 공사하는 데에서 다 볼 수 있습니다. 수레가 그러함을 예를 들면, 수레를 만드는 사람은 짓는 것이요, 수레바퀴는 본뜨는 것이요, 수목은 바탕의 것이요, 그래서 사람을 태움이 만들어진 것이 되었습니다. 살아있는 사물에서도 역시 볼 수 있으니, 불도 그러함을 예를 들면, 불을 사른 근원이 짓는 것이요, 열이 나서 말리는 기운은 본뜨는 것이요, 섶과 땔감은 바탕의 것이요, 그래서 사물을 태워 익힘이 만들어진 것이 되었습니다. 하늘 아래 하나의 사물도 이 넷을 갖추지 않은 것이 없습니다.

(4)

넷 중에서 본뜨는 것·바탕의 것 이 둘은 사물의 안에 있어 사물의 본분이 되니 혹은 이르기를 음양陰陽이라 함이 이것이며, 짓는 것·만들어진 것 이 둘은 사물의 밖에 있으면서 사물을 초월하여 먼저 있지만 사물의 본분이 될 수는 없습니다. 제가 살펴보니, 천주께서는 사물의 그렇게 된 까닭이 되셨지만, 다만 짓는 것·만들어진 것이라 이르셨지 본뜨는 것·바탕의 것이라고 이르시지는 않았습니다.

(5)

대개 천주께서는 아주 완전하여 둘이 없으니 어찌 사물의 본분이 될 수 있겠습니까. 짓는 것과 만들어진 것의 그렇게 된 까닭을 지극히 논의하면 또한 가까운 까닭과 먼 까닭, 공변된 까닭과 사사로운 까닭의 분별이 있으니 공변되고 먼 까닭은 크지만 가깝고 사사로운 까닭은 더 작습니다.

[제12강]
천주께서 만물의 으뜸이 되신 까닭

(1)

천주께서는 사물의 그렇게 된 까닭이 되셨으니 지극히 공변되고 지극히 위대하시지만, 그 나머지의 그리된 까닭은 가깝고 사사로우며 작으니, 사사로우며 더욱이 작은 것은 틀림없이 큰 것·공변된 것에 통솔됩니다.

(2)

무릇 부모는 자식의 그렇게 된 까닭이 되므로 일컫기를 부모라 하며 가깝고도 사사로우니, 가령 하늘·땅이 덮고 싣지 않았으면 어찌 그 자식을 낳을 수 있으며, 가령 천주께서 하늘·땅을 손에 쥐지 않으셨으면 하늘·땅이 어찌 만물을 내고 길렀겠습니까. 곧 천주께서는 본디부터 높은 데가 없으시며 지극히 크시니 그렇게 된 까닭이십니다. 그러므로 우리 유학자들은 천주를 그렇게 된 까닭의 처음 그렇게 된 까닭으로 여깁니다.

[제13강]
천주께서는 오직 하나이시고 높으시다

(1)

중국선비가 말한다 : 우주 안의 사물은 많을 뿐만 아니라 다르니, 저 혼자 의심하기를 나온 데가 반드시 하나가 아니며 마치 강·하천이 출발하는 데가 각기 따로 근원이 있는 것과 같다고 하였는데, 지금 말씀하기를 천주께서는 오직 하나이시라 하니 감히 그 이치를 여쭙습니다.

(2)

서양선비가 말한다 : 사물의 사사로운 근원은 본디부터 하나가 아니지만 사물의 공변된 본래 주인은 곧 둘이 아닙니다. 왜냐하면 사물의 공변된 본래 주인은 마침내 많은 사물이 따라 나온 바인데, 많은 사물에 덕행의 성품이 갖춰 있으며 덕행의 성품이 원만하고 아주 뛰어나, 도리 없이 숭상합니다.

(3)

가령 의심하여 하늘·땅 사이에 사물의 본래 주인이 존귀하신 두 분이라고 한다면, 말하는바 둘이라는 것이 서로 같다는 것을 옳게 여기는 것인지 아닌지를 모릅니다. 만약 서로 같지 않다면 반드시 하나는 미약한 게 있을 것이니, 그 미약한 것은 스스로 일컫기를 공변된 존귀한 분이라 할 수 없으며, 그 공변된 존귀하신 분은 큰 덕을 이루어 온전하여 완벽하십니다. 만약 말하기를 서로 같다고 하면 하나로 이미 충분하니 어찌 많은 것을 쓸 필요가 있겠습니까.

(4)

거듭 말하는바 존귀하신 두 분께서 서로 탈취하며 소멸시킬 수 있는 것인지 아닌지도 모르겠습니다만, 만약 서로 소멸시킬 수 없을 때에는 그 능력은 오히려 궁극적으로는 한계가 있어 말하기를 원만하다고 할 수 없으며, 지극한 덕이 존귀하신 주님께서 만약 탈취하여 소멸시킬 수 있을 때에는 그것은 탈취하고 소멸시킴을 당할 수 있는 자이니 천주가 아니십니다.

(5)

게다가 천하의 사물이 극히 다양하고 극히 풍성하니 만약 하나이신 존귀하신 분께서 유지하고 잘 보호해주시지 않으면 분산되어 괴멸되는 것을 면할 수가 없습니다. 마치 악을 제작하여 집대성할 때와 같으니, 가령 태사太師가 남들이 작게 이룬 것들을 많이 모음이 없으면 완전한 소리 또한 거의 울림이 끊어질 것입니다. 이런 까닭으로 한 집에 오직 한 가장이 있으며 한 나라에 오직 한 군주가 있어야지 둘이 있는 경우에는 국가가 어지러울 것이며, 한 사람이 오직 하나의 육신이 있으며 한 육신에 오직 하나의 머리가 있어야지 둘이 있는 경우에는 몹시 괴이할 것입니다.

(6)

저는 이로 인하여 하늘 · 땅 사이에 비록 많은 종류의 귀신이 있더라도 유독 한 분 천주께서 계셔 비로소 하늘 · 땅 · 사람 · 사물을 지으시고도 때맞춰 주재하시어 보존하고 편안하게 하심을 알겠는데, 그대는 어찌 의심하십니까.

(7)

중국선비가 말한다 : 지극한 가르침을 귀로 들었으니 대개 천주께서 존귀하시며 참으로 높으신 분이 둘이 없으심을 어찌 믿지 않겠습니까. 비록 그럴지라도 원하오니 그 설명을 다 끝내주십시오.

[제14강]
천주께서는 무궁하시어 헤아리기 어려우시다

(1)
서양선비가 말한다 : 하늘 아래 마치 개미 같은 지극히 작은 벌레도 사람이 그 성품을 죄다 깨달을 수가 없는데, 하물며 천주께서 지극히 크고 지극히 존귀하신 분이신데 어찌 쉽게 통달할 수 있겠습니까. 만약 사람이 쉽게 통달할 수 있다면 또한 천주가 아니십니다.

(2)
옛날 한 임금이 천주에 관한 학설에 관해 알고 싶어서 현명한 신하에게 물으니 현명한 신하가 답하여 말하기를 물러가 3일간 생각하기를 허용해달라고 하였는데, 기한에 이르러 또 물으니 답해 말하기를 다시 6일이면 비로소 답할 수 있겠노라고 하였습니다. 이와 같이 이미 6일에 또 12일을 답하는 데에 요구하자 임금이 화가 나서 말하기를, '네가 어찌 희롱하느냐' 하였습니다. 그 신하가 답하여 말하기를 '신이 어찌 감히 희롱하겠습니까. 다만 천주의 도리가 무궁하여 제 생각이 날로 깊어졌지만 이치가 나날이 미묘하여 또 마치 눈을 바로 뜨고 태양을 우러러 봄과 같아 더욱 볼수록 더욱 어두우니 이로써 답하기 어렵습니다.'라고 하였습니다.

(3)
옛날에 또 서양 선비로 이름이 아우구스티누스로 불리는 성인이 있었는데, 천주에 대한 학설을 모조리 통달하면서 책에 쓰고 싶었습니다. 그가 하루는 바닷가를 이리저리 거닐면서 마음을 바로잡아 곰곰이 생각하다가 문득 보니 한 사내아이가 땅을 파서 작은 굴을 만들어 손에 조개껍질을 쥐고 바닷물을 퍼담고 있었습니다. 성인이 이르기를 '네가 장차 어찌 하려는 것이냐.' 하니,

사내아기가 말하기를 '저는 이 껍질로써 바닷물을 모두 퍼서 굴 안에 다 담으려고 합니다.'라고 하였습니다.

(4)

성인이 웃으며 말하기를, '어찌하여 대단히 어리석으냐. 작은 그릇으로 큰 바다를 다 퍼서 작은 굴에 넣으려 하다니.'라고 하였습니다. 사내아이가 말하기를, '당신께서는 이미 큰 바닷물을 작은 그릇으로 퍼 담을 수 없으며 작은 굴에 다 담을 수 없음을 알면서, 또 어찌 애를 쓰고 속을 태우며 사람의 힘으로써 다하여 천주의 큰 뜻 전부를 작은 책에 담으려 하십니까.'라고 하였습니다. 사내아이가 말을 마치고 보이지 않자 성인도 역시 놀라 깨달아 천주께서 성신聖神에게 명하여 미리 타일러 조심하게 한 것임을 알게 되었습니다.

(5)

대개 사물이 부류에 줄을 이루어 늘어서니 우리는 그 부류로 인하여 그것이 다른지 같은지를 살피면 그 성품을 알 수 있으며, 형상과 소리가 있는 것은 우리가 그 용모와 빛깔을 살피고 그 음향을 들으면 그 실정을 알 수 있으며, 한계와 제약이 있는 것은 우리가 이 경계로부터 저 경계에 이르기까지를 헤아리면 그 실체를 알 수 있습니다.

(6)

이렇게 천주라고 하는 분께서는 부류에 속하지 않고 많은 부류를 초월하시니 비교하자면 어느 부류에 하겠으며, 이미 형상과 음성이 없으니 어찌 자취가 있어 들어가면서 통달하겠습니까. 그 몸이 끝이 없어 6합도 변두리의 끝이 되지 못하니 어찌 그 높고 큼의 끝을 가늠하겠습니까. 오직 그 실정·성품만을 거론한 경우에는 '아님[非]'이라는 것과 '없음[無]'이라는 것으로써 거론하는 것만 같지 못하며, 오직 '옳음[是]'으로써와 '있음[有]'으로써 거론하면 더욱 심원해집니다.

(7)

중국선비가 말한다 : 무릇 아주 '옳음[是]'과 아주 '있음[有]'이라고 하는 것도 역시 어찌 '아님[非]'과 '없음[無]'으로써 밝혀질 수 있겠습니까.

(8)

서양선비가 말한다 : 사람의 그릇이 작아서 천주의 거대한 섭리를 담지 못하고, 단지 사물에는 비천함이 있어도 천주께서는 이러하지 아니하신 바를 알지만, 그런데 그 하신 바가 존귀하심을 궁구할 수가 없습니다. 단지 일에는 결함이 있어도 천주께는 '없음[無]'과 '있음[有]'을 알지만, 그런데 그 하신 바가 완전무결하며 첫째임을 고증할 수가 없습니다.

[제15강]
천주의 본성은 만물의 등급을 초월하셨다

(1)

지금 우리가 천주를 어떤 사물에 견주어 가리키고자 하여 말하기를 '하늘이 아니며 땅이 아니지만 그 높고 밝음과 넓고 두터움은 하늘·땅에 비교해도 오히려 심하다.', '귀신이 아니지만 그 신령함은 귀신 그 뿐만이 아니다.' '사람이 아니지만 성인의 지혜도 멀리 초월한다. 이른바 도덕이 아니지만 도덕의 근원이 된다.'라고 합니다. 그분께서는 실로 가시지도 않고 오시지도 않지만 우리가 그분께서 가신 것이라고 말하고자 하면서도 단지 '시작이 없으시다'고 말하고, 그분께서 오신 것이라고 말하고자 하면서도 단지 '끝이 없으시다'고 말합니다.

(2)

또 그 바탕을 추론하면서 짐작하자면, 담아 실을 곳도 없지만 가득히 채워 두는 바도 없으며 움직이지 않지만 모든 움직임의 으뜸이 됩니다. 손이 없고 입이 없지만 많은 나무를 생겨나게 하였으며 많은 생물을 가르치고 깨우쳤으니, 천주님께서는 그 능력이 훼손되지도 않으시며 쇠퇴하지도 않으시면서, '없음[無]'으로써 '있음[有]'이 되게 하시는 분이십니다.

(3)

그분께서 아시는 것은 우매함도 없으시고 오류도 없으시지만 이미 지나간 많은 세월 이전과 아직 오지 않은 많은 세월 이후의 일이 그 분께서 아시는 것에서 달아날 수 있는 게 없고, 마치 마주하여 눈으로 보는 것과 같습니다. 그 분의 선은 순수하여 다 갖췄으면서도 오점이 없어서 갖추면서도 많은 선이 돌아가 머물게 되며, 선하지 않은 것이 비록 경미할지라도 더럽히지 못합니다.

(4)

그 은혜는 넓고 커서 막힘이 없고 통하지 않음이 없으며 사사로움도 없고 부류도 없으며 미치지 않는 바가 없어서 조그만 벌레와 작은 조개도 역시 그 은혜의 혜택을 입습니다. 무릇 하늘·땅 안에 선한 성품과 선한 행실이 천주를 따라 본받지 않음이 없으나 비록 그렇더라도 본래의 근원이신 천주와 비교하면 물방울 하나가 푸른 바다에 떨어짐만 못합니다.

(5)

천주의 축복과 덕택이 두텁고 풍성하고 가득 차서 둥글고 넓고 크며 넉넉하고 뛰어나니 어찌 더할 수가 있으며 어찌 덜 수가 있겠습니까. 그러므로 강이나 바다라도 다 길어낼 수 있고 바닷가 모래라도 다 헤아릴 수 있으며, 우주를 채워 알차게 할 수 있어도 천주를 온전히 밝혀 하물며 다 발현하게 할 수 있겠습니까.

(6)

중국선비가 말한다 : 아! 풍성하도다 가르침이여! 풀 수 없는 바를 풀고 깊이 연구할 수 없는 것을 깊이 연구하였습니다. 제가 듣고도 큰 도리를 비로소 보게 되었으니 큰 으뜸에 돌아가게 되었습니다. 원하건대 나아가서 마침에 이르고자 합니다. 오늘은 감히 다시 버릇없이 굴지 않겠습니다. 내일 아침에 다시 청하겠습니다.

(7)

서양선비가 말한다 : 그대는 스스로 총명하고 지혜로워 적은 것을 듣고도 많은 것을 아니 제가 무엇이 힘들었겠습니까. 그러나 이 논의를 알게 되어 난해한 곳이 평이해지고 중요한 기본이 이미 편안해졌을 터이니 다른 공부도 쉽게 이룰 수 있을 것입니다.

제2편

제2편
세상 사람이 천주를 잘못 앎을 알기 쉽게 설명하다

중국선비가 말한다 : 깊은 논의가 귀를 채우고 마음을 취하게 하니 밤새 생각하느라 잠자기를 잊었는데, 이제 다시 가르침을 받음으로써 마음의 의혹을 끝내려 합니다.

[제1강]
삼교[유교 · 불교 · 도교]는 무엇으로써 힘쓰나

(1)
우리 중국에 세 종교[유교 · 불교 · 도교]가 있어 각기 파벌을 세우니 노자老子는 사물이 '무無'에서 생성되었다고 하여 '무'로써 도리를 삼았고, 부처[불타佛陀]는 색욕이 '공空'으로부터 생성되었다고 하여 '공'으로써 '무'로 삼았으며, 유교儒敎에서는 이르기를 『주역周易』에 '태극太極이 있다'고 하였습니다. 그러므로 오직 '유有'로써 으뜸을 삼고 '성誠'으로써 학문을 삼았으니, 받들어 믿는 취지로서는 누가 옳은지 알지 못하겠습니다.

(2)
서양선비가 말한다 : 노자와 부처가 일러 '무無'라고 하고 '공空'이라고 함은 천주의 이치에는 서로 바늘로 찌르는 것 같은 큰 잘못이니 그것은 숭상할

수 없음이 명백합니다. 무릇 유교에서 일러 말하기를 '유有'라고 하고 '성誠'이라고 함은 비록 그 해석을 다 듣지는 못하였을지라도 본디 도리로서는 근사합니다.

(3)

중국선비가 말한다 : 우리나라 군자들도 역시 부처와 노자를 통렬히 배척하였으며 깊이 증오하였습니다.

(4)

서양선비가 말한다 : 증오하는 것은 주장을 바로잡는 것만 못하고, 말로써 주장을 바로잡는 것은 이치로써 분석하는 것만 못합니다. 노자 · 부처의 무리조차도 위대하신 아버지 천주께서 생성하신 바이니 곧 우리 형제입니다. 비유하건대 내 아우가 병들어 미쳐서 엎어지고 넘어지며 괴이하고 허망하면, 제가 형 된 도리를 다하기 위해 우려하겠습니까 증오하겠습니까. 살면서 이치로써 깨우쳐 줘야 할 따름입니다.

(5)

제가 일찍이 유교의 서적을 널리 읽어보니 왕왕 부처 · 노자에게 유감을 갖고 질시하여 오랑캐로 배격하고 이단이라 이르며 배척하지만, 하나의 톱과 같은 이치를 들어서 딱 끊듯이 비난하는 것은 보지 못하였습니다. 우리는 저들을 그르다고 여기고 저들 또한 우리를 그르다고 여겨 분분히 논쟁을 하여 둘 다 서로 믿지 못하며 1,500여 년 동안 하나로 합칠 수 없었으니 가령 서로 이치를 들어 변론하면 말하지 않아도 옳고 그름을 심사해서 세 학파(유가 · 불가 · 도가)가 하나로 귀착되었을 뿐일 것입니다.

(6)

　서쪽 지방에 속담이 있어 이르기를, '탄탄한 끈은 쇠뿔을 묶을 수 있고 이치 있는 말은 사람 마음을 승복시킨다.'라고 합니다. 저희 나라의 이웃 지방은 아주 오랜 옛날에 세 종교[유교 · 불교 · 도교]에 그치지 않고 얼기설기 수천 수백 가지였으나 나중에 우리 학자들이 올곧은 이치로써 변론하여 깨우치고 선행으로써 잠잠하게 하여 지금은 오직 천주교 하나만을 확실히 추종합니다.

[제2강]
부처 · 노자의 '공空' · '무無'에 관한 주장을 바로잡다

(1)

　중국 선비가 말한다 : 바른 도리는 오직 하나일 뿐이니 어찌 중복될 필요가 있겠습니까. 그러나 부처 · 노자의 설명이 지지받는 데에는 까닭이 있습니다. 무릇 사물이 먼저에는 비었으나 나중에는 채워지기도 하고 먼저에는 없다가 나중에는 있기도 하니, 그러므로 '유有'와 '무無'로써 사물의 근원을 삼음이 그럴 듯합니다.

(2)

　서양선비가 말한다 : 학문의 진보는 흔하고 가까운 데서부터 배우는 것을 기본으로 삼으며, 천하에서는 '가득 채워져 있음[實有]'으로써 귀함을 삼고 '텅 비어 없음[虛無]'으로써 천함을 삼지 않으니, 만약 이른바 만물의 근원이 귀하여 높이 여겨야하면 어찌 '텅 비어 없음[虛無]'으로써 감당해낼 수 있겠습니까. 하물며 자기에게 없는 것으로 사물에 베풀어서 있게 할 수 없는 이 이치는 분명하니, 이제 '비었다[空]'고 말하고 '없다[無]'고 말하는 것은 결코 자기에게 있는 바가 없는 것으로, 만일 그렇다면 어찌 능히 베풀어 성품과 형상을

있게 함으로써 사물의 형체가 되겠습니까. 사물은 틀림없이 확실히 있어야 바야흐로 사물이 있다고 이르는 것입니다. 확실히 없는 경우에는 사물이 없는 것입니다.

(3)

설령 그 본래의 근원이 '채워짐[實]'도 없고 '있음[有]'도 없으면 다만 아울러 그것이 산출했다는 사물이라는 것도 없는 것뿐입니다. 이 세상 사람이 비록 신과 같이 성스러울지라도 없는 사물로써 있게 할 수 없으면, 저 '없는' 것과 '빈' 것은 또 어찌 그 '비었음'과 '없음'으로써 모든 사물이 있게 하며 모든 사물이 채워지게 할 수 있겠습니까. 시험하여 사물의 그러한 까닭으로써 보건대 이미 비고 없을 때에는 사물의 '짓는 것[作者]', '본뜨는 것[模者]', '바탕의 것[質者]', '만들어진 것[爲者]'이 될 수 없으니 이 비고 없는 것이 사물에 있으며 더욱이 어찌 나타남이 있겠습니까.

(4)

중국선비가 말한다 : 가르침을 들으니 물론 적합합니다. 다만 사물이라고 이르는 것은 먼저에는 없다가도 나중에는 있기도 하니 이는 아마 하나의 도리인 듯합니다.

(5)

서양선비가 말한다 : 처음이 있는 사물은 먼저에는 없다가도 나중에는 있기도 하다고 말함은 옳지만 처음이 없는 사물은 논의할 바가 아닙니다. 처음이 없다는 것은 일정한 때도 없이 없으니 어느 때 먼저에는 없었다고 하겠습니까. 특별히 나누어서 말하건대, 사물마다 사물이 먼저에는 없다가도 나중에는 있기도 한다고 이르는 게 맞을 따름이지만, 만약 총괄해서 말할 때에는 맞지 않습니다.

(6)

예를 들면 어떤 사람이 아직 탄생하지 않은 이전에는 과연 그 사람이 없었지만 이미 탄생한 후에는 있습니다. 그러나 어떤 사람이 탄생하기 이전에는 오히려 어떤 사람의 부모가 탄생해 있는 것입니다. 천하 사물이 모두 다 그렇지 않은 것이 없으니, 사물 하나도 전혀 없는 그 시초에 도달하면 이것은 틀림없이 천주님께서 계서 그 근원을 개벽하신 것입니다.

(7)

중국선비가 말한다 : 누구나 옳고 그름을 구별할 줄 아는 마음은 있으나, 이 이치를 환히 알지 못하여 마치 본래의 마음을 잃은 것과 같으니 어찌 그 밖의 것을 거짓말로 듣겠습니까. 만약 마치 '비워 없는[空無]' 것은 사람도 아니고 신도 아닌 것과 같으니 심성도 없고 지각도 없으며 영혼靈魂 · 재능才能도 없고 박애博愛 · 정의正義도 없으니 한 가지 선도 아름답게 여길 것이 없습니다. 즉 풀 · 나무 같은 지극히 낮은 사물에도 오히려 비길 수 없지만, 만물의 근본이라 말합니다. 그 의미가 진실로 어긋나나 다만 제가 들으니 '비워 없는' 것이 참으로 '비워 없음'을 이르는 게 아니라 단지 신의 형상이 없고 소리가 없는 것뿐이면 천주와 무엇이 다르겠습니까.

(8)

서양선비가 말한다 : 이는 이치에 맞지 않는 말이니, 청컨대 이것으로써 천주님에 비기지 마십시오. 무릇 영신靈神은 품성稟性도 있고 재능도 있고 성덕盛德도 있어 우리들 형상이 있는 무리와 비교하면 더욱 순수하고 더욱 높고 그 이치가 더욱 진실하니, 어찌 특히 이 형상이 없음으로 말미암아 그대로 좇아서 없고 또한 비었다고 일컬을 수 있겠습니까. 오상五常[仁 · 義 · 禮 · 智 · 信]의 성덕은 형상도 없고 소리도 없으나 누가 이를 일컬어 없다고 하겠습니까. 형상이 없는 것은 '없음[無]'에 비하면 차이가 하늘과 땅이니 이로써 가

르침을 삼으면 비단 세상을 밝히지 못할 뿐만 아니라 더욱 의혹만 늘어날 것입니다.

[제3강]
태극에 대한 논의

(1)
중국선비가 말한다 : 우리 유가儒家에서 말하는 태극이라는 것이 옳습니까.

(2)
서양선비가 말한다 : 제가 비록 말년에 중화에 들어왔지만 옛 경서 보기를 게을리 하지 않았는데, 다만 옛날 윗대의 군자들이 천지의 주재자께 삼가고 공손하였음을 들었지 태극을 받들어 모셨다는 것은 듣지 못했습니다. 만약 태극이 모든 사물을 주재하는 시조始祖가 되었으면, 옛날 성인들이 어찌 그 말을 숨겼겠습니까.

(3)
중국선비가 말한다 : 옛적에 그 이름이 있지 않았으나 실제로는 그 이치가 있었는데 다만 그림으로 해석한 게 전해지지 않았을 뿐입니다.

(4)
서양선비가 말한다 : 말이 모두 이치와 서로 합치하여 군자가 거역할 도리가 없으니, 태극의 풀이가 이치에 부합한다고 말하기는 아마도 어려울 것입니다. 제가 저 양쪽의 극단이 없는 태극의 그림을 보니 홀수·짝수의 형상을 취한 말에 지나지 않지만 그런 형상이 어디에 있겠습니까. 태극이 천지를 생

성하지 않았다는 실상을 알 수 있을 뿐입니다. 천주의 섭리는 예로부터 이제까지 실상으로 전해져서 온전히 갖추어 빠뜨린 것이 없어서 제가 책에 기록하여 다른 나라에 전하고자 하였으니, 오히려 그 섭리가 입증한 바를 들지 못할 리가 없으며, 더구나 헛된 형상에는 진실한 이치가 없으니 어찌 의거할 수 있겠습니까.

(5)
중국선비가 말한다 : 태극은 다른 게 아니고 바로 이치일 따름입니다. 만약 온전한 이치로써 이치가 없다고 하면 더욱이 무엇이 있어야 이치라고 일컬을 수 있겠습니까.

(6)
서양선비가 말한다 : 아아! 다른 사물의 본체와 상태가 이치에 귀착되지 못하고 다시 가까스로 이치를 회복하여 올바른 논의에 귀착되었는데, 만약 이치의 본체가 정해지고도 그 이치로 실행하지 못하면 또 그렇지 않으면 무엇으로 이치라고 하겠습니까. 제가 지금 우선 사물의 근본 성품을 가려서 이치를 본래 성품에 두고 그런 뒤에야 그 태극의 설명이 모든 사물의 본래 근원이 될 수 없음을 밝히겠습니다.

[제4강]
사물의 근본 성품에 둘이 있으니 자립자와 의뢰자다

(1)
대저 사물의 근본 성품이 둘이 있으니 자립자自立者가 있고 의뢰자依賴者가 있어서 사물이 다른 본체에 의지해서 사물이 되지 아니하면서 스스로 자립을 성취할 수 있으니, 마치 하늘과 땅, 귀신과 인간, 날짐승과 길짐승, 풀과 나무, 쇠와 돌, 사행四行[효孝 · 제悌 · 충忠 · 신信] 등과 같음이 이것이며, 이는 자립하는 성품에 속하는 것입니다. 사물이 서지 못하여 다른 본체에 의지해서 그 사물이 되었음은 마치 오상五常[인仁 · 의義 · 예禮 · 지智 · 신信], 오색五色[청靑 · 황黃 · 적赤 · 백白 · 흑黑], 오음五音[궁宮 · 상商 · 각角 · 치徵 · 우羽], 오미五味[신辛 · 산酸 · 함鹹 · 고苦 · 감甘], 칠정七情[희喜 · 노怒 · 애哀 · 락樂(혹은 구懼) · 애愛 · 오惡 · 욕欲] 등과 같음이 이것이며, 이는 의뢰하는 성품에 속하는 것입니다.

(2)

만약 흰말을 보고 하얗다 하고 말이라고 하면, 말은 바로 자립자요 흰 것은 바로 의뢰자입니다. 비록 그 흰 게 없을지라도 여전히 그 말이 있으며, 마치 그 말이 없으면 반드시 그 흰 게 없는 것과 같으므로 의뢰자가 되는 것입니다. 이 두 가지 성품을 비교하면, 무릇 자립자는 먼저이고 귀함이요, 의뢰자는 나중이고 천함입니다. 한 사물의 본체에는 오직 자립하는 하나의 부류가 있을 뿐이지만, 만약 그 의뢰하는 부류라면 헤아릴 수 없이 많습니다. 예컨대 사람의 한 몸이 본디부터 자립하게 되면 그 사이의 정서, 음성, 용모, 빛깔, 떳떳한 인륜 등의 부류가 갖추어서 의뢰하는 게 되니, 그 부류는 매우 많아집니다.

[제5강]
태극과 이치는 사물의 근원이 될 수 없다

(1)

만약 태극이라는 것을 다만 이른바 이치라고 해석하는 경우에는 천지 만물의 근원이 될 수 없을 것입니다. 대개 이치도 역시 의뢰하는 부류라 자립하지 못하니 어찌 다른 사물을 세우겠습니까. 중국의 문인과 학사로서 이치를 강론하는 사람들이 이치에는 단지 두 발단發端이 있다고 말하고 '인심에 있다'거나 '사물에 있다'라고 말하니, 사물의 정황이 사람 마음의 이치에 부합할 때에는 사물이 바야흐로 진실하다 일컬을 것이요, 사람의 마음이 사물에 있는 그 이치를 깊이 연구하여 그 앎을 다할 수 있을 때에는 이를 '격물格物'이라고 일컬을 것입니다.

(2)

이 두 발단에 의지하는 경우에는 이치는 본디부터 의뢰하는 것이니, 어찌 사물의 근원이 되겠습니까. [인심의 이치와 사물의 이치] 두 가지가 모두 사물 뒤에 있으니 뒤가 어찌 처음의 근원이 되겠습니까. 더욱이 그 시초에 하나의 사물도 없었던 최초로 반드시 이치의 존재가 있었다고 어찌 말하겠습니까. 무릇 이치가 어떤 곳에 존재하며 어떤 사물에 의지하여 속하겠습니까. 의뢰하는 정황이 자립할 수 없어서, 그러므로 자립하는 것이 없어서 의지하게 되는 경우에는 의뢰하는 것이 완전히 없어질 것입니다. 만일 '공허한 것에 의뢰할 뿐이다.'라고 말하면, 아마도 공허한 것이 의뢰할 만한 게 아닐 것이며, 이치는 장차 쓰러져 무너짐을 면하지 못할 것입니다.

(3)

시험 삼아 질문해보겠습니다. 반고盤古 이전에도 이미 이치가 있었으면, 무슨 까닭으로 틈을 내서 작동하여 사물을 생성하지 않았습니까. 그 뒤에 누가 복종하고 분발하여 작동하였습니까. 하물며 이치는 본디 작동과 정지가 없는 것인데, 더구나 스스로 작동하였겠습니까. 만약 '옛날에 사물을 생성하지 않고 훗날 비로소 사물을 생성하기를 원했다.'고 말하는 경우에는, 이치는 어떤 의미가 있겠습니까. 왜 사물을 생성하고자 함이 있었으며 사물을 생성하지 않고자 함이 있었겠습니까.

(4)

　중국선비가 말한다 : 그 이치가 없을 때에는 그 사물은 없습니다. 이런 까닭으로 우리 주자周子는 이치가 사물의 근원이 되었음을 믿었던 것입니다.

(5)

　서양선비가 말한다 : 아들이 없을 때에는 아비가 없겠지만, 누가 아들이 아비의 근원이 된다고 말하겠습니까. 서로 구하는 것의 세상 형편이 항상 이와 같으니, 본디 서로 있고 없음이 되는 것입니다. 군주가 있을 때에는 신하가 있으며, 군주가 없을 때에는 신하가 없으며, 사물이 있을 때에는 사물의 이치가 있습니다. 이 사물의 실상이 없으면 곧 이 이치의 실상이 없습니다. 만약 헛된 이치로써 사물의 근원을 삼으면 이것은 부처·노자의 설명에 다름이 없으니, 이로써 부처·노자를 공격하면 그러므로 연燕나라로써 연나라를 치는 것이요 어지러움으로써 어지러움을 바꾸는 것입니다.

(6)

　지금 실재하는 이치도 사물을 생성할 수가 없으니 어찌 옛날의 헛된 이치가 생성할 수 있었겠습니까. 예를 들어 오늘 수레 만드는 사람이 여기에 있고 이 수레의 이치가 있어 그 마음에 갖추었다고 합시다. 어찌하여 한 대의 수레를 즉시 움직여 출발하게 하지 못하면서, 반드시 나무라는 재질, 도끼·톱이라는 기계, 장인의 공력을 거친 다음에나 수레가 완성되며, 어찌하여 처음에는 신기하게도 하늘·땅의 거대함을 화합하여 형성할 수 있었으나, 이제는 쇠약하고 피폐해져서 한 대의 수레라는 작은 것도 출발시킬 수 없는 것입니까.

(7)

　중국선비가 말한다 : 제가 듣기로는 이치가 먼저 음양오행을 생성하고 그런 뒤에 천지 만물을 변화하여 조성하였으므로 사물을 생성하는 데에도 차례

가 있다고 합니다. 가령 잠깐 사이에 수레를 조성한다고 하는 그것은 적절한 비유가 아닙니다.

(8)

서양선비가 말한다 : 시험 삼아 그대에게 질문하겠습니다. 음양오행의 이치는 한번 작동하고 한번 정지할 때에 매번 음양오행을 생성할 수가 있는 경우에는, 이제 수레의 이치가 있으니 어찌 작동하여 한 대의 수레를 생산하지 못하겠습니까. 또한 이치는 있지 않은 곳이 없으며 그것은 이미 의지가 없는 사물이기에 본성이 반드시 곧바로 나아가고 그 발동하는 바에 맡기며 스스로 그만둘 수 없습니다. 어찌하여 이제 음양오행을 생성하지 않으며, 누가 그것을 막고 있는 것입니까. 게다가 '물物'이라는 글자는 수많은 실체를 총괄하는 명칭이라 모든 사물을 다 '물'이라 칭할 수 있는 것입니다.

(9)

「태극도太極圖」의 주해註解에 이르기를, '이치라고 하는 것은 사물이 아니다.'라고 하였는데, 사물의 종류가 많지만 두루 사물이라 일컫습니다. 사물은 자립자가 되거나 의뢰자가 되거나 형상이 있기도 하거나 형상이 없기도 합니다. 이치는 이미 형상이 있는 사물의 부류가 아니니, 어찌 형상이 없는 물품이 될 수 있겠습니까.

(10)

또 질문하겠습니다. 이치라고 하는 것은 영혼靈魂·각혼覺魂이 아닙니까. 의리義理에 밝은 것이 아닙니까. 예컨대 영혼·각혼이 의리에 밝을 경우에는 이는 귀신의 부류에 속할 것이니, 어찌 태극이라 이르며 이치라 이르겠습니까. 만일 그렇지 않을 경우에는 천주와 귀신과 뭇 사람의 영혼·각혼은 누구로 말미암아 얻었습니까. 저 이치라고 하는 것이 자기에게 없는 바로써 사물에게 베풀어 있게 할 수는 없습니다. 이치가 영혼도 없고 각혼도 없을 경우에는 영혼을 생성할 수도 각혼을 생성할 수도 없습니다.

(11)

청컨대 그대가 천지의 안을 관찰해보십시오. 오직 이 영혼이라는 것은 영혼을 생성하며, 각혼이라는 것은 각혼을 생성할 뿐입니다. 영혼·각혼으로부터 영혼·각혼이 아닌 것이 나온 경우가 있습니다만, 영혼·각혼이 아닌 데로부터 영혼·각혼이 있는 것을 생성하였다는 것은 듣지 못했습니다. 자식은 본디부터 어머니를 넘지 못합니다.

(12)

중국선비가 말한다 : 영혼·각혼이 영혼·각혼의 생성한 바이지 이치를 이르는 게 아니라고 함은 이미 가르침을 들어 알고 있습니다. 다만 이치가 작동하면서 양기陽氣를 내니 양기가 바로 스스로 그러한 영혼·각혼이라서 혹시 그렇습니까.

(13)

서양선비가 말한다 : 반복하여 변론할지라도 이 이치를 벗어나기 어려우니, 제가 또 질문하겠습니다. 저 양기라고 하는 것이 무엇으로 말미암아 영혼·각혼을 얻었겠습니까. 이는 자연의 이치에 또한 크게 서로 어긋나는 것입니다.

(14)

중국선비가 말한다 : 선생님께서 '천주님께서는 모습도 없고 소리도 없지만 온갖 사물에 모습과 소리를 있게 베풀 수 있다.'고 이르셨습니다. 만일 그렇다면 태극이 영혼·각혼이 없으면서 사물에 영혼·각혼을 베푸는 데에 무

슨 지장이 있겠습니까.

(15)

서양선비가 말한다 : 어찌하여 모습·소리가 없는 것이 정밀하고 높으며 모습·소리가 있는 것이 거칠고 낮다고 말하지 않습니까. 정밀하고 높음으로써 거칠고 낮음을 베풀 수 있음은 분수에 벗어나지 않으나, 영혼·각혼이 없는 거칠고 낮은 것으로써 영혼·각혼이 있는 정밀하고 높은 것을 해서 베풀면 그것은 분수에서 멀리 벗어납니다.

[제6강]
위가 아래를 포괄함에 세 가지가 있다

(1)

또 말하면 위의 사물이 아래의 사물을 포함할 수 있는 것에는 3가지가 있습니다. 혹은 있는 것을 다해서 아래 사물의 본체를 포함하여 마치 한 길[장丈]이 열 재[척尺]에 오르고 한 자가 열 치[촌寸]의 본체에 오르는 것 같은 게 이것입니다. 혹은 가를 수 없게 아래의 성품을 포함하여 마치 사람의 혼이 날짐승·길짐승의 혼을 섞어 가지고 있으며, 날짐승·길짐승의 혼이 풀·나무의 혼을 섞어 가지고 있는 것 같은 게 이것입니다. 혹은 순수하게 아래의 성덕을 포함하기를 마치 천주께서 모든 사물의 성품을 함유하심 같은 게 이것입니다.

(2)

무릇 천주의 성품은 가장 온전하고 성대할 뿐만 아니라 위엄이 있어 사람의 마음으로는 헤아릴 수가 없으며 만물로서도 견줄 수가 없습니다. 비록 그럴지라도 제가 짐짓 비유한다면, 마치 한 닢 금전金錢이 열 닢 은전銀錢과 천

닢 동전銅錢의 가치를 가지는 것과 같습니다. 그리되는 까닭은 오직 황금의 성질이 매우 정밀하여 은·동의 성질과는 크게 다르므로 가치가 몇 배나 되는 게 이와 같습니다.

[제7강]

천주의 형체가 없고 정밀한 성덕이 만물의 성질과 이치를 포함한다

(1)

천주의 성품이 비록 확실히 만물의 진정을 일찍이 갖고 있지 않았더라도 그 정밀한 덕으로써 만 가지의 이치를 포함하고 많은 사물의 성품을 함유하여 그 권능을 갖추지 않은 바가 없으니 비록 만일 그렇다면 모습이 없고 소리가 없을지라도 온갖 사물의 형상을 변화시켜 생성함이 어찌 어렵겠습니까.

(2)

이치라는 것이 오히려 크게 다르니, 그래서 의뢰하는 부류가 스스로 서지 못하니 어찌 영혼·각혼을 포함하여 자립하는 종류가 될 수 있겠습니까. 이치는 사람보다 낮으니, 이치가 사물이 되지만 사물이 이치가 되지는 않습니다. 그러므로 공자께서 말씀하기를 '사람이 도리를 넓게 할 수 있는 것이지 도리가 사람을 넓게 하지 못한다.'라고 하였습니다. 만일 그대가 말하기를, '이치가 모든 사물의 영혼을 포함하여 모든 사물을 변화시켜 생성한다.'라고 한다면, 이것은 바로 천주이십니다. 어찌 유독 이치라고 말하며, 태극이라 말하겠습니까.

(3)

중국선비가 말한다 : 이와 같을 경우에는 우리 공자께서 말씀하신 태극은

어떤 의미입니까.

(4)

서양선비가 말한다 : 모든 사물을 창조한 공력이 풍성한 것입니다. 그중에 본디부터 요긴한 기틀이 있지만, 그러나 이는 천주께서 세우신 바입니다. 모든 사물의 근원이 없는 근원이라는 것은 이치로써나 태극으로써나 감당할 수가 없습니다. 무릇 태극의 이치는 본디 정밀한 논의가 있어서, 저도 비록 일찍이 들었지만 감히 그 변론을 번잡하게 늘어놓지 않겠습니다. 혹시 다른 글로써 그 요점을 전달하더라도 용납해주십시오.

(5)

중국선비가 말한다 : 우리나라의 군주·신하들은 예로부터 지금에 이르기까지 오직 하늘·땅으로써 높음을 삼고 공경하기를 마치 부모와 같이 하는 줄을 알았으며, 그러므로 교郊[하늘에 지내는 제사]와 사社[땅에 지내는 제사]의 의례로써 제사하였습니다. 마치 태극이 천지를 내었을 것 같으면 이는 세상의 으뜸 부모여서, 옛날 성인聖人, 제왕帝王, 신하의 제사 의식에서 마땅히 으뜸으로 하였을 것입니다. 그러나 지금은 그렇지 않습니다. 이는 기어코 태극에 대한 해석이 그른 줄을 알려줍니다. 선생님의 변론이 가장 상세하니, 옛날 성현께서도 다른 의견이 없을 것입니다.

(6)

서양선비가 말한다 : 비록 그럴지라도 천지를 높음으로 삼는 주장은 쉽게 이해가 되지 않습니다. 대저 지극히 높으신 분은 둘이 아니라 오직 한 분이실 뿐입니다. '하늘이다. 땅이다.'라고 말하면 이것은 둘입니다.

[제8강]

천주는 곧 경전에서 말한 상제요 옥천진무상제가 아니다

(1)

우리나라의 천주는 곧 경전에서 말하는 '상제'입니다. 도가에서 진흙으로 만든 현제玄帝[노자老子]와 옥황玉皇의 형상과는 같지 않으며, 저들은 불과 무당산武當山에서 수행하며 살던 한 사람에 지나지 않습니다. 모두 역시 인간일 뿐으로 사람이 어찌 천지의 주님이 될 수 있겠습니까. 우리 천주께서는 바로 옛 경서에 일컫은 상제이십니다.

(2)

『중용中庸』에서 공자孔子의 말씀을 인용하여 이르기를, '교郊·사社의 의례는 상제를 섬기는 것이다.'고 하였으며, 주자朱子가 주석註釋하여 이르기를, '후토后土[토지를 맡은 신]를 말하지 않음은 글을 생략한 것이다.'라고 하였지만, 제 생각에는 중니仲尼[공자]가 상제가 하나이지 둘이 될 수 없음을 밝혔으니 어찌 유독 글이 생략된 것이겠습니까.

(3)

[『시경詩經』의]「주송周頌」[〈집경執競〉]에 이르기를, '강하고 굳센 무왕武王이시여! 견줄 곳 없이 크시네. 밝지 아니하신가. 성왕成王·강왕康王이시여! 상제上帝가 황황으로 여기시네.' 하고, 거듭 이르기를, '아아! 밀과 보리여. 곧 밝음을 받으리니 밝고 빛나도다. 상제여!'라고 하였습니다.「상송商頌」에 말하기를, '거룩한 공경을 날로 올림이여! 밝게 이르러 더디고 더디도다! 상제를 이에 공경하노라.'고 하였으며,「대아大雅」에 말하기를, '아! 이 문왕文王께서는 삼가고 조심하여 밝게 상제를 섬기셨네.'라고 하였습니다.

(4)

『주역周易』[「설괘說卦」 전傳]에 이르기를, '제帝가 진震에서 나왔다.'고 하였으니, 대저 '제'라고 하는 것은 하늘을 말하는 게 아닙니다. 푸른 하늘은 여덟 방위[팔방八方]를 포괄하였으니 어찌 하나에서 나올 수 있겠습니까.

(5)

『예기禮記』[「월령月令」]에 말하기를, '다섯 가지 마땅함을 갖추면 상제上帝께서 흠향歆饗하신다.' 하고 거듭『예기禮記』[「표기表記」]에] 말하기를, '천자天子께서 친히 갈아 기장쌀[자성粢盛]과 울창주[거창秬鬯]로 상제를 섬긴다.'고 하였습니다.

(6)

[『서경書經』의]「탕서湯書」에 이르기를, '하씨夏氏[하夏의 걸왕桀王]가 죄 있으니 내[탕왕湯王]가 상제上帝를 두려워 감히 바로잡지 않을 수가 없었도다.'라고 하였습니다. 또 (「탕고湯誥」에서) 이르기를, '위대하신 상제께서는 낮은 백성에게 올바른 마음을 내려 언제나 올바른 성품을 지닌 사람을 따르게 하셨으니, 그 올바른 길을 따를 수 있는 사람만이 임금이 될 수 있다.'라 하였고,「금등金縢」에 주공周公이 이르기를, '마침내 제帝의 뜰에서 명을 받아 천하[사방四方]를 두루 보호하신다.'고 하였으니, 상제께서 뜰을 가지고 있을 때에는 푸른 하늘로써 상제를 삼지 아니하였음을 알 수 있습니다. 두루 옛 글을 보더라도 상제와 천주는 단지 이름을 달리하였을 뿐 [같은 존재]임을 알 수 있습니다.

(7)

중국 선비가 말한다 : 세상 사람이 옛것을 좋아하나 오직 옛 그릇과 옛글을 좋아할 따름이지, 어찌 선생님께서 옛 이치에 의거함과 같겠습니까. 선한 가르침으로 사람을 이끌어서 옛 도리를 회복해야 합니다. 그러나 여전히 알지 못하는 것들이 있습니다.

(8)

옛글에는 거의 대부분 하늘로써 높음을 삼으니 그래서 주자朱子[주희朱熹] 는 주해註解에서 '제帝'를 '하늘天'이라 했고, 하늘을 해설하여 오직 이치라 하 였습니다. 정자程子[정이程頤]는 상세함을 더하여 이르기를, '형체로써 이르 기는 하늘이요 주재로써 이르기는 상제이며 성정으로써 이르기는 건乾[하늘] 이다.'라 하였습니다. 그러므로 말하기를, '천지를 받들어 공경하라.'고 하면 알지 못하겠습니까 어떻겠습니까.

[제9강]
하늘·땅은 주재主宰가 될 수 없다

서양선비가 말한다 : 거듭 생각하니 '하늘[天]'로써 '상주上主'를 해석해도 좋 을 것 같으면, 하늘이라는 것이 첫 번째로 거대할 뿐입니다. 이치가 사물의 주 재가 될 수 없음은 어제 이미 다 말하였습니다. 천주의 칭호는 매우 명확하여 해석할 필요가 없는데, 더구나 함부로 해석하겠습니까. 푸르고 푸른 형상이 있는 하늘은 아홉 겹[9중九重]이라는 분석이 있으니 어찌 첫 번째로 높음이 될 수 있겠습니까. 상주는 찾아도 형상이 없으니 또 어찌 형상으로써 말하겠습니 까. 천주의 형상은 둥글고 9층으로 절단되나, 그것이 혹은 동쪽에 혹은 서쪽에 머리도 없고 배도 없고 손도 없고 발도 없으며, 설령 그 신과 같이 하나의 활동 하는 본체가 된다고 하면 어찌 심하게 웃으며 의아해 하지 않겠습니까. 하물 며 귀신도 일찍이 형상이 없는데, 어찌 유독 그 가장 높으신 신이 형상이 있다 고 하겠습니까. 이는 비단 사람의 도리를 알지 못할 뿐만이 아니라 또한 천문

天文 및 각각 부류의 성품 · 이치도 역시 깨닫지 못한 것입니다.

[제10강]
하늘로써 천주라 칭함이 무슨 의미인가

(1)
높은 하늘도 이미 숭상함이 되지 못하거늘 하물며 아래인 땅은 거우 무리들의 다리가 밟고 걷는 것과 추잡하고 더러움이 돌아가 거처하는 곳이니 어찌 숭상할 수 있는 형세가 있겠습니까. 요컨대 오직 하나이신 이 천주께서는 천하 만물을 변화시켜 생성하셔서 사람을 보존하시고 양육하시니 우주 사이 하나의 사물도 우리 사람을 양육하기 위하는 바가 아닌 게 없습니다. 우리는 의당 하늘 · 땅 · 모든 사물을 생성하신 은혜로운 주님께 감사하며 더욱 정성껏 받들어 공경함이 마땅할 따름입니다. 이러한 위대한 근본이며 위대한 근원이신 주님을 버리고 도리어 우리에게 부림을 당하고 우리를 섬길 그들을 받들 수 있겠습니까.

(2)
중국선비가 말한다 : 확실히 만약 이같은 경우에는 우리들은 마치 문란한 마음을 가진 것과 같습니다. 무릇 대개 머리를 들어 하늘을 보고 끝내 오직 하늘에 절할 줄만 알 따름입니다.

(3)
서양선비가 말한다 : 세상에 지혜로움과 우매함이 있으며 차등이 있어 각기 다릅니다. 중국이 비록 큰 나라이더라도, 짐작컨대 지혜로움도 있으려니와 또한 어리석음이 있음을 면할 수 없을 것입니다. 눈으로 볼 수 있는 것

만 있다 하고 눈으로 볼 수 없는 것은 없다고 하기 때문에 다만 빛이 있는 하늘 · 땅을 섬길 줄만 알고, 또 하늘 · 땅의 주님께서 계심을 알지 못합니다. 먼 지방의 백성이 갑자기 장안長安 길 가운데 이르러 황궁皇宮과 전우殿宇가 호화롭고 웅장하면 예를 갖추면서 절하여 말하기를, '내가 우리 임금께 배알하였다.'고 하는 것이며, 오늘날 소위 천지를 받들어 공경하는 것은 거의 다 궁궐에 절하는 부류입니다.

(4)

지혜로운 자는 결국 지극히 은밀함을 미루어 헤아려 이 하늘 · 땅의 높고 넓은 형상을 보면서 드디어 천주께서 계셔서 그 사이를 주재하시는 줄을 알기 때문에 엄숙한 마음으로 지향을 지니고 형상이 없는 선조들의 하늘을 숭상합니다. 누가 이 푸르고 푸른 하늘을 가리키면서 흠모하고 공경하겠습니까. 군자가 혹은 하늘 · 땅을 일컬음은 상투적인 어법語法일 뿐입니다.

(5)

예컨대 지부知府 · 지현知縣이라는 것은 부府 · 현縣에 소속된 바의 이름으로 자기의 칭호를 삼으니 남창태수南昌太守는 남창부南昌府의 호칭이고, 남창현南昌縣 대윤大尹은 남창현의 호칭입니다. 이것에 비하면 하늘 · 땅의 주님은 혹은 하늘 · 땅의 호칭이니 그것이 하늘 · 땅으로써 본체를 삼음이 아니라 거기에 원래의 주님께서 계심으로써 호칭한 것입니다. 제가 사람들이 이 만물의 원래 주님을 잘못 인식하게 될까 두려워하면서 천주님이라 일컬어야 함을 감히 변론하지 않을 수 없겠습니다.

(6)

중국선비가 말한다 : 명철하신 선생님께서 만물의 최초에 대해 강론해주셔서 이미 그 실상을 얻고 또 그 명칭을 잃지 않았으며, 선생님 나라에서 논

의하는 모든 사물의 이치가 구차하거나 또한 소략하지 않았습니다. 그래서 마침내 어리석은 제 충심을 갈라서 열어 의심스런 것이 남지 않았음을 알 수 있었으며, 천주 섬김에는 오히려 돈독하고 진실함이 더해졌습니다. 부끄럽게도 우리 세속의 유학자들이 요긴한 지위인 듯하지만 다른 사안에는 상세하게 탐구했지만 근원으로 돌아가는 학문은 알지 못했습니다.

(7)

무릇 부모님께서는 저에게 신체 · 터럭 · 피부를 주셨으니 제가 본디부터 당연히 효도해야 합니다. 군장君長은 저에게 전답田畓, 동리洞里, 수목樹木, 가축家畜을 주어서 저로 하여금 위로는 부모를 섬기고 아래로는 자식을 길렀으니 저도 또한 당연히 숭상해야 합니다. 더구나 이 천주께서는 위대한 부모이시요 위대한 인군이시며 모든 조상을 내신 분이요 모든 군주를 임명하신 분이시며 모든 사물을 생성하여 양육하시니 어찌 잘못 인식하면서 잊을 수 있겠습니까. 가르쳐 깨우치게 해주시는 것을 잘 알기 어려우니 원하옵건대 다른 날에 끝마치도록 해주십시오.

(8)

서양선비가 말한다 : 그대가 구하는 바는 이로움이 아니요 오직 참된 도리의 질문일 뿐입니다. 위대하신 아버지의 인자하심이 장차 반드시 강론하는 자를 도와 전해지게 하시고 청취하는 자를 도와 받아들이게 하실 것입니다. 그대에게 질문이 있으면 제가 감히 오직 분부대로 하지 않을 수 있겠습니까.

제3편

제3편
사람의 혼이 불멸하여 날짐승·길짐승과 크게 다름을 논하다

[제1강]
지금 세상의 사람이 날짐승·길짐승에 비해 고통스럽다

(1)
중국선비가 말한다 : 제가 보니 천지 만물 가운데 오직 사람이 가장 귀하니 새와 길짐승에 비할 바 아닙니다. 그러므로 이르기를 사람은 하늘·땅과 셋이 서로 병립並立하여 [삼재三才가 된다고] 하며, 또 이르기를 '작은 천지天地'라 합니다. 그러나 제가 다시 날짐승·길짐승을 살펴보니, 그 실정이 사람과 비교해서 도리어 제 마음 내키는 대로 즐기는데 왜 그렇습니까.

(2)
그것들은 이제 막 태어나도 매우 기뻐하며 스스로 행동할 수 있어 그들이 길러질 곳으로 나아가고 그들을 해칠 바를 피합니다. 몸에 털·깃·톱·껍질을 갖추어 옷과 신을 바라지 아니하고 곡식 농사를 기다리지 않아 곳집에 쌓아 넣어둠도 없고 밥을 지어 대접할 그릇이 없으며 먹는 그대로 좇아서 나서 길러도 좋고 편리한 그대로 좇아서 쉬어도 좋고 즐거이 노는 것을 큰 공으로 삼으면서 항상 여유롭고 한가함이 있습니다. 그들 사이에 어찌 '저'와 '나', '가난함'과 '부유함', '높음'과 '낮음'의 차별이 있으며, 어찌 '그러함'과 '그렇지 않음', '먼저'와 '나중'이 있으며, 공을 세워 이름을 알려야 한다는 염려가 그 마음을 부리겠습니까. 즐겁게 이리저리 뛰놀며 날마다 하고자 하는 바를 좇을 뿐입니다.

(3)

사람은 태어날 때도 역시 어머니께서 몸소 고통을 겪으시고 모태에서 나와 알몸으로 입을 열어 먼저 우니, 이미 세상에 태어난 괴로움을 스스로 아는 듯합니다. 처음 태어나면서 연약하여 걸음을 옮길 수도 없고 3년 후에야 비로소 어머니 품을 겨우 면합니다. 성장할 때에는 각자 힘을 들이는 일이 있으며 괴로움과 수고로움이 없지 않습니다. 농부는 사계절 밭도랑 · 밭이랑에서 흙을 뒤집고, 나그네는 계절을 거치면서 두루 산과 바다를 넘나듭니다. 온갖 장인은 부지런히 손발을 움직이고 선비는 밤낮으로 정신을 다하여 두루 사색하니, 이른바 '군자는 마음을 수고롭게 하고 소인은 힘을 수고롭게 한다.'라는 것입니다. 50년을 살면 50년이 괴로움입니다. 예컨대 전신에 어찌 질병이 100가지 정도에 이를 뿐이겠습니까. 내가 일찍이 의원의 책을 보았더니 눈 하나의 병에 300여 명칭이 있던데, 더구나 빠짐없이 이 몸 전부를 더하여 계산할 수 있겠습니까. 그 병을 다스리는 약은 대부분 입에 씁니다.

(4)

즉 우주 사이에 크고 작은 벌레나 가축들은 가릴 것 없이 그 갖춘 독을 제멋대로 써서 사람에게 해 입히기를 마치 서로 맹렬히 저주하는 것 같이하며, 한 치에 지나지 않는 벌레가 아홉 자 몸집의 짐승을 충분히 해칠 수도 있습니다. 예컨대 사람의 부류 중에는 또 서로 상해하려 흉악한 기구를 만들어 사람의 손발을 자르며 사람의 팔다리 · 몸을 끊으니, 타고난 수명을 누리지 못한 주검은 대다수가 사람이 살해한 것입니다. 오늘날의 사람들은 오히려 옛날 무기가 불리할지 의심될 것 같으면 다시 새것을 모색하여 더욱 흉악해집니다. 그러므로 심지어 주검이 들에 차고 성읍에 가득하여 살벌함이 그치지 않습니다. 설령 태평한 시대를 만났다 하여도 어느 집의 성취함이 온전하며 부족함이 없겠습니까.

(5)

재물은 있으나 자손이 없고, 자손은 있으나 재능이 없고, 재능은 있으나 육신에 안락함이 없고, 안락함이 있으나 권세가 없는 경우에는, 번번이 스스로 부족하고 추하다고 말합니다. 지극히 크게 기쁘고 즐겁다가도 작은 불행한 일로 상실하는 경우가 자주 있게 되니 평생토록 많은 걱정이 마침내 큰 걱정으로 이어지고 맺혀져서 죽을 지경에 이르러 육신이 흙에 들어감을 피할 수가 없습니다. 그러므로 옛 현인이 그 아들에게 훈계하여, '너 자신을 속이지 말며 마음을 어둡게 하지 말라. 사람이 다투어 가는 바는 오직 무덤이다.'라고 말했습니다.

(6)

우리는 사는 게 아니요 이는 바로 늘 죽어감이며, 이 세상에 뛰어든 처음부터 죽음을 일으키는 것이니, 이르기를 '죽을 때는 모든 것이 끝날 뿐이다.'라고 합니다. 한 달에 하루가 지나면 우리는 하루가 적어지니 무덤에 한 걸음이 가까워지는 것입니다. 무릇 이는 다만 그 바깥의 괴로움을 호소할 뿐이며 그 안의 괴로움은 누가 감당할 수 있겠습니까. 이 모든 세상의 쓴맛과 매운맛은 참으로 고통스러운 마음이 되고, 그 유쾌하고 즐거움은 거짓 유쾌함과 즐거움이 되며, 그 수고롭고 번잡함은 흔히 있는 일입니다. 그 즐겁게 노는 일도 몇 안 되며, 하루 근심이 십년을 호소해도 끝나지 못하는데, 만일 그렇다면 한평생의 근심된 일을 어찌 한평생 다 서술할 수 있겠습니까.

(7)

사람 마음이 여기에 있어 사랑·미움·분함·두려움 네 가지 감정을 뽑내는 바가 되니, 비유컨대 나무가 높은 산에 있어 사방의 바람이 두드리는 바와 같으니 어느 때에나 평정될 수 있겠습니까. 술과 여색에 빠지거나, 공적을 세워 이름을 드날림에 현혹되거나, 재물에 미혹되거나 각자가 욕망에 어지럽혀지니, 누가 본인의 분수에 만족하면서 밖에서 구하지 않을 자가 있겠습니까. 비록 온 세상의 넓은 땅과 많은 백성의 무리를 부여받을지라도 다만 만족할 수 없으면 어리석은 것입니다.

(8)

그러면 사람의 도를 사람이 오히려 깨닫지 못하는데, 하물며 다른 도에서 석가모니를 추종하거나 노자에 복종하거나 공자를 본받으면서도 세 가지 도에서 천하의 민심을 단절시키겠습니까. 그런데 일 벌이기를 좋아하는 자가 있어 따로 파벌을 세우고 새로운 학설로 꾸미니, 오래지 않아 3교의 갈래가 틀림없이 3,000교에 이르러서도 그치지 않을 것입니다. 비록 스스로 이르기를, '바른 도리다! 바른 도리다!'라고 할지라도 천하의 도리가 날로 더욱 어그러지고 어지러워져서 위에 있는 자는 아래 사람을 짓밟고 아래 있는 자는 윗사람을 깔보며, 아비는 난폭하고 자식은 거스르며, 군주와 신하는 서로 꺼리며, 형과 동생은 서로 해치며, 지아비·지어미는 서로 떠나며, 벗들은 서로 속여서, 온통 세상이 모두 사기치고 아첨하며 속이고 거짓말하면서 진실한 마음을 회복하지 못할 것입니다.

(9)

아아! 확실히 세상 사람을 보니 마치 큰 바다 가운데 풍랑을 만나 선박이 부서져 가라앉으면서 사람들은 큰 물길 파도 속 바다 귀퉁이에서 떴다 가라앉았다 하고, 더욱이 각자가 이미 [자기에게 주어진] 어려움에만 급해서 서로 돌아보는 데에 수긍하지 못하는 것과 같습니다. 떨어진 널판을 잡거나 썩은 돛대를 타거나 부서진 바구니에 의지하거나 손에 잡히는 것에 몸을 맡기고 바짝 당겨 쥐고 포기하지 않지만, 서로 연이어 죽으니 정말 애석합니다. 천주께서 무슨 까닭으로 사람을 이 환난의 장소에 생성하셨는지 모르겠으며, 만일 그렇다면 천주께서 사람을 사랑하심이 도리어 날짐승·길짐승만도 못한 것 같습니다.

[제2강]
세상 사람은 세상 욕구에 미혹된다

(1)
서양선비가 말한다 : 이 세상에 이와 같은 환난이 있으나 우리들의 어리석은 마음은 오히려 이 세상을 그리워하고 사랑하여 끊어 버리지 못하니, 만일 태평이 있으면 어떻게 받아들일 것입니까. 세상 형편의 괴롭고 추함이 이와 같은 극한 정도에 이르렀지만, 이 세상 사람이 어둡고 우매하여 그래서 이곳에서 큰 사업을 이루고자 하여 농지를 개간하고 명성을 도모하여 장수하기를 바라며 자손을 모색하며 [왕위를] 찬탈하고 시해하여 [다른 나라를] 공격해서 합병하며 못하는 짓이 없으니 어찌 위태롭지 않겠습니까.

(2)
옛날 서쪽 나라에 어질다고 소문난 두 사람이 있었으니, 한 사람의 이름은 헤라클리토스Heraclitos요, 한 사람의 이름은 데모크리토스Demokritos였습니다. 헤라클리토스는 항상 웃고 데모크리토스는 항상 우는데, 두 사람 모두 세상 사람이 헛된 사물을 뒤쫓는다고 보기 때문이었습니다. 웃음은 나무라는 까닭이요. 울음은 불쌍히 여기는 까닭일 뿐입니다. 또한 듣기로는 가까운 옛날 어느 한 나라의 예법에 지금도 아직 있는지 아닌지 알지 못하겠습니다만, 무릇 아들을 낳은 사람이 있으면 친우들이 함께 그 문에 이르러 통곡하면서 조문하니 그 사람이 고통스럽고 수고로운 세상에 태어남을 위함이요, 무릇 상을 당한 자가 있으면 그 문에 이르러 풍악을 울리며 축하하니 그 사람이 고통스럽고 수고로운 세상을 떠나기 위함이었습니다. 곧 또한 삶으로써 흉함을 삼고 죽음으로써 길함을 삼음인데, 그것은 그렇더라도 또한 너무 심합니다. 그렇지만 지금 세상의 실정에 통달한 자라고 말할 수는 있을 것입니다.

[제3강]
지금 세상은 사람이 잠시 거처하는 데에 불과하다

(1)
지금 세상은 사람의 세상이 아니고 날짐승·길짐승이 본래 거처하는 곳이어서 그것들이 그리하여 도리어 스스로 여유로운 까닭이며, 사람이 이 세상에 있는 것은 잠시 머물러 의탁하며 거처함에 지나지 않으니 그리하여 편안하지 못하고 만족하지 못하는 까닭입니다. 그대는 어질고 벗다운 유학자이니, 유학으로써 비유하도록 하겠습니다. 지금 과거의 제1차 선발 시험이 있는 날에는 과거 응시생은 수고로운 듯하고 노복은 편안한 듯하지만 담당관청에서 어찌 노복들에게는 후대하면서 과거 응시생에게는 박대하겠습니까. 대개 하루를 넘기지 않는 업무로 재능의 등급을 정할 따름이며, 시험이 끝난 경우에는 성적이 높은 이는 등급이 저절로 높아지고 성적이 낮은 이는 등급이 저절로 낮아집니다.

(2)
제가 보건대 천주께서 이 세상에도 역시 사람을 두심은 그 마음을 시험하면서 덕행의 등급을 정하고자 하심입니다. 그러므로 지금 세상은 우리들이 잠시 사는 곳이지 영구히 거처할 게 아니니, 우리의 본래 집은 지금 세상에 있지 아니하고 다음 세상에 있으며, 사람에게 있지 아니하고 하늘에 있으니 당연히 거기에서 본래의 과업을 일으켜야 합니다. 지금 세상은 날짐승·길짐승의 세상이므로 날짐승과 들짐승 갖가지 종류의 형상은 엎드려 땅으로 향하며, 사람은 하늘 백성이 되면 머리를 우러러 하늘을 순종합니다. 지금 세상을 본래 거처할 곳으로 삼는 것은 날짐승·길짐승의 무리이니, 이로써 천주께서 사람에게 야박함은 본래부터 그럴 수밖에 없을 따름입니다.

[제4강]
부처의 천당·지옥에 대한 설명과 주님의 가르침은 크게 다르다

(1)
중국선비가 말한다 : 예컨대 다음 세상의 천당·지옥을 말하면, 곧 이는 불교이니 우리 유학자들은 믿지 않습니다.

(2)
서양선비가 말한다 : 이것이 무슨 말씀이십니까. 부처가 살인을 경계하고 유학자도 역시 사람이 법률을 어지럽히고 살인함을 금하니, 만일 그렇다면 유교와 불교가 같습니까. 봉황도 날고 박쥐도 역시 나니, 만일 그렇다면 봉황과 박쥐가 같습니까. 사물이 한두 정황이 약간 서로 비슷하다고 하더라도 그 실상은 크게 다르고 같지 않음이 있는 것입니다.

(3)
천주교는 오래된 종교이며, 석가모니가 서쪽 나라의 백성이니 반드시 그 설교를 들었을 것입니다. 무릇 사사로운 도리를 전달하고자 하는 자가 서너 바른말을 섞어 넣지 않았으면 그 누가 그것을 믿었겠습니까. 석가모니가 천

주님의 천당·지옥에 관한 의미를 빌려서 자기의 사사로운 의향과 옳지 못한 도를 전달하고자 하였으니, 제가 바른 도를 전달함에 어찌 도리어 이를 놔두고 강론하지 않겠습니까. 석가모니가 태어나기 이전에 천주교인들에게는 이미 그 설교가 있어 수도자는 다음 세상에 반드시 천당에 올라 끝이 없는 즐거움을 받아 지옥에 떨어져 휴식이 없는 재앙을 모면하게 되므로 사람의 정령 精靈이 항상 생존하고 불멸함을 앎니다.

(4)

중국선비가 말한다 : 무릇 항상 살면서 끝이 없는 즐거움을 받는 게 사람이 바라는 바로서 이보다 큰 것이 없습니다. 다만 그 이치를 깊게 밝히지 못하였습니다.

[제5강]
사람의 영혼은 영원히 생존하며 불멸한다

서양선비가 말한다 : 사람에게는 혼魂과 백魄이 있어 둘이 온전하면 사는 것이요 죽으면 그 백이 변화하여 흙으로 흩어져 돌아가지만 혼은 항상 있어 불멸합니다. 제가 중국에 들어와 일찍이 들으니 혼이 없어지면서 날짐승·길짐승과 같아질 수 있다고 하는 자가 있다고 합니다. 그 나머지 천하의 이름난 종교와 이름난 나라에서는 모두 사람의 혼이 불멸하면서 날짐승·길짐승과 크게 다르다는 것을 깨닫고 있습니다. 제가 이 도리에 관해 말씀드리고자 하니 그대는 살피며 마음을 비우고 들어주십시오.

[제6강]
혼에는 세 가지 품이 있으니 풀 · 나무, 날짐승 · 길짐승, 사람의 혼이다

(1)
이 세상의 혼에는 세 가지 품이 있습니다. 하품下品은 이름이 생혼生魂이니 곧 풀 · 나무의 혼이 이것입니다. 이 혼은 풀 · 나무를 도와 낳고 기르며 풀 · 나무가 말라 시들면 혼도 역시 사라져 없어집니다.

(2)
중품中品은 이름이 각혼覺魂이니 곧 날짐승 · 길짐승의 혼입니다. 이는 날짐승 · 길짐승에 붙어 성장과 발육을 할 수 있으면서, 또한 귀와 눈으로 듣고 보게 하며 입과 코로 먹고 맡게 하며 팔다리와 몸으로 사물의 실정을 깨닫게 합니다만 도리를 미루어 생각하고 논의할 수 없으며 죽음에 이르면서 혼도 역시 없어집니다.

(3)
상품上品은 이름이 영혼靈魂이니 곧 사람의 혼입니다. 이는 생혼生魂과 각혼覺魂을 겸하여 사람의 성장과 양육을 도울 수 있으며, 사람으로 하여금 사물의 실정을 알아 깨닫게 하면서 또한 사물을 미루어 생각하고 논의하여 도리의 의미를 명확히 분별할 수 있게 합니다.

[제7강]
사람의 혼과 풀 · 나무, 날짐승 · 길짐승의 혼은 그래서 같지 않다

(1)

　사람의 육신은 비록 죽을지라도 혼은 죽지 않으며 대개 영원히 존재하면서 불멸합니다. 무릇 깨닫는 일은 육신의 형상에 기대고 의지하다가, 육신의 형상이 죽어 흩어지면 각혼은 소용이 없어집니다. 그러므로 풀·나무·날짐승·길짐승의 혼은 육신에 의지함을 본래의 마음으로 삼으니 육신이 죽을 때에는 마음과 혼령이 따라 죽습니다. 미루어 생각하여 논의하고 명확히 분별하는 일에 관해서는 곧 반드시 육신의 형상에 기대어 의거하지 않으면서 그 영혼이 자유롭습니다. 육신은 비록 죽어서 형상이 비록 흩어지더라도 그 영혼은 오히려 다시 쓸 수 있으므로 사람이 풀·나무·날짐승·길짐승과 같지 않은 것입니다.

(2)

중국선비가 말한다 : 무엇을 일러 육신에 의뢰함이 그러하다, 그러하지 않다고 하는지요.

(3)

서양선비가 말한다 : 신체를 성장시키고 발육하는 일은 신체가 없는 경우에는 성장하고 발육하는 바도 없습니다. 보기는 눈이 담당하고 듣기는 귀가 담당하며 맡기는 코가 담당하고 먹기는 입이 담당하며, 사물을 깨닫기는 팔다리로 깨닫는 것입니다. 그런데 빛깔이 눈앞에 놓이지 않으면 빛깔이 보이지 않고, 소리가 귀에 가깝지 않으면 소리는 들리지 않습니다. 냄새가 코에 가까워야 분별할 수 있지만 멀면 분별이 되지 않으며, 맛의 짜고 시고 달고 씀은 입에 들어오면 알지만 들어오지 않으면 알지 못합니다. 차고 더움과 굳고 연함은 육신에 닿아야 우리가 비로소 깨닫고 멀리 두면 깨닫지 못합니다. 더구나 소리는 한쪽 귀로 들어도 같지만 귀머거리는 듣지 못하고 빛깔이 한쪽 눈으로 보아도 같지만 소경은 보지 못합니다. 그러므로 '각혼은 육신에 의

뢰하였다가 육신이 죽으면서 따라 사라진다.'라고 말합니다.

(4)

그런데 영혼의 본래 소용은 다만 육신에 의지하지 않는 것입니다. 대개 육신을 의지하면 육신이 지배하는 바가 되어서 그 옳고 그름을 가릴 수 없을 것입니다. 예컨대 날짐승·길짐승은 먹을 수 있는 물건을 보면 즉시 먹고자 하여 스스로 그칠 수 없으니 어찌 다시 그 옳고 그름을 밝힐 수 있겠습니까. 사람은 굶주릴 때를 당면하였어도 만약 의롭게 먹을 수 없으면 의지를 세워 먹지 아니하고, 비록 좋은 맛의 음식이 앞에 늘어져 있을지라도 먹는 것을 달갑게 여기지 않습니다. 또 예컨대 사람의 육신은 비록 나가 놀며 밖에 있으나 이 마음에 아주 조금이라도 오히려 집을 염려하는 가운데 집으로 항상 돌아갈 생각이 있으면, 이것은 이치를 규명하는 영혼이 육신에 의지하여 작용하는 것입니까.

[제8강]
형상 있는 사물이 죽어서 없어지는 연유

(1)

그대가 사람의 영혼이 불멸하는 연유를 알고자 하니, 모름지기 이 세상의 물정을 깨달아야 합니다. 무릇 사물이 쇠잔해서 소멸하는 것을 보건대, 반드시 쇠잔해서 소멸하는 것에는 쇠잔해서 소멸하는 까닭이 서로를 쫓아서 모순됨이 일어나지만, 사물은 서로 모순됨이 없으니 결코 서로 소멸시킴이 없습니다. 해·달·별들은 하늘에서 빛나며 어느 곳에 매이고 속했어도 마침내 쇠잔하여 없어지지 않는 것은 서로 모순됨이 없음에서 말미암은 까닭입니다.

(2)

천하의 모든 사물은 다 불·공기·물·흙 4행四行으로 서로 맺어 이루어지지 않는 것이 없습니다. 그러나 불의 성질은 덥고 말라서 곧 물에게 등지니, 물의 성질은 차갑고 습합니다. 공기의 성질은 습하고 더워서 곧 흙과 등지니, 흙의 성질은 마르고 차갑습니다. 둘이 서로 맞서고 서로 거루게 되면 저절로 틀림없이 서로 해를 끼치니 이미 한 사물 안에 같이 있어 서로 맺으면 그 사물이 어찌 오랫동안 평화롭겠습니까. 그 사이에 때로 서로 치고 다툼을 면하지 못하니 다만 하나가 치우쳐 이김이 있게 되며 그 사물은 반드시 무너져 없어짐에 이르게 됩니다. 그러므로 이 4행을 지닌 사물은 다 없어지지 않는 게 없습니다. 대저 영혼은 곧 신이라 4행에 관련이 없으니, 어느 것이든 그것을 추종하면서 모순되어 소멸되겠습니까.

(3)

중국선비가 말한다 : 신은 확실히 어긋남이 없습니다. 그러나 우리가 사람의 혼은 신이 되지만, 날짐승·길짐승은 오히려 아닌 줄을 어찌 알겠습니까.

[제9강]

사람의 영혼은 신에 속하여 형상이 없으면서 날짐승·길짐승과 다름을 이치의 여섯 가지 단서로써 입증하다

서양선비가 말한다 : 그 진실을 입증함에 무슨 어려움이 있겠습니까. 이치에는 두서넛 단서가 있으니 스스로 깨달으면 의심을 풀 수 있습니다.

[제10강]
첫째는 영혼이 육신의 주인이 됨을 입증하다

(1)
그 첫째는 이렇습니다. 형상이 있는 혼은 육신의 주인이 될 수 없고 항상 육신의 부리는 바가 됨으로써 타락에 이릅니다. 이 때문에 날짐승·길짐승은 항상 본래 욕구의 사역을 행하고 그 욕정의 인도하는 바에 사로잡히면서 스스로 규제할 수 없는 것입니다.

(2)
유독 사람의 혼이 육신의 주인이 되면서 내 지향의 방종하는 바와 억제하는 바를 따릅니다. 그러므로 지향이 있으면 오로지 향하고 작용이 곧 쫓습니다. 비록 사사로운 욕망이 있을지라도 어찌 공변된 도리가 명령하는 바를 어길 수 있겠습니까. 만일 그렇다면 영혼이 자신 의 권능만을 오로지 믿고 신에게 속하는 것이니 형상이 있는 것과는 다릅니다.

[제11강]
둘째는 사람에게 형상·영신 두 성품이 있음으로써 입증하다

(1)
그 둘째는 이렇습니다. 하나의 사물이 생성되면 오직 하나의 심성을 얻지만, 만약 사람인 경우에는 두 심성을 아울러 지니니 짐승의 심성과 사람의 심성이 이것입니다. 다만 또 두 성정이 있으니 하나는 곧 형상[육신]의 성정이요 하나는 곧 영혼의 성정이며, 그러므로 대개 성정이 서로 등짐을 일으키는 것도 역시 드러내는 성정이 서로 등지는 데서 비롯합니다. 사람이 하나의 일

을 마주하는 것도 또한 같은 한 때이기도 하면서 두 상념이 아울러 일어나며 둘이 거슬리는 것을 자주 깨닫습니다. 마치 내가 간혹 술과 여자에 유혹되어 이미 그리워하는 마음에 헤매어 욕망을 좇는 것과 같으며, 또 그것이 도리가 아닌 것을 다시 고려하여 저것[육신]의 성정을 좇기에 짐승의 심성이라 일컬으니 날짐승·길짐승과 다름이 없고, 이것[영혼]의 성정을 좇기에 사람의 심성이라 일컬으니 천신天神과 서로 같습니다.

(2)

사람이 하나의 심성에 같은 때 하나의 사안에 두 성정이 서로 등져서 거슬러 함께 존립할 수 없으니, 예를 들면 눈은 같은 때에 하나의 사물을 보면서 함께 보지 않을 수가 없으며, 예를 들면 귀는 같은 때 하나의 소리를 들으면서 함께 듣지 않을 수가 없으니, 이 때문에 둘이 서로 거스르는 성정은 반드시 서로 등지는 심성에서 비롯하고 둘이 서로 거스르는 심성은 반드시 서로 등지는 성품에서 비롯합니다. 시험하여 두 강의 물을 맛보니, 하나는 짠물이고 하나는 단물일 경우에는 비록 원천은 보지는 못할지라도 역시 발원하는 바가 하나가 아님이 입증됩니다.

[제12강]
셋째는 사람의 사랑과 증오에 형상이 없음으로써 입증하다

그 셋째는 이렇습니다. 사물의 부류는 좋아하며 미워하는 바가 항상 그 성품과 더불어 서로 어울립니다. 그러므로 형상에 붙은 성품은 오직 형상에 붙은 일로 좋아하며 싫어함을 삼고, 형상을 뛰어넘는 성품은 형상이 없는 일로써 사랑하며 미워함을 삼습니다. 제가 모든 생명의 성정을 살펴보니 모든 날짐승·길짐승이 탐내며 즐기는 바는 오직 미각·색욕과 팔다리의 편안

함 · 한가로움뿐이고, 놀라고 두려워하는 바는 굶주림 · 노곤함과 팔다리가 상처를 입어 불구가 되는 것뿐입니다. 이 때문에 단정하여, '이 모든 종류의 성품은 신이 아니며 바로 형상에 붙은 성품이다.'라고 말합니다. 만약 사람이 즐거워하며 싫어하는 바가 비록 또한 형상 있는 일이더라도, 덕을 선하게 여기며 죄를 악하게 여기는 일이 심해지니 모두 형상이 없는 것입니다. 이 때문에 단정하여, '사람의 성품은 겸하여 형상이 없음과 형상이 있음 두 단서를 가질 수 있는 것이니, 이는 영혼이 신이 되는 것이다.'라고 말합니다.

[제13강]

넷째는 사람에게 형상이 없는 상념이 있음으로써 입증하다

(1)

그 넷째는 이렇습니다. 무릇 사물을 받아들이는 자는 반드시 받아들이는 것이 받아들인 상태로써 받아들입니다. 예를 들면 질그릇에 물을 받을 때, 그릇이 둥글 경우에는 받은 물도 둥글고 그릇이 네모난 경우에는 받은 물도 또한 네모납니다. 이 세상에 받는 바가 이와 같지 않은 것이 없습니다. 만일 그렇다면 사람의 혼이 신이 됨을 어찌 의심하겠습니까. 우리가 사물을 명확히 밝히고자 하면 마치 자기 마음으로써 그 사물을 받아들이는 것과 같으니, 그 사물이 형상이 있으면 우리는 틀림없이 형상을 벗어나면서 신이 되고 그런 다음에야 마음에 받아들일 수가 있는 것입니다.

(2)

예컨대 여기에 황소가 있어 제가 그 성품과 형상을 밝히려 할 때에는, 그 황색을 보고, '소가 아니고 단지 소의 빛깔일 뿐이다.'라고 말하며, 그 소리를 듣고, '소가 아니고 단지 소의 소리일 뿐이다.'라고 말하며, 그 고기로 만든 음

식을 먹고, '소가 아니고 단지 소고기 음식일 뿐이다.'라고 말합니다. 다만 무릇 소가 스스로 그 소리 · 빛깔 · 맛 등 형상의 실정을 벗어나면서 신이 있다는 것을 알게 됩니다. 또 예컨대 사람은 100치 크기의 성을 보고서 사방 1치의 마음에 둘 수 있습니다. 사람의 마음이 지극한 신이 아니면 어찌 사방 1치의 땅[마음]으로써 100치의 성을 담을 수 있겠습니까. 전능하신 신이 받아들이시는 바의 것은 스스로 신이 아니기도 하고 아직 없기도 합니다.

[제14강]
다섯째는 사람의 애욕 · 명오 둘을 주관함에는 소속된 형상이 없음으로써 입증하다

(1)
그 다섯째는 이렇습니다. 천주께서 사람을 생성하시고 관장하는 바를 두셨으니 오관五官(시각 · 청각 · 미각 · 후각 · 촉각)의 눈 · 귀 · 입 · 코 · 피부 기능이라는 것은 물론 그에 소속된 사물과도 서로 어울립니다. 눈은 보는 것을 관장하니 곧 속하는 바는 빛깔 · 모습이고, 귀는 듣는 것을 관장하니 곧 속하는 바는 음악 · 소리이며, 코와 입은 냄새를 맡고 즐기는 것을 관장하니 곧 속하는 바는 냄새 · 맛입니다. 귀 · 눈 · 입 · 코는 형상이 있으니 곧 빛깔 · 소리 · 냄새 · 맛의 종류와 같이 모두 형상이 있습니다.

(2)
우리 사람의 한 마음에는 단지 하고자 함을 주관함과 깨달음을 주관함의 두 기능이 있으니 하고자 함이 속하는 바는 선함뿐이며 깨달음이 속하는 바는 참됨뿐입니다. 선함과 참됨이 형상이 없으니 곧 하고자 함을 주관함과 깨달음을 주관함이 그 기능이 된 것도 역시 형상이 없으며, 신이 되는 바입니

다. 신의 성품은 형상의 성품에 두루 미칠 수 있으나 형상이 있는 것은 물론 형상이 없는 성품에 두루 미칠 수가 없습니다. 대저 사람이 귀신과 모든 형상이 없는 성품에 통달하니, 신이 아니고 무엇이겠습니까.

(3)

중국선비가 말한다 : 가령 우리들이 '세상에 귀신은 없다.'라고 말하는 경우에는 또한 '형상이 없는 성품은 없다.'라고 말하는 것이니, 그러나 사람이 어찌 분명하게 밝힐 수가 있겠습니까. 만일 그렇다면 이 다섯 가지 이치는 명확한 증거가 없는 것입니다.

(4)

서양선비가 말한다 : 비록 사람에게 '귀신은 없다', '무형한 성품은 없다'는 말이 있지만, 그러나 이것은 사람이 반드시 먼저 귀신과 무형의 실정과 성품을 밝혀야, 비로소 결정하여 '있다'·'없다'라고 말할 수 있는 것입니다. 만일 그 성품의 상태를 명확히 깨닫지 못하고서야 어찌 그것이 있는지 없는지를 알겠습니까. 예를 들면 '눈이 희고 검지 않다'고 말하는 것은 반드시 그 검고 희다고 하는 실정을 먼저 밝힌 뒤에야 눈의 희고 검지 않음을 분별할 수 있습니다. 만일 그렇다면 사람의 마음이 형상이 없는 성품에 서로 교류할 수 있음이 더욱 드러날 것입니다.

[제15강]

여섯째는 사람의 지능이 무한하여 자신의 모든 것을 돌이켜 봄으로써 입증하다

(1)

그 여섯째는 이렇습니다. 인간다운 마음의 지각은 마치 작은 그릇에 한정이 있어 넓지 않은 것과 같으며, 마치 실로 참새를 나무에 매어서 날개를 펼쳐 높이 날 수 없게 실이 막고 있는 것과 같습니다. 이 때문에 날짐승 · 길짐승은 비록 지각을 얻었더라도 형상이 있는 바깥의 실정에는 능통할 수 없으며, 또한 자기의 모든 것을 돌이키면서 그 본래 성품의 상태를 알 수가 없습니다. 만약 형상이 없는 마음이 가장 넓고 가장 깊어 작은 그릇의 한정하는 바가 아니라 장애가 없는 곳에 직접 교류하니 마치 참새가 그 옭아맨 실을 끊으면 높이 날아 하늘에 도달함과 같으니, 누가 붙잡아서 막을 수 있겠습니까.

(2)

그러므로 사람의 영혼은 비단 그 사물의 바깥 형상과 실정을 아는 것 뿐만 아니라 더욱이 그 숨겨진 실체를 막힘 없이 이해하면서 거듭 자기 자신을 돌이켜 보아 자기 본래 성품의 실태를 잘 알 수 있습니다. 이것으로 사람의 영혼이 유형한 데에 속하지 않는다는 것을 더욱 자세히 살필 수 있습니다.

[제16강]
영혼이 불멸함을 두어 단서로써 입증하다

그래서 '사람의 영혼이 신이 되어 소멸하는 것을 허용하지 않는다'고 말하는 것입니다. 이 이치가 있음으로 말미암아 실로 수도하는 기틀이 되니, 거듭 시험 삼아 서너 이치의 단서를 들어 분명하게 입증하겠습니다.

[제17강]

첫째는 사람의 마음이 선량한 사람이라는 명성을 다음 세상에 전하고자 함으로써 입증하다

(1)

그 첫째는 이렇습니다. 사람의 마음은 다 선량한 사람이라는 명성이 전파되기를 바라면서 나쁜 평판을 남기는 것을 기피하여 거의 환생이 베풀어지기를 탐하지 않습니다. 이런 까닭으로 행사를 공정한 비평에 맞추기를 기약하여 사람들의 칭찬을 구하고, 공적을 세우거나 서적을 편집하거나 기술과 문예를 도모하거나 육신과 생명을 다 바치기도 합니다. 무릇 좋은 평판과 광범한 명예를 구함으로써 이름을 세상에 드러내고 비록 생명을 버리는 것도 소중히 여기지 않더라도, 이 마음은 사람마다 대개 다 있지만 어리석은 자의 경우에는 없고 더욱 어리석은 자의 경우에는 더욱 없습니다.

(2)

시험 삼아 질문하건대, 죽은 뒤에 우리가 남긴 명성을 우리가 들어서 알 수 있습니까, 없습니까. 만약 형상으로써 논의할 때에는 뼈와 살은 흙으로 돌아가 썩는 것을 면하지 못하니 어떻게 해서 들을 수 있겠습니까. 그러나 영혼은 항상 존재하여 불멸하니, 남긴 명성의 좋음과 나쁨은 참으로 내 삶과 다름이 없습니다. 만약 영혼이 죽음에 따라서 소멸한다고 말은 하면서도 오히려 마음을 수고로이 하여 아름다운 명예를 구함은, 비유하건대 묘한 그림을 두었다가 자기가 이미 소경이 된 때에 보겠다고 하거나, 아름다운 소리를 갖추었다가 자기가 귀먹었을 때 듣겠다고 함입니다. 이 명성이 무엇을 나에게 주기에 사람마다 구하여 죽음에 이르기까지 쉬지 않는 것입니까.

(3)

저 효성스러운 아들과 자애로운 손자가 중국의 옛날 예법에 사계절 그 조상의 사당을 건축하고 그 의복을 갖추어 계절에 나는 음식을 올려 돌아가신 부모를 기쁘게 합니다. 설령 그 형상과 신이 다 없어져서 우리가 고하는 슬픔을 들을 수 없고 우리가 조아려 절함을 볼 수 없고, 우리가 죽은 이를 섬기기를 마치 살아 있는 것같이 하고 없는 이를 섬기기를 마치 있는 이 섬기는 것 같이하는 심정을 알지 못하는 경우에는 말할 것도 없이 나라의 군주로부터 서인庶人에 이르는 대례大禮가 아니라 겨우 어린애의 헛된 놀이일 뿐입니다.

[제18강]

둘째는 사람의 마음이 항상 생존하기를 소원함으로써 입증하다

(1)

그 둘째는 이렇습니다. 천주께서는 매우 많은 물품을 강생시키셨으니 사물이 있고 법칙이 있어 불량한 사물도 없으며 공허한 법칙도 없습니다. 더욱이 각각 등급의 성정을 두루 들어보면, 모두 그 성품이 바라고 원하는 바를 따라서 구하나, 밖에서 그 형세가 얻기 어려운 바를 구하지는 않습니다. 이 때문에 물고기와 자라는 개천과 연못에 잠김을 즐기지만 뫼와 재에서 놀기는 바라지 아니하고, 토끼와 사슴의 성품은 뫼 · 재에서 달리기를 기뻐하지만 물속에 잠기려 하지 않습니다. 그러므로 새와 짐승의 욕구는 항상 생존하는 데에 있지도 않고, 다음 세상에 천당에 올라가 무궁한 복락을 받는 데에도 있지 않으며, 그 낮은 성정이 원하는 바는 이 세상의 것을 넘지 않습니다.

(2)

유독 우리 사람만이 비록 다른 논의를 듣는 데에 익숙하여 신과 육신이 함

께 소멸한다는 학설이 있지만, 또 오래 생존하기를 바라고 사랑하며 쾌락의 땅에 살기를 소원하며 끝이 없는 행복을 누리고자 하지 않는 자가 없습니다. 설령 사람이 그 성정을 다하여 충실하게 하여도 [끝없는 행복을] 얻을 수 없다고 하더라도, 어찌 천주께서 공연히 많은 사람의 심성에 부여해주셨겠습니까. 왜 너른 하늘 아래에서 대부분 집안 재산을 내던지고 떠나 부모형제를 버리고 돌보지 않으면서 깊은 산 막힌 골짜기에 가서 정성스러운 마음으로 수행하는 것을 못 봅니까. 이런 무리는 모두 지금 세상을 소중하게 여기지 아니하고 다가올 세상의 참된 행복을 빌며 바라니, 만약 우리 혼이 육신을 따라서 죽으면 어찌 그 뜻을 보람 없이 허비함이 아니겠습니까.

[제19강]

셋째는 지금 세상의 사물이 사람의 마음을 가득히 채우지 못함으로써 입증하다

(1)

그 셋째는 이렇습니다. 하늘 아래 모든 사물에서 오직 사람의 마음만이 넓고 커서 이 세상의 사물을 다할지라도 가득 채울 수 없는 경우에는, 그 가득 채울 것이 다음 세상에 있음을 깨달을 수 있습니다. 대개 천주께서 지극히 지혜로우시고 지극히 어지시니 그 행하신 것 모두를 사람이 고쳐서 아니라고 논의할 수 없습니다. 천주께서는 각각 그 세상의 형편에 의지하여 그 사물의 상태를 생성하셨습니다. 그러므로 날짐승·길짐승으로 하여금 지금 세상에서 그치고자 하시니, 곧 부여해주신 소원은 이 한 평생 타락하는 일을 벗어나지 못하고 배부름을 구하지만 배부르게 되면 그만둘 뿐입니다. 천주께서는 인류로 하여금 천년만년 살게 하려고 하셨으나, 오히려 부여해주신 소원은 다만 한 평생 잠시의 욕망에 있지 않았으니, 그리하여 단지 한번 배부름을 구하

기를 도모하지 않고 반드시 얻지 못할 것을 구하는 것입니다.

(2)

　시험 삼아 보건대 장사해서 재화를 늘리는 사람은 비록 금과 옥이 상자를 채워 부유함이 주州·현縣에서 첫째라도 마음에 맞게 만족함이 없습니다. 또 예컨대 벼슬에 나간 자는 평생 헛된 명성을 찾아다니며 다음 시기의 지름 길을 뛰어넘으니, 오직 고위 관직의 영화로움을 도모하여 곧 큰 띠를 드리우 고 폐하를 뵙고 고위직에 나아가 조정의 층계에 이르렀을지라도 마음은 오히 려 가득 차지 못하며, 대단히 정도에 지나치게 더욱이 절정에 이르러 갑자기 온 세상을 소유하여 백성의 우두머리에 군림해서 복을 자손에게 물려주려는 그 마음도 역시 끝이 없습니다. 이는 이상한 게 아니며 다 천주께서 부여해주 신 욕정이 원래 바로 무강한 수명과 무한한 쾌락이니, 어찌 지금 세상의 사소 한 즐거움이 잠시 흡족함이 될 수 있겠습니까. 모기 한 마리의 미소함이 용과 코끼리를 배부르게 할 수 없으며, 쌀 낟알 하나의 미미함이 큰 창고를 채울 수 없는 것입니다.

(3)

　서쪽 땅의 옛 성인은 일찍이 이 이치를 깨닫고 하늘을 우러러 탄식하여 말 하였습니다. ‘위대하신 주님이시며 공변된 아버지시여! 당신께서는 참으로 우리 인간들을 당신에게서 생겨나게 하셨으니, 오직 당신만이 우리 마음을 채우실 수 있나이다. 인간은 당신께로 돌아가지 않으면 그 마음이 편안히 만 족할 수 없나이다.’

[제20강]
넷째는 사람마다 모두 죽음을 두려워함으로써 입증하다

그 넷째는 이렇습니다. 사람의 성품이 모두 죽는 것을 두려워하여, 비록 친척과 친구이더라도 이윽고 죽으면 아무도 편안한 마음으로 그 시신을 즐겨 가까이하려 하지 않습니다. 그런데 사나운 짐승의 죽음을 두려워하지 않는 것은 곧 사람 성품의 영은 스스로 선량한 깨달음이 있어 스스로 깨달아 사람은 죽은 후에라도 아직 두려워할 만한 혼이 있지만, 짐승의 혼은 완전히 흩어지니 머물러 우리를 놀라게 할 바가 없습니다.

[제21강]

다섯째는 이 세상에서의 죽음으로 선·악의 보응을 다할 수 없음으로써 입증하다

(1)

그 다섯째는 이렇습니다. 천주께서는 응답하여 갚아주심에 사사로움이 없어 선한 사람은 반드시 상주시고 악한 사람은 반드시 벌하십니다. 예를 들면 지금 세상의 사람도 역시 악을 행함이 있는 자가 부유하고 귀하며 편안히 즐기고, 선을 행한 자가 가난하고 천하며 고통을 받고 어려움을 겪기도 하지만, 천주께서는 물론 그가 이윽고 죽을 때를 기다렸다가 그런 후에 그 선한 혼을 취해서 상주시고 그 악한 혼을 취해서 벌주십니다. 만약 혼이 육신이 죽으면서 소멸된다면, 천주께서는 어떻게 상주시고 벌주실 수가 있겠습니까.

(2)

중국선비가 말한다 : 군자의 삶이 소인과 다른 경우에는 육신이 죽은 후에도 의당 소인과 다릅니다. 죽음과 삶이 같은 경우에는 다른 까닭이 틀림없이 혼에 있습니다. 그러므로 유교에는 하나의 씨앗 같은 말씀이 있습니다. '선한 사람은 도리로써 본래의 심성을 보존하여 모으니 이 때문에 살아서도 죽어서

도 마음이 흩어져 소멸되지 않지만, 악한 사람은 죄로써 본래의 심성을 부수고 무너뜨리니 이 때문에 몸이 죽으면서 마음이 흩어져 소멸함이 수반된다.' 이 말씀도 역시 사람들을 선으로 이끌 수 있습니다.

[제22강]
사람의 영혼이 흩어져 소멸된다는 주장을 바로잡다

(1)
서양선비가 말한다 : 사람의 영혼은 선·악에 구애됨이 없이 모두 육신에 수반되어 뒤에도 소멸되지 않습니다. 많은 나라의 선비들이 그것을 믿고 있으며 천주의 올바른 성경에도 실려 있습니다. 저는 몇 가지 단서로써 실제 이치를 입증하겠습니다. 이런 선·악의 차이에 대한 분별은 그러나 경서에도 실려 있지 않고 이치에 근거하지도 않으니, 세상의 중대한 사안으로써 감히 가벼이 새로운 학설을 지어내 교묘한 말로 세상 사람을 홀려 의혹을 증가시키지 못합니다. 선을 권하고 악을 막으려 함에 상·벌의 바른 도리가 있음이지, 어찌 이를 버리고 다른 속임수로 때를 만나기를 구하겠습니까.

(2)
사람의 혼은 모래나 물처럼 모으고 흩을 수 없습니다. 혼이 곧 신이니, 한 육신의 주인이며 팔다리 운동의 근본입니다. 신으로써 육신을 흩뜨리는 것은 오히려 가능하지만, 육신으로써 신을 흩뜨리는 것이 어떻게 가능하겠습니까. 가령 악행이 본래의 마음을 오직 흩뜨릴 뿐이라면 소인은 틀림없이 오래 살지 못합니다. 그러나 어려서부터 늙을 때까지 악행을 하며 그치지 않기도 하니, 어찌 그 마음을 흩뜨리고서도 여전히 살 수 있겠습니까.

(3)

마음은 육신에 혈액보다 중요하니, 혈액이 이미 흩뜨려져서는 육체 또한 설 수 없습니다. 만일 그렇다면 마음이 이미 흩뜨려져서는 육체 또한 어찌 다닐 수 있겠습니까. 더구나 마음은 육체보다 더 굳어서 자기에게 악이 쌓였어도 몸을 흩뜨려지게 할 수 없는데, 어찌 홀로 그 마음만을 흩뜨릴 수 있겠습니까. 만약 살았을 때 마음이 이미 흩뜨려졌으면 어찌 죽은 다음을 기다리겠습니까. 사물을 창조하신 분께서는 그 선 · 악으로 인하여 그 본성을 바꾸시지 않습니다. 만약 날짐승 · 들짐승의 본성이 항상 사는 본성이 아니면 비록 그 사이에 선함이 있더라도 그로 말미암아 날짐승 · 들짐승으로 하여금 항상 살게 하지 않습니다. 마귀의 본성은 바로 항상 사는 본성이라서 제멋대로 그것이 악을 저질러도 그로 말미암아 마귀로 하여금 죽어 없어지게 하지 않습니다. 만일 그렇다면 악한 사람의 마음이 어찌 그 악함으로 말미암아서 흩어져 없어지겠습니까.

(4)

설령 악한 사람의 혼이 일률적으로 죽어 없어지는 형벌을 받으면 그 형벌도 역시 공정치 못하니, 물론 천주께서 내신 바가 아닙니다. 대개 무거운 죄에도 등급이 있으니 어찌 의당 모든 형벌 전부를 없애버리겠습니까. 더구나 없어짐을 당하는 자가 이미 없음으로 돌아갈 경우에는 또한 틀림없이 환난도 없고 고통도 없고 형벌 받는 바도 없는 것이면서, 그 죄는 도리어 벗어지는 것뿐이지만, 만약 그렇다면 이 세상 사람들을 인도해서 두려움 없이 악을 저지르게 함이며, 악을 저지르는 사람들을 인도해서 두려움 없이 그 악을 증가시키는 것입니다. 성현들이 부탁했던바 '마음이 흩어져 마음이 도망한다.'라는 것은 곧 빗대어 한 말입니다.

(5)

예컨대 내 마음이 넘쳐흘러 바깥의 일에 쫓아서 하나에 전념하지 못하면 곧 '마음이 흩어졌다.'라고 말합니다. 예컨대 내가 힘쓰는 바가 본성 안의 일에 있지 아니하고 밖의 안일함에 있으면, 곧 '마음이 흩어져 없어졌다.'라고 말합니다만 반드시 정말로 흩어지거나 정말로 없어진 것이 아닙니다. 선한 사람이 마음에 간직하기를 덕으로써 하는 것은 아름답게 꾸미는 것과 같으며, 악한 사람이 마음에 감춰두기를 죄로써 하는 것은 추악하게 더럽히는 것과 같습니다.

(6)

이 본성의 실체는 육신과 신을 겸하는데 우리들이 맺어 모은 게 아니며 바로 천주께서 부여해주심으로써 우리로 하여금 사람이 되게 하셨습니다. 그 흩어지고 없어지는 계기도 역시 우리로 말미암음이 아니라 항상 천주께로 말미암은 것입니다. 천주께서 그 육신에게 1년을 기약하고 흩어지라고 명하시면 1년을 기약하고 흩어져서 우리는 길고 오래 살 수가 없습니다. 그 영혼에 항상 살아 있으면서 불멸하라고 명하셨으니 우리가 어찌 없어질 수 있겠습니까.

(7)

우리가 쓴 바가 어떠하였는지를 돌아봅시다. 잘 쓴 경우에는 편안하고 태평하지만, 잘못 쓴 경우에는 위태롭고 불안하다고 이를 것입니다. 우리가 부여받은 본성은 마치 값이 보통의 갑절이 되는 좋은 황금을 얻은 것과 같으니, 우리는 그것으로써 신에게 제사를 드리는 술잔을 만들거나 더러운 것을 담는 쟁반을 만들거나 모두 우리 스스로가 하는 것입니다. 그러나 그 더러운 것을 담는 쟁반만이 유독 반드시 값이 보통의 갑절이 되는 좋은 황금이겠습니까. 마음에 빛이 더 증가할 때에는 마침내 하늘 위의 큰 광명으로 뛰어오르게 되며, 마음에 어둠이 증가할 때에는 마침내 땅속의 큰 어둠에 떨어지게 됩니다. 누가 이 도리의 위대하신 발단을 배척할 수 있겠습니까.

(8)

중국선비가 말한다 : 아아! 지금 우리는 비로소 사람이 날짐승·길짐승과 다를 바가 거의 없다시피 하지 않다는 것을 알았습니다. 영혼이 불멸한다는 이치는 매우 바르고 또한 명확합니다.

(9)

서양선비가 말한다 : 자기 행실을 날짐승·길짐승과 같이 하고 두 성품이 다르다는 지적을 듣지 않는 자는 미련한 자입니다. 고명한 선비는 뜻이 인품의 높은 위치에 오르니 어찌 자신들이 비열한 부류들과 같아지기를 원하겠습니까. 어진 벗께서는 높은 뜻이 틀림없이 마음에 통하였으니 말씀이 틀림없이 생기 넘칠 것입니다. 그러나 성품은 날짐승·길짐승과 멀리 다르니, 행실을 마땅히 날짐승·길짐승과 가깝게 하지 말아야 합니다.

제4편

제4편
귀신과 사람의 혼에 관한 다른 논의를 설명하고 천하 만물이 일체라고 말할 수 없음을 해설하다

중국선비가 말한다 : 어제 제가 물러나와 큰 가르침을 복습하며 과연 거기에 모두 참된 이치가 있음을 살피게 되었습니다. 다만 사정에 어두운 우리 나라 유학자들이 어찌하여 귀신들의 실체에 대해 연구하여 시비를 가리는 것으로 올바른 도리라고 여겼는지 모르겠습니다.

[제1강]
옛 경서와 옛 예절로써 귀신이 있음을 입증하다

(1)
서양선비가 말한다. : 제가 대국의 옛 경서를 두루 살펴보았더니, 귀신에게 제사 지내는 것을 천자天子와 제후諸侯의 중대한 임무로 삼지 않음이 없었습니다. 그러므로 공경하기를 마치 그 위에 있는 것과 같이하고 마치 그 좌우에 있는 것과 같이하니, 어찌 그 귀신에게 제사지내는 일이 없으면서 일부러 이것을 있는 것으로 꾸며 속이기야 하였겠습니까.

(2)
『서경』의 「반경」편에 일렀습니다. "내가 정사에 실패했음을 이에 진술하였으니, [선왕先王이신] 고후高后[성탕成湯]께서 그 죄에 대해 큰 벌을 내리며 말씀하시기를 '어찌 내 백성들을 학대하느냐.'라고 하실 것이다." 또 「반경」편에 일렀습니다. "이에 나에게 정사를 어지럽히고 법을 지키지 않으면서 너의 재물을 모으는 데에만 마음을 쓰는 자가 있다면, 그대들의 할아버지요 아버지들은 우리 고후께 크게 고하여, '제 후손들에게 큰 형벌을 내려 주시옵소서.'라고 말할 것이다. 그리하여 선왕들께서는 큰 재앙을 내리시게 될 것이다." "서백西伯이 이미 여黎 나라를 쳐 이기자 조이祖伊는 두려워 달려와 임금에게 고하였다. '하늘의 아들이시여. 하늘은 이미 우리 은殷 나라의 명을 끊으셨으니 격인[格人 : 성인]도, 원구[元龜 : 거북점]도 감히 길하다고 알리지 않습니다. 선왕들께서 우리 뒷사람을 돕지 않으시는 것이 아니라 오로지 임금께서 음탕한 놀이로 스스로 끊으신 것입니다.'"

(3)

반경은 성탕의 9대손이라 서로 거리를 둔 게 400년이지만 여전히 그를 제사 지내면서 여전히 그를 두려워하였고, 여전히 그가 죄벌을 내리고 상서롭지 않음을 내려 자기를 격려하고 백성을 권장할 수 있으니 곧 틀림없이 탕湯이 아직도 존재하면서 흩어지지 않았다고 여겼습니다. 조이는 반경 뒤에 있고 은殷 선왕先王이 이미 돌아갔지만 그 후손을 도울 수 있다고 말하였으니, 곧 죽은 자의 영혼이 영원히 존재하며 불멸하지 않는다고 생각한 것입니다.

(4)

『서경書經』「금등金縢」에 주공周公이 이르기를, "저는 [선왕과 같이] 어질고 또 효성이 있으며 많은 재주와 기예에 능하여 귀신을 섬길 수 있습니다."라고 하였으며, 거듭 이르기를, "제가 [왕이 되지 못한 경우 장차 왕에게 이롭지 않은 짓을 할 것이라는 뜻 소문을] 회피하지 않으면, 저는 우리 선왕들에게 고할 수가 없습니다."라고 하였습니다. 「소고召誥」에 이르기를, "하늘은 이미 큰 나라인 은殷의 명을 멀리 끊으셨습니다. 이에 은나라의 많은 옛 어진 왕들은 하늘에 계시나, 그분들의 뒤를 이은 왕과 백성들은 그분들의 명에 잘 따랐습니다.”라고 하였습니다.

(5)

『시경詩經』「대아大雅」에 이르기를, “문왕이 위에 계시니, 아! 하늘이 빛 나도다. 문왕이 오르고 내리서 하느님의 좌우에 계시었네.”라고 하였습니다. 주공周公과 소공召公은 어떤 사람입니까. 그들은 이르기를 성탕成湯과 문왕 文王이 이미 세상을 떠난 뒤에도 오히려 하늘에 있어 오르내리면서 국가를 보호하고 도왔으니 곧 사람의 혼이 죽은 뒤에도 흩어져 없어지지 않게 되었 다고 하였던 것입니다.

(6)

그대 나라에서 주공과 소공 두 분을 성인으로 삼으면서도 그 말로써 속이 는 것이 가능하겠습니까. 이단이 불타듯 횡행하며 기만하여 현혹시키니 연 구하여 따져 묻기가 어려워서 이후의 올바른 유학자들은 그것을 어찌겠습니 까. 반드시 곧 이치로 그 그릇된 주장을 배척하고 귀신의 성격을 분명하게 논 의하면, 그것은 괜찮을 것입니다.

(7)

중국선비가 말한다 : 지금 귀신을 논의하는 자들은 각각 자신의 의견이 있 어, 이르기를 ‘하늘 · 땅 사이에 귀신의 특이함은 없다.’라고 하거나, 이르기를 ‘그것을 믿으면 있고, 믿지 않으면 없다.’라고 하거나, 이르기를 ‘만약 그 설명 이 있으면 틀린 것이고, 만약 그 설명이 없으면 또한 틀린 것이며, 만약 그 설 명이 있기도 하고 없기도 하면 만족스럽다.’라고 합니다.

[제2강]

귀신에 관한 다른 주장을 바로잡다

(1)

서양선비가 말한다 : 세 가지 말이 다 귀신을 연구한 것이지만, 그것이 틀렸음을 도무지 생각하지 못하였습니다. 또한 부처[불타佛陀]·노자老子의 무리를 배척하고 비방하면서, 옛 성현의 취지에 거역하는 줄을 깨닫지 못했던 것입니다.

(2)

한편 귀신이 산천山川·종묘宗廟·천지天地라는 다른 명칭과 다른 직함이 있으면 그것이 같지 않음이 분명합니다. 이른바 음·양 두 기운의 타고난 재능과 조화로운 자취, 기운의 굽힘과 폄이 모든 경서에서 지목하고 있는 귀신이 아닙니다. 우리 마음이 믿거나 그렇지 않거나 함이, 사물을 있게 하거나 없게 할 수 있는 게 아닙니다. 꿈을 풀이하는 경우에는 어쩌면 가능할 것입니다만, 이와 같이 천지의 위대하고 존귀함을 논의하는데 어찌 황홀에 잠기는 이러한 말을 쓸 수 있겠습니까.

(3)

예를 들면 서역西域의 사자를 아는 사람은 그것이 있음을 믿지만, 어리석은 사람은 어쩌면 믿지 않을 것입니다. 그런데 사자는 본디 있는 것입니다. 저들이 믿지 않는다고 해서 사자의 부류를 없앨 수 있겠습니까. 또한 더구나 귀신을 없앨 수 있겠습니까.

[제3강]
눈에 보이지 않는다고 해서 없다고 여겨서는 안된다

(1)

모든 사물은 있으면 있는 것이요 없으면 없는 것입니다. 대개 소인들이 귀신이 있는지 없는지를 의심하여 학식 있는 선비에게 나아가서 물어 의심을 풀려고 하는데, 만약 답하기를 있음·없음으로 하면 어찌 그 의심이 더욱 증폭되지 않겠습니까. 여러 주장의 취지는 다른 게 아닙니다. 오직 있다고 말할 때에는 사람이 그것을 볼 것이고, 사람이 그것을 보지 못할 때에는 없는 것입니다. 그러나 이 말은 학식 있는 선비가 의논한 게 아니라 정말로 시골 들녘의 거짓말일 뿐입니다.

(2)

색채도 형상도 없는 물건인데 육안으로 보려고 하는 것은, 비유한다면 귀로 생선과 고기의 맛을 보려는 것이니 가능하겠습니까. 누가 세속의 눈으로 오상五常[인仁·의義·예禮·지智·신信]을 볼 수 있습니까. 누가 살아있는 사람의 혼을 볼 수 있습니까. 누가 바람을 볼 수 있습니까. 눈으로 사물을 보는 것은 이치로써 헤아림만 못합니다. 무릇 눈은 혹간 차이가 나는 바가 있지만, 오직 이치는 오류가 없습니다. 태양을 관찰하여 둥그렇다고 하는 것은 어리석은 사람이 측정하기를 눈으로 하고 말하기를 크기가 옹기 밑바닥만하다고 말하는 것과 같을 뿐입니다. 유학자가 이치로써 그 높고 먼 끝을 헤아리면 그 크기가 마침내 하늘의 아래보다 초과한다는 것을 압니다. 곧은 나무를 맑은 물속에 넣어 그 반을 잠기게 하고 눈으로 보면 굽은 것 같습니다만, 이치로써 그것을 헤아리면 곧 오히려 나무는 여전히 곧은 것이며, 그 나무가 굽은 게 아닙니다. 눈에 맡겨 형체를 관찰하는 경우에는 그림자를 사물로 여겨 말하기를 움직일 수 있다거나 멈출 수 있다고 합니다. 그러나 이치로써 세밀하게 살피면, 그림자의 실체가 빛이 없는 것일 뿐임을 알게 됩니다. 사물이 결코 있는 게 아닌데, 더구나 움직이고 멈출 수 있습니까.

(3)

그러므로 서양의 학교에서는 공공연히 말하기를, "귀 · 눈 · 코 · 입과 팔 · 다리가 사물을 지각하는 것은 반드시 헤아리기를 마음의 이치에서 하니, 마음의 이치에 잘못이 없어야 비로소 참되다고 이를 수 있으며, 만약 이치에 순조롭지 못한 게 있는 경우에는 그것을 버려야 다른 이치로 나아감이 가능하다."라고 합니다. 사람들이 사물의 오묘한 이치를 밝히고자 함에는 다른 길이 없습니다. 밖으로 드러난 것에 근거하고 안에 감춰진 것으로 추측하여 그것이 그러함으로써 그러한 바를 검증하는 것이니, 마치 건물 마루에서 연기가 오른 것을 보면서 건물 안에 반드시 불이 났음을 알 수 있는 것과 같습니다.

(4)

예전에는 천지 만물에 의지하면서 그것이 본래 천지 · 만물의 주재자께서 계심을 입증했으며, 사람의 일에 의지하면서 그것이 분산하여 소멸할 수 없는 영혼이 있음을 입증했습니다. 만일 그렇다면 귀신이 틀림없이 있음을 입증함에도 역시 다른 방법이 없습니다. 만약 죽은 자의 형상은 썩어 소멸하면서 정신이 빠르게 분산되어 소멸되어 흔적조차 없어진다고 말하면, 이것은 하찮은 한두 사람의 말이요 의거할 이치가 없는 것이니, 어찌 성현들이 이미 자세히 조사하여 살핀 바를 논의하겠습니까.

(5)

중국선비가 말한다. : 『춘추(좌)전春秋(左)傳』에 "정鄭나라의 백유伯有가 악귀惡鬼가 되어 틀림없이 형상으로 보인 적이 있었다"고 실려 있습니다. 사람의 혼은 형상이 없지만, 형상이 있는 사물로 변하였다는 이것은 이치로써는 추측할 수가 없습니다. 무릇 살면서 다른 사람들과 다름이 없다가, 어찌 죽으면서 사람의 능력을 초월할 수 있겠습니까. 만약 죽은 자가 모두 다 앎이 있으면 자애로운 어머니가 자식들을 깊이 사랑하다가 하루아침에 죽더라도 [그 혼이] 어찌 홀로 날마다 본래의 집에 있으면서 지난날 사랑하던 자식들을 돌보지 않겠습니까.

[제4강]
사람이 죽은 후에도 그 혼이 집에 있다는 주장을 바로잡다

(1)
서양선비가 말한다 : 『춘추(좌)전』에 '이미 백유伯有가 죽은 뒤에 악귀가 되었다'고 말하였으니, 만일 그렇다면 옛날 춘추시대에도 역시 이미 사람의 혼이 분산되어 소멸되지 않음을 믿으면서 저속한 유학자들이 귀신을 경멸하였으니 어찌 역사의 죄인이 아니겠습니까. 무릇 사람이 죽었다고 이르는 것은 혼이 죽었음을 이르는 게 아니라, 오직 사람의 백魄을 말할 뿐이요 사람의 형상을 말할 뿐입니다. 영혼이라는 것은 살았을 적에는 마치 잡혀 포승줄에 묶인 가운데 있는 것과 같지만, 이미 죽으면 마치 어두운 감옥에서 나오면서 손발이 오그라진 데에서 벗어남과 같아서 사물의 이치를 더욱 꿰뚫게 되며, 그 지능이 의당 더욱더 무성하고 정밀해져 세속의 사람을 뛰어넘으니 괴이하게 여겨서는 안 됩니다.

(2)
군자君子는 그러함을 알고 있고 그러므로 죽음을 두려워하거나 무서워하지 않으면서 흔연히 편안하게 여기며, '본래의 고향에 돌아가는 것이다'라고 말합니다. 천주께서 만물을 지어 만드시고 각각 있어야할 곳을 나누어 정해

주셨으니, 그렇지 않으면 뒤섞였을 것입니다. 예컨대 죽은 사람의 혼이 그대로 집에 있을 수 있으면, 어찌 말하기를 죽었다고 하겠습니까. 더욱이 별자리들이 하늘에 있어서 땅 아래로 내려오면서 풀·나무에 섞일 수 없고, 풀·나무는 땅 아래에 자라니 또한 하늘 위로 오르면서 별자리에 섞일 수 없음을 보면, 온갖 사물은 각각 그곳을 편안히 여기면서 이동할 수 없습니다. 비유하건대 물 밑의 물고기가 굶어 곧 죽어가는데, 비록 향기로운 먹이가 언덕에 있더라도 가면서 역시 먹을 수가 없으니, 사람의 혼이 비록 아내와 자식들을 염려하더라도 어찌 돌아와 집 가운데 있을 수 있겠습니까.

(3)

무릇 이 세상에 돌아오는 자는 틀림없이 천주께서 선을 권유하시거나 악을 경계하시며, 사람들이 죽은 뒤에 그 혼이 여전히 존재하여 그것이 날짐승·길짐승의 혼과 함께 분산되면서 돌아오지 못하는 것과는 다름을 검증하십니다. 혼은 본디 형상이 없어서 혹간 사람에게 뚜렷하게 나타남이 있으면 틀림없이 헛된 형상 하나에 의지하면서 발현한 것이며, 이도 역시 어려운 일이 아닙니다. 천주께서는 사람들이 죽은 뒤에도 혼이 존재하고 있음을 다 알게 하고자 하면서 이같이 분명하게 게시하셨습니다. 그러나 사람들은 여전히 기만함에 거리낌 없이 제멋대로 가르쳐 백성들을 미혹하여 자기들도 알지 못하면서, 함부로 말하기를 '사람은 죽으면 혼이 분산되어 다시는 형상과 자취가 없다.'라고 합니다. 비단 [도리에] 어긋나게 망령되이 경시하며 변론한 것뿐만 아니라 또한 그 사람의 육신이 죽은 뒤 혼이 틀림없이 망령된 말의 재앙을 받을 것이니, 신중하지 않을 수 있겠습니까.

(4)

중국선비가 말한다 : 사람의 영혼이 죽은 뒤 분산되어 소멸된다고 말하는 것은 영혼을 기운으로 여긴 것뿐입니다. 기운의 분산에는 빠르고 더딘 차이

가 있으니, 만일 사람이 제명대로 못 살고 죽으면 그 기운이 오히려 오래 모여 있으면서 차차 사라지는데, 정鄭나라의 백유伯有가 그랬습니다. 또 말하기를 음·양 두 기운이 사물의 본체가 되면서 존재하지 않는 곳이 없고, 하늘과 땅 사이에 한 사물도 음·양이 아닌 것이 없다고 하니, 만일 그렇다면 한 사물이라도 귀신 아님이 없습니다. 선생님께서 가르쳐 이르신 것과 같이 귀신이 사람의 혼과 이와 같으면 제가 항상 들어온 바와 크게 다름이 없겠습니다.

[제5강]
기운이 귀신은 아니다

(1)

서양선비가 말한다 : 기운을 귀신·영혼으로 여기는 것은 물품 종류 각기의 바른 명칭을 문란케 하는 것입니다. 종교를 세운다는 것은 만물의 이치가 갖가지 종류에 적합하도록 본래 의 이름으로써 하는 것입니다. 옛 경서에서 기운을 이르고 귀신을 이르는 글자가 같지 않은 때에는 그 이치도 역시 다른 것입니다. 귀신에게 제를 지내는 것이 있지만 기운에게 제를 지낸다는 것은 듣지 못했으니, 어찌 오늘날의 사람이 그 명칭을 문란하게 사용하겠습니까.

(2)

기운이 점점 분산된다고 말하는 것은, 그 이치가 이미 다하면서 말이 모두 망령된 것을 알 수 있습니다. 제가 시험 삼아 질문하겠습니다. 무릇 기운은 어느 때에 분산되어 소멸되며, 무슨 질병이 분산되게 하는 것입니까. 새·길짐승은 오래 제명대로 못 살고 죽으면, 그 기운이 빠르게 분산됩니까, 점차 분산됩니까. 어찌 그것은 세상으로 돌아오지 못합니까. 만일 그렇다면 죽은 뒤의 일은 틀림없이 면밀하게 알지 못할 것인데, 어찌 허망하게 논의할 수 있겠습니까.

(3)

『중용』에 이르기를 '형체와 사물이 되어 빠뜨릴 수 없다'고 하였으니, 이 말로써 그 의미를 받아들일 수 있습니다. 대개 중니仲尼[공재의 뜻은 귀신이 형체와 사물이 되었다고 하여 그 덕이 풍성함을 이르고자 하였을 뿐이지, 곧 귀신이 그 사물이라고 이른 것은 아닙니다.

[제6강]
귀신이 형체와 사물이 됨과 영혼이 사람에게 있음은 각각 구별이 있다

(1)

게다가 귀신이 사물에 있음과 영혼이 사람에 있음은 크게 다릅니다. 영혼이 사람에게 있음은 그 안의 본분이 되어 사람의 형상과 더불어 한 몸이 됩니다. 그러므로 사람은 이로써 이치를 논의할 수 있으면서 영혼과 재능 있는 부류에 배열됩니다. 저 사물에 있는 귀신들은 마치 일년 내내 배에 있는 것과 같지만 배의 본분이 된 것은 아니며, 배와 분리되어 두 사물로 여겨지면서 각각의 부류로 배열됩니다. 그러므로 사물에 비록 귀신이 있더라도, 영혼과 재능의 등급에는 오르지 못합니다. 다만 사물이 있어도 스스로 영혼이 없거나 지각이 없는 경우에는 천주께서 귀신에게 명하여 인도하여 그 곳에 가게 하니, 이것이 소위 형체와 사물일 뿐이며, 성스러운 군주가 영묘하게 국가를 형성하여 다스림과 같습니다.

(2)

그렇지 않으면 이 천하에 하나의 사물도 영靈하지 않은 게 없을 것입니다.

대개 저들이 말하기를, '천하의 사물마다 귀신이 있으니 귀신마다 영으로 여겨 예컨대 풀·나무·쇠·돌도 어찌 영이라고 이를 수 있겠는가.'라고 합니다. 저 문왕文王의 백성들은 군주의 은덕에 감격하여 그 건물을 일러 영대靈臺라 하고, 그 연못을 일러 영소靈沼라고 했음은 기이하게 여길 바가 못 됩니다. 지금 걸桀과 주紂의 건물과 연못도 역시 영이라 이르니, 사물의 등급도 역시 뒤섞여 어지러워졌지만, 어찌 그곳을 탐방하지 않습니까.

(3)

사물의 부류를 나누면서 그대 나라의 선비들은 말하기를, '혹은 그 형상을 얻음이 쇠·돌 같은 게 바로 이것이고, 혹은 별도로 생기를 얻으면서 자라 커짐이 풀·나무 같은 게 이것이며, 혹은 다시 지각을 얻어서 날짐승·길짐승 같은 게 바로 이것이고, 혹은 더욱 정묘해지면서 영혼과 재능을 얻어서 인류 같은 게 바로 이것이다.'라고 합니다. 우리 서양의 선비는 더욱이 상세함을 첨가하였으니, 다음의 그림을 살피면 알 수 있습니다. 다만 그 의뢰하는 부류가 가장 많아서 그림으로 다 그리기가 어렵습니다. 그러므로 간략하게 다만 그 부류의 아홉 시초始初의 종種을 적어서 말하겠습니다.

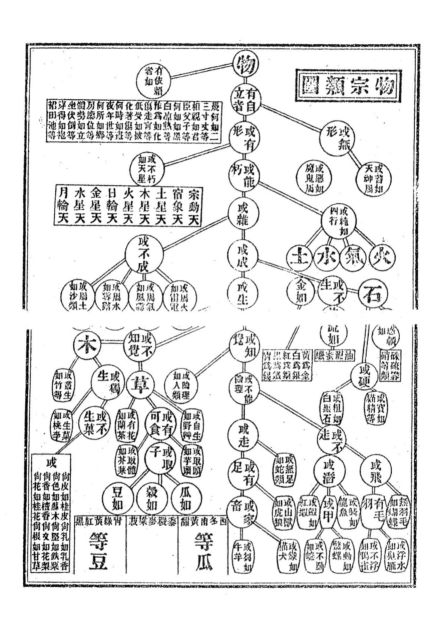

「만물의 종種과 그 부류部類에 관한 그림」

(1)
만물에는 자립하는 것이 있거나 의뢰하는 것이 있다.

(1-1)
자립하는 것이 있다.

(1-1)
의뢰하는 것에는 다음과 같은 것이 있다.

(1-1부연)
(1)2-3 치[촌寸] · 길[장丈] 등과 같은 기하幾何
(2)군신 · 부자 등과 같은 서로의 친근함
(3)검다 · 하얗다, 서늘하다 · 덥다 등과 같은 어떠함
(4)변화하다, 상처주다, 달리다, 말하다 등과 같은 행위
(5)변화를 당하다, 상처를 드러내다 등과 같은 낮아져 받아들임
(6)낮 · 밤, 연도 · 시대 등과 같은 어떤 때
(7)지방, 방, 건물, 위치 등과 같은 어떤 곳
(8)서다, 앉다, 엎드리다, 엎어지다 등과 같은 본체의 자세
(9)두루마기 · 치마, 농경지 · 연못 등과 같은 입을 것이나 획득한 것

(2)
자립하는 것에는 유형한 것이 있거나 무형한 것이 있다.

(2-1)

혹은 유형한 것이 있다.

(2-1)

혹은 무형한 것에는 하느님과 같이 선에 속하는 것이 있거나, 마귀와 같은 악에 속하는 것이 있다.

(3)

혹은 형상이 있는 것에는 썩을 수 있는 것이 있거나, 하늘의 별과 같은 썩지 않는 것이 있다.

(3-1)

혹은 썩을 수 있는 것이 있다.

(3-1부연)

(1)으뜸으로 움직이는 하늘

(2)[『주역周易』에 기술된 28수宿의] 별자리가 펼쳐져 있는 하늘

(3)토성이 있는 하늘

(4)목성이 있는 하늘

(5)화성이 있는 하늘

(6)태양이 도는 하늘

(7)금성이 있는 하늘

(8)수성이 있는 하늘

(9)달이 도는 하늘

(4)

혹은 썩을 수 있는 것에는 잡다한 것이 있거나, 사행四行과 같이 순일한 것
이 있다.

(4-1)

혹은 잡다한 것이 있다.

(4-1)

혹은 사행과 같이 순일한 것이 있다.

(4-1부연)

(1)불

(2)공기

(3)물

(4)흙

(5)

혹은 잡다한 것에는 형태를 이룬 것이 있거나, 형태를 이루지 않은 것이 있
다.

(5-1)

혹은 형태를 이룬 것이 있다.

(5-2)

혹은 형태를 이루지 않은 것이 있다.

(5-2부연)

(1)혹은 천둥 · 번개와 같은 불에 속하는 것

(2)혹은 바람 · 안개와 같은 공기에 속하는 것

(3)혹은 눈 · 이슬과 같은 물에 속하는 것

(4)혹은 모래 종류와 같은 흙에 속하는 것

(6)

혹은 형태를 이룬 것에는 살아 있는 것이 있거나, 살아 있지 않은 것이 있다.

(6-1)

혹은 살아 있는 것이 있다.

(6-1)

혹은 살아 있지 않은 것이 있다.

(6-1부연)

(1)돌

(2)흐르는 것

(3)금속

(6-2부연)

(1)돌은 부드럽거나 단단하다.

①혹은 부드러운 것에는 주사朱砂 · 유황硫黃 · 명반明礬 · 초석硝石 등의 종류가 있다.

②혹은 단단한 것에는 묘정석猫精石 등과 같은 보석이나 백흑석白黑石과 같은 조잡한 것도 있다.

(6-2부연)

(2)흐르는 것에는 기름ㆍ술ㆍ꿀ㆍ초 같은 것이 있다.

(6-2부연)

(3)금속에는 누런 금, 하얀 은, 붉은 구리, 검은 철, 푸른 주석 같은 것이 있다.

(7)

혹은 살아 있는 것에는 지각하는 것이 있거나 지각하지 못하는 것이 있다.

(7-1)

혹은 지각하는 것이 있다.

(7-1)

혹은 지각하지 못하는 것에는 나무와 풀이 있다.

(7-1부연)

(1)나무에는 홀로 사는 것이 있거나 대나무 등과 같은 모여서 사는 것이 있다.

(7-2부연)

①혹은 홀로 사는 것에는 열매를 맺지 않는 것이나 복숭아ㆍ배 같은 열매를 맺는 것이 있다.

(7-3부연)

②혹은 열매를 맺지 않는 것

㉠혹은 계피와 같은 껍질을 중시하는 것

㉡유향과 같은 즙을 중시하는 것

㉢붉은 속살을 약재로 쓰늬 소목과 같은 빛깔을 중시하는 것

㉣단단한 밤과 같은 굳기를 중시하는 것

㉤향나무와 같은 향내를 중시하는 것

㉥배꽃과 같은 무늬를 중시하는 것

㉦계화나무꽃과 같은 꽃을 중시하는 것

㉧감초와 같은 뿌리를 중시하는 것

(7-1부연)

(1)혹은 길러서 먹을 수 있는 것

(2)혹은 들꽃과 같은 스스로 자라는 것

(3)혹은 난초꽃과 같은 꽃이 피는 것

(7-2부연)

①혹은 길러서 먹을 수 있는 것

㉠혹은 씨를 취하는 것

㉡혹은 토란과 같은 알맹이를 취하는 것

㉢혹은 겨자나 채소와 같은 몸통을 취하는 것

(7-3부연)

②혹은 씨를 취하는 것

㉠수박, 동과冬瓜, 호박, 오이, 참외 등과 같은 오이 종류

㉡기장, 피, 보리, 수수, 콩과 같은 곡물 종류

㉢푸른 콩, 녹두, 황두, 팥, 검정콩과 같은 콩 종류

(8)

혹은 지각하는 것에는 이치 추론을 할 수 없는 것이 있거나, 이치 추론을
인류와 같이 하는 것이 있다.

(8–1)

혹은 이치 추론을 할 수 없는 것이 있다.

(8–1)

혹은 이치 추론을 인류와 같이 하는 것이 있다.

(9)

혹은 이치 추론을 할 수 없는 것에는 달리는 것이나, 달리지 못하는 것이 있다.

(9–1부연)

(1)혹은 달리지 못하는 것에는 비상하는 것이 있거나, 잠수하는 것이 있다.

(9–2부연)

혹은 비상하는 것에는 깃털이 있는 것이나, 나비와 같은 깃털이 없는 것이 있다.

(9–3부연)

깃털이 있는 것에는 오리 · 기러기와 같은 물 위에 뜰 수 있는 것이나, 갈가마귀 · 참새와 같은 뜨지 못하는 것이 있다.

(9–2부연)

혹은 잠수하는 것에는 갑각甲殼이 있는 것이나, 용 · 물고기와 같은 비늘이 있는 것이나, 붉은 새우와 같은 새우가 있다.

(9-3부연)

혹은 갑각甲殼이 있는 것에는 자라·소라와 같은 움직이는 것이나, 굴과 같은 움직이지 않는 것이 있다.

(10)

혹은 달리는 것에는 다리가 있는 것이나, 뱀 종류와 같은 다리가 없는 것이 있다.

(11)

혹은 다리가 있는 것에는 가축이나, 호랑이·이리 같은 산에 사는 짐승이 있다.

(12)

혹은 가축에는 소·양과 같은 건초를 먹는 것이나, 고양이·개와 같은 곡식을 먹는 것이 있다.

[제7강]

날짐승·길짐승의 성품이 사람의 성품과 같지 않다

(1)

무릇 이 사물의 많은 종류에는 각각 일정한 부류가 있으니, 신령한 데에 속하는 것도 있고 어리석은 데에 속하는 것도 있습니다. 만일 내가 외국 선비에게 전하기를, 중국에는 날짐승·길짐승·풀·나무·쇠·돌이 전부 영성이 사람과 일제히 같다고 말하는 선비가 있다고 하면, 어찌 크게 놀라워하지 않겠습니까.

(2)

중국선비가 말한다 : 비록 저희 나라에 날짐승·길짐승의 성품이 사람과 같다고 말함이 있더라도 다만 날짐승·길짐승의 성품은 기울었으나 사람은 그 반듯함을 얻을 수 있습니다. 비록 날짐승·길짐승에 영성이 있다고 이르더라도, 그러나 그 영성은 미미하고 작으며, 사람인 경우에는 영성이 틀림없이 넓고 클 것이니 그러므로 그 부류가 다릅니다.

[제8강]
무엇으로써 사물의 부류를 구별하나

(1)

서양선비가 말한다 : 무릇 반듯함과 기욺, 작음과 큼은 부류를 구별할 수 없고 겨우 같은 부류의 등급을 구별할 뿐입니다. 반듯한 산과 기운 산, 큰 산과 작은 산은 모두 산의 부류가 됩니다. 지혜로운 자는 커다란 영성을 얻고, 어리석은 자는 작은 영성을 얻으며, 현명한 자는 반듯한 영성을 얻고, 미련한 자는 기울은 영성을 얻으니, 어찌 다른 부류의 것이라고 이르겠습니까. 만일 작고 큼이나 반듯하고 기욺으로 부류를 나누는 경우에는, 사람이 하나의 부류이나 영성의 거대함과 미소함, 반듯함과 기욺은 그 부류가 매우 많습니다.

(2)

가령 [앞의]「만물의 종種과 그 부류部類에 관한 그림(물종류도物宗類圖)」을 보면, 세상에는 본디 단지 있음과 없음 두 가지로 심사하여 만물의 다른 부류를 구별할 뿐입니다. 시험 삼아 말하건대, 형상이 있는 것이 하나의 부류일 경우에는 형상이 없는 것이 다른 부류이며, 사는 것이 하나의 부류일 경우에는 살지 못하는 것이 다른 부류입니다. 이치를 논의할 수 있는 것이 오직 인류의 본분이고, 그러므로 천하 만물은 더불어 논의할 수가 있는 것이 없습니다만, 사람 가운데서도 반듯함과 기욺, 작고 큼이 있음을 논의하면, 회합하여 논의하는 무리에 균등하게 배열하였지만 오로지 정밀함과 조잡함에서 차이가 납니다.

(3)

만일 날짐승·길짐승의 성품이 본래 영성일 경우에는, 무릇 그것이 기울고 그것이 작아도 본디 사람과 같은 부류입니다. 다만 유사함을 진실로 여기며, 외부에서 유래한 것을 내부의 근본으로 여겨서는 안 됩니다. 예를 들어 청동 항아리에서 떨어지는 물을 보아서 시각을 정할 수 있으니, 곧 청동 항아리의 물이 본래 영하다고 이르는 게 가능하겠습니까. 장군이 슬기로운 꾀가 있어서 전체 군대로 적을 물리치는데, 그 병사들이 그의 명령에 순응하면서 진격하거나 퇴각하거나 매복하거나 돌격하거나 하여 그 공적을 이뤘으니, 누가 말하기를 병사들이 본래 지혜로운 것이지 외부의 인도에 따른 것이 아니라고 하겠습니까.

(4)

종류에 따라 나누는 데에 밝은 사람은 각 부류의 행동을 보아 그 본래의 성정을 자세히 관찰하고 그 지향이 이르는 바를 헤아리면 날짐승·길짐승이라는 것에 귀신이 있어 몰래 유혹하면서 이끌었기에 행동한 줄을 압니다. 하늘 위에 계신 주님의 분부가 그리하지 않을 수 없음에서 나온 것이고, 날짐승·길짐승이 그런 행동을 한 것이 스스로 주장하는 의지가 있어서가 아닌 줄을 알지 못합니다. 우리 인류는 곧 스스로 주장을 세우면서 일을 할 수 있을 때에는 모두 그가 본래 가지고 있는 영성의 지향을 활용합니다.

(5)

중국선비가 말한다 : 비록 말하기는 천지 만물이 하나의 기운을 공유한다고 하더라도, 그러나 사물의 겉모습은 같지 않아서 이로써 각기 부류가 나뉩니다. 가령 몸을 보면 단지 몸집이지만, 몸집의 안팎은 하늘ㆍ땅ㆍ음ㆍ양의 기운이 아닌 게 없습니다. 기운으로써 사물을 조성하였지만 사물로써 부류를 달리합니다. 마치 고기가 물속에 있으면 그 밖의 물과 뱃속에 있는 물이 동일하고 쏘가리 뱃속의 물과 잉어 뱃속의 물이 동일한 것과 같으니, 홀로 그 겉모습이 항상 하나가 아닌 경우에는 고기의 부류도 역시 하나가 아닙니다. 그러므로 하늘 아래 모든 형상을 보면서 모든 부류를 입증할 수 있습니다.

[제9강]
겉모습으로 사물의 부류를 구별하지 못한다

(1)

서양선비가 말한다 : 만약 다만 형상으로 사물을 분류하면, 이것은 사물의 부류를 분류하는 게 아니라 이는 형상으로 구별하는 것뿐입니다. 형상은 본디 그 사물이 아니며, 형상으로 사물을 나누는 것은 성품으로 사물을 나누는 게 아닙니다. 만일 그렇다면 개의 성품은 소의 성품과 같고, 개ㆍ소의 성품은 사람의 성품과 같은 것입니까. 이는 [맹자孟子와 같은 시대의] 고자告子 뒤에 또 하나의 고자가 있다고 하는 것입니다.

(2)

진흙으로 호랑이를 빚고 진흙으로 사람을 빚어서 둘은 오직 겉모습으로써 일러 다르다고 함이 적당하지만, 산 호랑이와 산 사람을 일러 단지 그 모습이 다르다고 하면 결코 적당하지 않습니다. 겉모습으로써 사물을 구별하는 것이 대개는 그 겉모습이 서로 같으니 이르기를 다른 부류라고 할 수 없습니다.

[제10강]
기운은 살아서 활동하는 근본이 아니다

(1)
만약 진흙으로 빚은 호랑이로써 진흙으로 빚은 사람에 예를 적용시키면, 그 모양이 비록 다르지만 그것이 진흙으로 된 부류일 때에는 하나일 뿐입니다. 만약 기운으로써 신으로 삼아 살아서 활동하는 근본으로 여기는 경우에는, 살아 있는 것이 무슨 연유로 죽게 되겠습니까. 사물이 죽은 뒤에도 기운이 안팎에 있고 여전히 가득히 차 있으면, 어찌 어디로 가면서 기운을 떠날 수 있으며, 어찌 사물들이 기운이 없어지면서 죽을 것을 걱정하겠습니까. 그러므로 기운은 살아서 활동하는 근본이 아닙니다. 경전 [『예기』]에 이르기를, '차이가 터럭과 같더라도 어그러짐은 천리이다.'라고 하니, 기운이 4행四行 [땅 · 물 · 불 · 공기]의 하나가 됨을 알지 못하면서 귀신 · 영혼과 서로 같다고 여기는 것도 역시 이상한 게 아니며, 만약 기운이 하나의 행이 된다는 것을 알면 그 본체와 작용에 관해 설명하기가 어렵지 않습니다.

(2)
그런데 기운이라고 하는 것은 물 · 불 · 흙 3행을 조화하면서 만물의 형상이 되는 것입니다. 그러나 영혼이라고 하는 것은 사람 내면의 본분이자 한 몸의 주인이 되어 호흡으로써 그 기운이라는 것이 출입합니다. 대개 사람은 날거나 달리는 모든 부류와 더불어 다 기운 안에 살아 그 마음속의 불을 곧 서늘하게 조절합니다. 이런 까닭으로 항상 호흡하여 매번 숨 쉬면서 기운을 바꾸어 더위를 내보내고 서늘함을 오게 하며 삽니다. 고기가 물속에 잠겨서 물의 성질이 매우 차가우나 스스로 서늘함을 밖에서 몸속의 화기까지 침투시킬 수 있으니, 그런 까닭에 그 부류는 대부분 호흡하지 않는 게 타고난 성질입니다.

[제11강]
귀신은 세상을 관장할 완전한 권한이 없다

(1)

무릇 귀신은 사물의 본분이 아니며 단지 형상이 없는 별난 사물의 부류이며, 그 본래 직분은 오직 천주의 명으로 조화하는 일을 맡을 뿐 세상을 관장할 완전한 권한이 없습니다. 그러므로 중니仲尼공자가 말하기를, '귀신을 공경하되 멀리하라.'라고 하였으니, 저 복록을 주고 죄를 사면해줌은 귀신이 할 수 있는 바가 아니고, 오직 천주로 말미암을 뿐이며, 그러나 요즘 사람들이 아첨하고 더럽혀 귀신으로부터 복을 얻어내려 하면, 그것은 복을 얻어내는 방법이 아닙니다. 무릇 [『논어』에서 공자가] '멀리하라'고 하는 의미와 '하늘에 죄를 지어서 어디에 빌어도 소용이 없다.'라고 함은 같아서, 어찌 '멀리하다'를 '없앴다'라고 해석하면서 귀신을 없앴다는 의혹에 공자를 빠뜨릴 수 있겠습니까.

(2)

중국선비가 말한다 : 우리 옛날 선비들은 천지 만물의 본성이 모두 선하여 단지 굉장한 이론이 있어도 다시 바꿀 수 없음을 명쾌하게 살폈으며, 사물에 거대함과 미소함이 있어도 그 본성은 한 몸이라고 생각할 때에는, 천지의 주재자께서 곧 사물의 안에 계셔서 사물과 더불어 하나가 된다고 일렀습니다. 그러므로 사람에게 권유하기를, '악을 하지 말고 그럼으로써 자기의 근본이 선함도 더럽히지 말며, 의리를 어겨 자기의 도리를 범하지 말고 그럼으로써 사

물을 해쳐 그 마음속의 주재자를 업신여기지 말라.'고 하였습니다. 거듭 이르기를, '사람과 사물은 파괴되고 상실되어도 본성은 소멸되지 않고 천주께로 귀화한다.'고 하였습니다. 이것도 역시 사람의 혼은 불멸함을 이르는 것이니, 선생께서 논의하시는 천주라는 것과는 부합하지 않는 것입니다.

[제12강]
사물은 주재와 더불어 한 몸이 될 수 없다

(1)

서양선비가 말한다 : 지금 한 말의 오류는 예전에 들었던 것에 비해 더욱 심하니, 어찌 감히 합당하다고 할 수 있겠습니까. 저는 감히 이로써 내 하늘에 계신 숭상하올 주님의 지존하심을 대수롭지 않게 여길 수 없습니다. 천주 성경에 전함이 있으니, 옛날에 천주께서 천지를 변화시켜 생성하시고 곧 여러 신의 무리도 변화시켜 생성하셨는데, 그 가운데 거대한 신 하나가 있었으니 이름을 루시퍼Lucifer라 불렀습니다. 그가 자기 보기를 영리하고 명석한 것같이 여겨 문득 오만하게 이르기를, '나는 천주와 동등하다고 이를 만하다.'고 하였습니다. 천주께서 노여워하시면서 그를 따르는 수많은 신과 함께 마귀로 변하게 하여 지옥에 내려두었습니다. 이로부터 하늘·땅 사이에 비로소 마귀가 있고 지옥이 있게 되었습니다. 무릇 말하기를 사물과 조물주가 같다고 하는 것은 바로 루시퍼 마귀의 교만한 말이니, 누가 감히 그리 진술하겠습니까.

(2)

이 세상 사람들이 부처의 거짓된 경전을 금지시키지 않아서 그 해로운 말에 물드는 것을 깨닫지 못합니다. 주공周公·공자孔子의 논의와 그대의 나라 옛 경서에 누가 주재자를 업신여기면서 더불어 하나가 되는 자가 있겠습니까. 설령 백성 가운데 한 보통남자가 스스로 칭하기를 황제와 같이 높다고 하면, 그가 죽임을 모면할 수 있겠습니까. 땅 위의 백성이 함부로 땅 위의 임금과도 견줄 수가 없으면서, 하늘의 숭상하올 주님과 같다고 할 수 있겠습니까. 사람이 다른 사람을 지칭하여 일러 말하기를, '너는 너이고, 나는 나다.'라고 말하면서, 지금 모든 도랑·개울의 곤충이 숭상하는 주님께 말하기를, '너는 내가 되고 나는 네가 된다.'고 하면, 어찌 극히 거스르고 크게 어긋난다고 말하지 않겠습니까.

(3)

중국선비가 말한다 : 부처는 하느님에게 손색이 없고, 그가 사람의 몸을 귀히 여기고 사람의 덕을 높이니, 취할 만한 것이 있습니다. 천주의 덕은 본디 두텁고 우리 인간도 역시 지극한 덕을 갖추고 있으니, 천주께서는 본디 헤아릴 수 없는 능력을 갖추고 계시고 우리 사람의 마음도 역시 모든 일에 호응할 수 있습니다.

(4)

시험 삼아 보건대 옛날의 성인은 원기를 조절하여 문물을 개발하고 가르침을 세워 윤리를 밝혔으며, 백성 먹여살리기를 쟁기·끌·옷감 기계로 하고, 백성 편리하게 하기를 배·수레·재물로 하였습니다. 그 기틀을 만들어 세상을 경영함에 한없는 세월에도 바뀌지 않을 큰 법규를 내리면서 하늘 아래 영원히 안정되게 의지하도록 하였으며, 예고 없이 천주께서 스스로 짓고 스스로 세워서 세상이 매우 잘 다스려짐에 이르렀다는 것을 아직 듣지 못했습니다. 이로 말미암아 깨우치건대, 사람의 덕망과 능력은 비록 천주라도 오히려 넘지 못할지니, 어찌 말하기를 천지 창조하는 일은 오로지 천주만이 하실 수 있다고 하겠습니까.

(5)

세상 사람은 자기 마음의 오묘함을 통달하지 못하면서 말하기를, '마음은 육신의 경계 안에 국한된다.'고 합니다. 부처는 그 마음이 큰 것을 보고서 스스로 굴복함을 인정하고 싶지 않아 곧 이르기를, '이 육신도 천지 만물과 함께 모두 마음에 간직되어 있으니, 이 마음은 멀어도 미치지 않음이 없으며 높아도 못 오름이 없고 넓어도 다다르지 못함이 없으며 작아도 들어가지 못함이 없으며 단단하여도 통하지 못함이 없다.'라고 하였습니다. 그러므로 근본을 깨달은 자는 마음속에 엄연히 천주께서 계심을 마땅히 알 것이니, 천주가 아니시면 어찌 이와 같겠습니까.

(6)

서양선비가 말한다 : 부처는 자기를 알지 못하니 어떻게 천주를 알겠습니까. 그는 아주 작은 육신으로 천주께 밝음을 받아 우연히 재능 하나를 길러 행실 하나를 꾸미고는 자랑하고 오만하게 흘겨보며 방자하게도 천주의 지존함에 자신을 비교하려 하였으니, 이것이 어찌 우리 사람의 육신을 귀히 여기며 우리 사람의 덕을 높이는 것이겠습니까. 단지 겨우 사람을 천하게 하고 덕을 잃게 할 뿐입니다. 오만은 모든 덕의 원수라서 오만이 한번 마음에 길러지면 온갖 행실이 다 무너집니다.

(7)

서양 성인이 있어 말하기를, '마음에 겸손이 없으면서 덕을 쌓으려 함은 마치 바람을 마주보며 모래를 쌓음과 같다.'라고 했으니, 성인은 겸양을 숭상함이니 천주께 겸양하지 않고 어찌 사람에게 겸손하겠습니까. 부처도 성인이 공경하고 삼가기를 부지런히 힘쓰며, 명백한 위엄을 공경하여 두려워하고, 죽은 뒤 천하에 그런 지식이 있지 않으며 겨우 하늘·바다하고 물·불뿐임을 보았으니, 성인도 감히 성인임을 자처하지 못하는데 평범한 사람을 천주와 건주겠습니까.

(8)

무릇 덕은 심신心身을 닦음에 기초하여 천주를 명백히 섬김에서 완성됩니다. 그러므로 주周나라 황가皇家의 덕은 반드시 상제를 명백히 섬김으로써 임무를 삼았으니, 이제 마땅히 천주를 엄숙하게 공경하고 섬겨야 할 바로 여기지만, 그러나 우리가 [천주와] 더불어 같다고 말한다면 도리에 어긋남이 얼마나 지나치겠습니까. 온갖 사물을 재량하여 성취함에 이른 것은 대개 천주께서 이미 조성하신 많은 사물로 말미암아 재료에 따라 성취한 것이지, 전에 없었던 사물로부터 창조할 수 있었던 것이 아닙니다. 마치 그릇을 만드는 것과 같으니, 굽는 이는 쇠로써 깎는 이는 나무로써 하며, 그래서 쇠와 나무의 바탕은 먼저 갖추어져 있어야지 바탕이 없는 데에다가 바탕이 있게 하는 것은 사람 누가 할 수 있겠습니까. 사람이 인재가 되게 함은 그 성품에 따르면서 가르친 것이지, 사람에게 본래 그런 성품이 없는데 그런 성품을 있게 할 수 있는 게 아닙니다.

[제13강]
천주께서 만물을 창조하신 완전한 능력은 없음으로써 있게 하심이다

(1)

그런데 천주께서 만물을 창조하실 때에는 없음으로써 있게 하신 것이니, 한번 명령으로 온갖 사물의 드러난 형상들이 곧 출현한 것입니다. 그러므로 헤아릴 수 없는 능력이라 말하며, 사람보다 크게 특수한 것입니다. 또한 천주께서 만물을 창조하심은 마치 붉은 인장印章을 닥종이·비단에 인쇄함과 같으니, 닥종이·비단의 인쇄는 손으로 쥐어서 인쇄할 수 없으며, 그것은 바로

인장의 자취일 뿐입니다. 사람과 만물의 이치는 다 천주의 자취이니, 자취를 원래의 자취에 필적하게 하고자 하면서 다시 온갖 사물의 자취를 남기려 함도 역시 그러지 않겠습니까.

(2)

지혜로운 자의 마음은 천지를 품고 만물을 갖추지만, 진정한 천지 · 만물의 바탕은 아닙니다. 오직 우러러 하늘을 바라보고 굽어 땅을 살펴서 그 형상을 감정하고, 그 이치를 통달해서 그 근원을 구하면서 그 용도를 이룰 뿐입니다. 그러므로 눈이 보지 못한 경우에는 마음이 그 형상을 얻을 수 없습니다. 고요한 물과 같이 맑은 거울과 같이 모든 만물의 그림자를 비춰야 단지 '명경지수明鏡止水'라 이르는데, 천지를 모두 소유하였으니 곧 창조하여 제작할 수 있는 것이 어찌 가능하겠습니까. 반드시 발언은 행동을 고려해야 마침내 믿을 수 있는데, 천주께서 만물의 근원이시고 만물을 생성하셨으니, 만약 사람이 곧 천주와 같다면 당연히 또한 사람도 생성할 수 있어야 합니다. 그러나 사람 누구가 이 세상에 산 하나와 내 하나를 생성할 수 있겠습니까.

(3)

중국선비가 말한다 : 운운하는 바 천지를 생성했다는 천주라는 것과 만물을 존재하게 하고 양육한다는 천상의 천주라고 하는 것은, 부처가 말하는 자아自我입니다. 옛날과 지금, 하늘 위와 아래의 자아는 서로 막힘이 없이 사이가 가까워 온전한 일체인데, 다만 사대四大[사행四行 : 땅 · 물 · 불 · 바람]로 말미암아 괴로운 처지에 빠지고 우매하여 감정이 사안에 따라 변경되며, 진리의 근원은 날로 천착되고 덕의 기틀은 날로 해이해지면서 나와 천주가 아울러 탐닉한 경우에는 우리가 만물을 창조하고 양육할 수 없음은 본분이 아니고 그 천주의 유파가 그렇게 시켰을 뿐입니다. 밤에도 빛나는 진주도 때가 묻으면서 그 가치가 손상되니, 그 처음 본체를 추구하여야 그 가치를 때마침

알게 될 수 있습니다.

(4)

서양선비가 말한다 : 아! 크게 어긋났습니다. 이 독즙이 있고, 세상 사람들이 이를 다투어 마시니 슬픕니다! 지극히 괴로운 처지에 빠지고 우매하지 않으면, 누가 감히 만물의 근원과 천지의 영이 사물의 우매함에 빠지게 되었다고 하겠습니까. 무릇 사람의 덕도 절개가 굳고 깨끗하여 오히려 연마하거나 물들임으로써 그 진실한 본체를 변화시키지 못하며, 사물의 작용도 엉기어 굳어져 운동함으로써 그 불변의 법칙을 잃지 않는데, 천주께서는 지극히 위대하여 마주 대할 수가 없으며 지극히 높아 더 상위가 없으십니다. 단지 인생의 덧없는 몸으로 연루되고 더럽히며 미혹되게 되면, 이는 우둔함이 도리어 영명함을 이기며 이것이 도리를 이기고자 하여서 신이 형상의 부림이 되고 욕정이 성품의 근본이 됨이니, 본질과 말단을 깨달은 자에게는 의당 깨우쳐주지 않아도 스스로 이해하게 될 것입니다. 게다가 [천주 · 자아] 둘 사이의 비교에서 누가 조물자보다 뛰어나 사대[땅 · 물 · 불 · 바람] 속에 가두거나 빠뜨려서 우매함에 탐닉하게 할 수 있겠습니까.

(5)

무릇 천상의 천주께서 나와 이미 함께 일체가 되었다고 하면 [천주와 나] 둘이 맑아 꿰뚫어 보이는 것과 뒤섞입니다. 예를 들면 머릿속의 영신靈神이 마음속의 영신과 일체가 되는 것과 다르지 않습니다. 그러므로 아파서 괴롭거나 재변이나 사고를 당하면, 머릿속의 영신이 같이 뒤섞이고 마음속의 신도 뒤섞여서, 틀림없이 한번 어지러워지면 한번 잘 다스릴 수가 없습니다. 지금 제 마음이 어지러워지면 물론 천상 천주의 영원하고 아득하며 맑아 꿰뚫어 보임을 어지럽히지 않을 수가 없으며, 저 영원하고 아득하며 맑아 꿰뚫어 보임이 오히려 제 마음의 뒤섞임을 면할 수 없습니다. 만일 그렇다면 제가 천주와 함께 일체가 될 수 없음이 어찌 입증되지 않겠습니까.

(6)

무릇 말하기를 '천주와 사물은 같다.'라고 하며, 혹은 이르기를 '천주가 곧 그 사물이고 그 위에 다른 사물은 없다.'라고 하며, 혹은 이르기를 '천주가 사물에 있으면서 내면 성분의 하나가 되었다.'라고 하며, 혹은 이르기를 '사물이 천주가 사용하는 바가 됨이, 마치 기계가 장인의 사용함이 됨과 같다.'라고 합니다. 이 말 셋은 다 이치를 손상시키는 것이니, 제가 하나하나 변론하겠습니다. 그 말에 '천주가 곧 각각의 사물이다.'라고 하였는데, 만일 그렇다면 우주 사이에 비록 만물이 있더라도 의당 두 본성이 없고, 이미 두 본성이 없다면 이것은 만물이 없음이니, 어찌 만물의 이치를 뒤섞이게 하지 않겠습니까. 더구나 사물에도 사람이면 누구나 갖고 있는 성정性情이 있으니, 모두 스스로 온전하고자 하며 스스로 해를 끼치지 않으려 하지 않겠습니까.

(7)

제가 천하의 만물을 보니 본래 서로 해치고 서로 죽이는 것이 있어서, 마치 물은 불을 끄고 불이 나무를 태우고 큰 물고기가 작은 물고기를 먹고 강한 날짐승이 약한 날짐승을 삼킴과 같습니다. 이미 천주가 곧 각각의 사물이니 어찌 천주가 스스로 죽이고 해를 입히면서 하나도 보존하고 수호함에 이르지 못했겠습니까. 그러나 천주는 죽이고 해를 입힐 리가 없습니다. 이 주장에 따르면, 내 육신이 곧 내 주님이며 내가 내 주님께 제사 지내면 스스로 제사를 지낼 뿐이니, 더욱 이런 예법은 없습니다. 과연 이와 같으면, 천주는 나무·돌 등과 같은 사물이라 이를 수 있고, 사람의 귀에 거슬리지 않을 수 있겠습니까.

[제14강]

천주께서는 사물 안의 본분이 아니시다

(1)

혹은 말하기를, '천주는 사물 내면의 본분이 된다.'라고 하니, 곧 이는 천주가 사물보다 작을 뿐입니다. 무릇 전체라고 하는 것은 그것 전부가 각기 나뉜 것보다 크니, 말[두斗]은 되[승升]보다 커서 되는 겨우 말의 1/10일 뿐입니다. 바깥이라는 것은 내면을 둘러싸니, 만약 천주가 사물 내면에 존재하며 그 본분이 되었으면 사물이 천주보다 크고 천주가 도리어 작습니다. 만물의 근원이 단지 그가 생성한 사물보다 작으니, 어찌 그렇겠습니까. 다시금 묻겠는데, 천주가 사람 내면의 본분에 있으니, 높으신 주님이 되겠습니까. 천한 일꾼이 되겠습니까. 천한 일꾼이 되고 다른 본분의 명령을 듣는다고 함은 물론 옳지 않습니다. 만약 지존하신 주님이 되고 한 몸에 권력을 오로지 잡게 된다면, 의당 천하에서 한 사람도 악을 하는 자가 없어야 하는데, 어찌 악을 하는 자가 불어나서 많아집니까.

(2)

천주는 선의 본래 근원이니 덕이 순수하여 찌꺼기가 없이 이미 한 몸의 주님이 되었으니, 오히려 사사로운 욕망에 가로막힘에 이르러 옳지 못한 행위를 방자하게 한다고 해서, 덕이 어찌 쇠약해지겠습니까. 천지를 제작할 때는 절도에 맞지 않음이 없더니, 어찌 지금 한 사람의 행실을 담당하지만 오히려 절도에 맞지 않는 것이 있으며, 또 모든 계戒의 근원이 되었지만 오히려 계를 지키지 않은 자가 있어도 할 수 없는 것입니까. 깨닫지 못하는 것입니까. 생각하지 못하는 것입니까. 즐겨 하지 않는 것입니까. 다 말할 수가 없습니다.

[제15강]
천주께서는 그 사물을 마치 장인이 기계를 씀과 같이 사용하지 않으신다

(1)

혹은 말하기를, '사물은 마치 신체와 같이 천주께서 그것을 사용하신다.'라고 하는데, 만약 장인이 그 기계를 사용하는 것과 같다면, 천주께서는 더욱 그 사물이 아니십니다. 석장石匠은 그 끌이 아니며, 어부漁夫는 그 어망이 아니며 그 배가 아닙니다. 천주께서는 그 사물이 아니신데, 어찌 일컫기를 같은 한 몸이라고 합니까. 이런 분별을 따르면, 그 말은 만물의 행동이 사물에 관계되지 않고 모두 천주께서 하신 것이니, 마치 기계의 일이 모두 기계를 다룬 사람의 공로이니 무릇 쟁기가 밭을 갈았다고 말하지 않고 그래서 말하기를 농부가 갈았다고 하며, 도끼가 땔나무를 쪼갰다고 말하지 않고 그래서 말하기를 나무꾼이 쪼갰다고 하며, 톱이 판자를 끊었다고 말하지 않고 그래서 말하기를 목수가 끊었다고 하는 것과 같습니다.

(2)

오직 불이 타오르지 못하고 물이 흐르지 못하며, 새가 울지 못하고 길짐승이 달리지 못하며, 사람이 말을 타거나 수레에 오르지 못하는 것이, 바로 다 오직 천주께서 하시는 것입니다. 소인이 벽을 뚫고 담장을 넘으며 들에서 나그네를 막아도 그의 죄가 아니고, 또한 천주께서 그렇게 시키신 죄입니까. 어찌 의당 그 사람을 미워하고 원망하며 그 사람을 징계하여 살육하겠습니까. 선을 한 사람도 역시 다 그의 공이 아닌데도 어찌 의당 상을 주어야 합니까. 천하를 어지럽히는 것으로 이 말을 믿는 것보다 더 큰 것은 없을 것입니다.

(3)

더욱이 모든 사물이 천주를 본분으로 삼지 않아서, 그러므로 분산되면서

천주께 돌아가지 않으며, 오직 그 연결되어있는 사물의 부류로 돌아갈 뿐입니다. 예컨대 사물이 파괴되어 죽으면서 다 본분으로 돌아가면 장차 천주께 돌아가니 파괴되어 죽었노라고 말하지 않고, 그래서 더욱 삶이 온전해지니, 사람도 역시 누가 빨리 죽어서 하느님께 돌아가게 됨을 기뻐하지 않겠습니까. 효자가 어버이를 위하여 널[관棺]·덧널[곽槨]을 후하게 마련하지만, 어찌 죽은 아버지·어머니로 하여금 빨리 변화해서 하늘 위에서 존귀해지도록 하지 않겠습니까. 이미 입증된 천주라는 분은 비로소 만물을 조성하신 분이라서, 그분의 품성이 아주 완전하여 성취하셨으니 사물이 천주의 측량에 미치지 못하는데, 하물며 말하기를 천주와 사물이 같다고 하겠습니까.

[제16강]
사물의 성품이 선하고 오묘한 것은 천주의 흔적이라고 일컫는다

제가 살피니 각 사물의 품성이 선하고 이치가 정밀한 것이 천주의 흔적이라 일컫는 것은 옳지만, 천주라고 일컬으면 잘못입니다. 시험 삼아 해보건대 마치 커다란 자취가 길에 찍혀 있어 이로 말미암아 큰 사람의 발이 일찍이 여기를 지나갔음이 입증되는 것 같아도, 그 자취를 큰 사람으로 여기기까지 이르러서는 안 됩니다. 그림의 정밀하고 교묘함을 보고 그 그린 사람을 사모하며 말하기를 '기예가 뛰어난 장인'이라고 하지, 이것으로써 곧 화공畵工이라고 하지 않습니다. 천주께서는 온갖 사물과 모든 현상을 생성하셨으니, 이로써 우리가 그 근원을 추론하고 정찰하면, 지극히 정교하고 극도로 성대하여 우러러 생각하고 사랑하고 사모하여 벗어버릴 수 있는 일정한 때가 없습니다. 설령 혹시 편벽된 설명에 더럽혀져서 그 본래의 근원을 잊어버리면, 어찌 큰 잘못이 아니겠습니까. 많은 잘못의 근원은 다름이 아니라 사물이 그렇게 된 까닭을 분별할 수 없는 데에서 말미암은 것입니다.

[제17강]
사물의 그렇게 된 까닭이 어떠한가는 본래 사물에 있다

그렇게 된 까닭이라는 것은 사물에 존재하는 안의 본분에 있으니 예컨대 음陰·양陽 같은 게 이것이며, 사물에 존재하는 밖의 본분에 있으니 예컨대 지어낸 자의 부류 같은 게 이것입니다. 천주께서 사물을 지어내 그것을 공변된 지은 것으로 삼았으니 곧 사물에 존재하는 밖의 본분입니다. 다만 그것이 사물에 존재함이 또한 한 끝이 아니라, 혹은 사물에 존재함이 그곳에 존재함과 같으며 사람이 집에 있고 마당에 있는 것과 같습니다. 혹은 사물에 존재함이 그 본분이 되니, 손발이 육신에 있고 음·양이 사람에 있는 것과 같습니다. 혹은 의뢰함이 자립하는 자에 존재함은 예컨대 백색이 말에 있으니 흰 말이 되고, 한기가 얼음에 있으니 차가운 얼음이 됨과 같습니다. 혹은 사물에 존재함이 그렇게 된 까닭이 그것이 이미 그렇게 됨에 존재하는 것같이, 햇빛이 그것이 비춘바 수정에 존재함과 불이 그것이 타는바 붉은 쇠에 존재함과 같습니다.

[제18강]
천주께서 계시지 않은 곳이 없다

(1)
맨 끄트머리로써 실마리를 헤아려 천주께서 사물에 존재하신다고 말할 수 있습니까. 마치 빛이 설사 수정에 있더라도 불이 설사 쇠에 있더라도, 그렇지만 각 사물의 형상에는 본성이 뒤섞이지 않음과 같습니다. 천주께서 사물에 존재하신다고 말하는 것이 이와 같으면 물론 방해되는 게 없지만, 다만 빛은 수정을 떠날 수 있어도 천주께서는 사물을 떠나실 수가 없습니다. 천주께서는 형상이 없어서서 존재하지 않는 곳이 없으니, 자르듯이 분명하게 나누어 구별할 수가 없습니다. 그러므로 전체에 온전히 존재하신다고 말함이 들어맞으며, 제각기 부분에 온전히 존재하신다고 말함도 역시 들어맞습니다.

(2)

중국선비가 말한다 : 명쾌한 논의를 들으니 먼저의 의심이 풀렸습니다. 사람이 천하의 만물과 다 하나라고 말하는데, 어떻습니까.

(3)

서양선비가 말한다 : 사람으로써 천주와 같다고 여김은 과도하게 높인 것이요, 사람으로써 사물과 하나이니 사람을 흙·돌과 같다고 이름은 과도하게 낮춘 것입니다. 예전의 과도함으로 말미암아 사람을 날짐승·길짐승으로 여길까 두려워하고, 지금의 과도함으로 말미암아 사람을 흙·돌이라 여길까 두려워합니다. 무릇 인류를 이끌어 흙·돌로 여김을 선비께서는 따르겠습니까. 그것은 믿을 수가 없기에 변론하기 어렵지 않습니다. 천하 사이에는 무릇 같은 부류들이 많으며, 혹은 다른 사물인데 같은 이름으로 같은 게 있으니, 예컨대 하늘의 버들별자리[유숙柳宿]와 버드나무[유수柳樹]가 이것입니다. 혹은 같은 무리의 같음으로 같은 게 있으니, 많은 수효가 모두 모여서 하나가 되니, 예컨대 한 우리의 양들은 다 같은 무리가 되며 한 군대의 병졸들이 다 같은 군대가 됨이 이것입니다.

[제19강]
각기 같음을 분별하다

(1)

혹은 같은 이치라 같은 게 있으니, 예컨대 뿌리 · 샘 · 심장 세 가지가 서로 같습니다. 대개 뿌리가 모든 가지의 근본이 되고, 샘이 모든 갈라진 물의 근원이 되고, 심장이 모든 맥박의 말미암음이 되는 것 같음이 이것입니다. 이 세 가지가 짐짓 일러 같다고 하지만, 실제는 오히려 다릅니다. 혹은 같은 종파라 같은 게 있으니, 예컨대 날짐승 · 길짐승이 통하여 서로 알고 깨달으니 각기의 부류에 배열됨이 이것입니다. 혹은 같은 부류라 같은 게 있으니, 예컨대 이 말과 저 말이 함께 말의 부류에 속하고, 이 사람과 저 사람이 함께 사람의 부류에 속함이 이것입니다. 이 [같은 종파라 같은 것과 같은 부류라 같은 것] 두 가지는 거의 같다고 이를 수 있습니다.

(2)

혹은 같은 본체라 같음이 있으니, 예컨대 팔 · 다리(사지四肢)가 몸통 하나와 더불어 일체에 속해 있음입니다. 혹은 그 이름은 같지 않지만 실은 곧 같으니, 예컨대 방훈放勳과 제요帝堯는 두 이름이나 다 한 사람이니, 이 둘은 그래서 참으로 같음이 됩니다. 무릇 이르기를 천하 만물이 다 같다고 함은, 이 세 가지 구분[같은 종파라 같은 것, 같은 부류라 같은 것, 같은 일체라 같은 것] 어디에 해당하는 것입니까.

(3)

중국선비가 말한다 : 이르기를 같은 본체라 같음이라 하고, 말하기를 군자는 천하 만물로써 일체로 삼는 자라 했느니, 형상과 본체를 분간하고 너와 나를 나누면 소인입니다. 군자가 만물을 일체로 여기는 것은, 일부러 뜻을 지어냄에서 말미암은 것이 아니라 내 마음의 어진 본체에 연유함이 이와 같으니, 어찌 오직 군자만이 그렇겠습니까. 비록 소인의 마음일지라도 역시 모두 그럴 것입니다.

[제20강]
만물이 일체라고 함은 바로 빗대어 한 말이지 참으로 일체가 아니다

(1)

서양선비가 말한다 : 예전 세상의 유학자가 만물이 일체라는 주장을 빌려서 어리석은 백성들이 어짊으로 기쁘게 복종하게끔 도우려고 이른바 일체가 겨우 하나의 근원이라 단지 말했을 뿐입니다. 만일 믿어서 실행함이 진정으로 일체가 되면, 곧 도리어 어짊과 의로움의 도리가 없어질 것인데, 어찌 그렇게 되겠습니까. 어짊과 의로움이 서로 베풀어지려면 반드시 어짊과 의로움 둘 다 있어 대기해야 합니다.

(2)

만약 만물을 실로 일체로 여기면, 오직 만물을 실로 한 사물로 여길 뿐이지만, 다만 허상으로써 여기기를 달리할 뿐이니, 저 허상이 어찌 서로 사랑하고 서로 공경할 수 있겠습니까. 그러므로 말하기를 어짊을 실행하는 것은 자기를 미루어 남에게 미침이라고 합니다. 어짊이라는 것은 자기로써 남에게 미침이요, 의로움이라는 것은 사람이 부형父兄을 부형으로 연장자를 연장자로 모심이니, 모두 남과 자기의 구별이 필요하며 남과 자기의 차이를 없애면 어짊과 의로움의 도리를 모두 없애는 것입니다. 설령 이르기를 사물이 모두 자기라고 하는 경우는 단지 자기를 사랑하고 자기를 받듦으로써 어짊과 의로움으로 삼음이니, 장차 소인은 오직 자기가 있음을 알며 남이 있음을 알지 못하면서 홀로 어짊과 의로움을 얻을 수 있겠습니까. 책에서 말하는 남과 자기는 비단 형상만을 말한 것뿐만 아니라, 오히려 형상과 성정性情을 아울러 말한 것일 따름입니다.

(3)

그런데 어진 덕의 후함은 멀리 있고 가까이에 있지 않으니, 본체를 가까이 사랑함은 비록 지각이 없는 것이라도 역시 할 수 있습니다. 그러므로 물은 항상 아래로 흘러 습한 곳으로 나아가 같은 부류와 합함으로써 본체를 기르고 지키며, 불은 항상 위로 오르고 건조한 곳으로 나아가 같은 부류와 합함으로써 본래의 품성品性을 기르고 온전히 합니다. 가까운 사람을 가까이 사랑함은 날짐승 · 길짐승도 역시 할 수 있으니, 그러므로 꿇어서 젖먹이거나 내뱉어 먹이는 것도 있습니다. 자기 집을 가까이 사랑함은 소인도 역시 할 수 있으니, 그러므로 늘 괴롭게 애씀이 있고 험준한 길을 가며 몰래 훔쳐서 그 가족을 부양하는 자도 있습니다. 조국을 가까이 사랑하는 것은 평범한 사람도 역시 할 수 있으니, 그러므로 언제나 무리를 지은 병졸들이 목숨을 다함으로써 강력한 침략자와 안팎의 간악한 무리를 막아내는 것입니다.

[제21강]
어짊을 베풂이 멀리 미친다

(1)

홀로 지극히 어진 군자는 멀리까지 사랑을 베풀어 천하의 만국을 포위하여 전복시켜 미치지 않는 곳이 없으니, 군자가 어찌 내 온몸, 저 온몸과 이 내 집, 내 나라와, 저 다른 집, 다른 나라를 알지 못하겠습니까. 그러나 생각하기를 모두가 천주께서 보존하며 생성해서 양육하는 백성 · 사물이라 바로 본분에 적합하게 또한 절실히 사랑하여 불쌍히 여기시니, 어찌 소인과 같이 단지 자기의 부모 · 형제만을 사랑하겠습니까.

(2)

중국선비가 말한다 : 이르기를 사물과 칠체가 됨으로써 마침내 어짊과 의로움을 해치는 것이라 하면, 어찌 『중용』에서 '신하의 본체가 되어 생각하라.'는 것을 아홉 법도[9경九經]의 안에 열거하였겠습니까.

(3)

서양선비가 말한다 : 사물의 본체로써 비유하여 말하면 손상됨이 없겠습니다만, 만일 실제로 여기고 말하면, 이치를 손상시킴이 적지 않기에, 『중용』에 임금으로 하여금 여러 신하의 본체가 되어 생각하라고 한 것은 임금과 신하가 부류가 같아야 한다는 것이지, 어찌 풀·나무·기와·돌이 모두 본체가될 수 있다는 것이겠습니까. 제가 듣건대, '군자는 사물을 사랑하되 어질지는않다.'라고 하나, 이제 사물들로 하여금 사람에게 일체가 되라 하면 반드시마땅히 골고루 어질어야 할 것입니다. 묵적墨翟[묵자墨子]은 사람을 두루 평등히 사랑하라고 하였지만, 예전의 유학자는 변론하여 그르다 하였는데, 이제 흙·진흙에도 어질 게 대하면서 현재의 유학자들이 순종하여 옳다고 여기니 이상합니다.

[제22강]

사물의 성품이 많이 같지 않음으로써 아름다움을 삼는다

(1)

천주께서 천지 만물을 만드심에 만물이 번성해지니 혹은 같은 종파이나 다른 부류이고, 혹은 같은 부류이나 다른 본체이며, 혹은 같은 본체이나 다른효용입니다. 이제 억지로 일체로 만들려 하면 조물주의 뜻을 거스르는 것입니다. 사물은 가닥이 많음을 아름다움으로 삼습니다. 그러므로 조가비를 모으는 자는 조가비가 많기를 바라고, 옛 그릇을 모으는 자는 그릇이 많기를 바라며, 맛을 즐기는 자는 맛이 다양하기를 바라니, 천하 만물로 하여금 모두 붉은색이 되게 하면, 누가 싫증을 내지 않겠습니까. 붉거나 초록이거나 희거나 푸르거나 날마다 보아도 싫증 나지 않을 것입니다. 만일 악기의 소리가 모두 궁宮이면, 누가 그것을 즐겨 하겠습니까. 언뜻 궁宮소리이다가 언뜻 상商소리이다가 언뜻 각角소리이다가 언뜻 치徵소리이다가 언뜻 우羽소리이면, 듣고 [공자께서 음악을 배우실 때 그러셨듯이 심취하예 '석 달 동안 음식을 먹어도 맛을 알지 못할 것입니다'. 밖의 사물도 이와 같으니, 안에서는 어찌 그렇지 않겠습니까.

(2)

제가 앞서 명쾌히 풀어 각각의 부류가 각각의 품성으로써 특수하여, 다만 외모로써 부류가 달라질 수 없다고 했습니다. 그러므로 돌사자와 살아 있는 사자는 외모는 같으나 부류가 다르며, 돌사람과 돌사자는 외모는 다르지만 부류는 같으니, 어째서일까요. 모두 돌 부류입니다.

[제23강]
각기 사물의 본디 품행이 섞여서 안된다

(1)

일찍이 저희 선생께서 부류와 본체의 실상을 풀어 말씀하기를, '자립하는 부류는 같은 본체의 것과 본래 같은 부류이나, 같은 부류인 것이 반드시 같은 본체는 아니다.'라고 하셨습니다. 거듭 말씀하기를, '같은 본체의 것이 하는 행위가 모두 전체로 돌아가되, 아울러 각 지체를 가리킨다.'라고 하셨습니다. 설명하기를 만약 오른손이 환난을 구조하는 경우에는 한 사람의 두 손 모두

가 자비로웠다고 일컬으며, 왼손이 익숙히 도둑질하는 경우에는 비단 왼손이 도둑이라 말하지 않을 뿐만 아니라 오른손과 몸 전체 모두 일컫기를 도둑이라 하는 것입니다.

(2)

이러한 해설로 추측컨대 일컫기를 천하 만물이 일체라고 할 때 이 세상 사람이 하는 바는 다 [일체의 행위라고] 서로 일컬을 수 있으니, [옛 악인] 도척盜跖 한 사람이 도둑이 되었으니, [옛 충신] 백이伯夷도 아울러 도둑이라 일컬을 수 있으며, 무왕武王 한 사람이 어짊을 했으니 주紂도 역시 일컫기를 어질다고 할 것입니다. 그 본체가 같음으로 말미암아서 같다면, 어찌 각각 사물의 본래 품행을 혼란스럽게 하는 게 아니겠습니까.

(3)

학자가 사물의 분별을 논의함에 혹은 같은 본체가 있고 혹은 각각의 본체가 있으니, 어찌 만물을 같은 본체라고 문장으로 쓸 필요가 있겠습니까. 대개 사물이 서로 연결되면 같은 본체이며, 서로 단절되면 다른 본체입니다. 만약 하나의 강물이 강 안에 있으면 이는 강물과 일체이고, 이미 부어서 하나의 표주박이면 표주박 안의 물이지 누가 이 물이 강 안의 물과 같은 부류라고 말할 수 있으며, 어찌 여전히 이르기를 같은 본체라고 하겠습니까. 천지 만물이 일체라는 논조를 고집하면 하느님도 대수롭지 않게 여기고 상·벌을 뒤섞어 부류와 구별을 없애고 어짊과 의로움을 없앨 것이니, 비록 고명한 학자는 믿을지라도 저는 감히 들추어 꾸짖지 않을 수 없습니다.

(4)

중국선비가 말한다 : 명쾌한 논의가 아주 밝아 의심을 파헤치고 이단을 물리치니 바른 종교입니다. 사람의 혼이 불멸함과 다른 사물로 바뀌지 않음은

이미 가르침을 들었습니다. 부처의 여섯 세계[지옥地獄 · 아귀餓鬼 · 축생畜生 · 수라修羅 · 인간人間 · 천상天上]를 윤회輪回한다고 함과 살생殺生을 금하는 말을 전해 들었으나 성스러운 종교에서는 허용하지 않지만, 반드시 가르치는 바가 있을 것이니 바라건대 내일 가르쳐 주십시오.

(5)

서양선비가 말한다 : 구릉이 이미 평탄해졌으니, 개미의 둑이 어찌 있으리오. 저는 오랫동안 이에 대해 시비 가리기를 원했는데, 그대가 듣기를 즐긴 바이니 나도 역시 강론하기를 기뻐하는 바입니다.

제5편

제5편
윤회 육도와 살생 계율의 잘못된 주장을 바로잡아 배격하고, 재계齋戒를 올리며 소식素食을 하는 올바른 지향을 게시하다

(1)

중국선비가 말한다 : 인류를 논의함에 세 가지 나눔이 있으니, 첫째는 이렇습니다. '사람이 이 세상에 존재함이 태어나면서 지난 세상의 자취로 말미암지 아니한 경우에는 죽으면서도 다음 세상에 자취를 남기지 않음을 이르는 것이다.'

(2)

첫째는 이렇습니다. '무릇 지난 세상과 다음 세상이 지금 세상과 함께 세 가지 세상일 경우에는 우리가 지금 세상에서 얻은 행복과 재앙은 모두 지난 세상에 행한 바 선善·악惡으로 말미암고 우리가 다음 세상에 장차 만날 길吉·흉凶은 모두 지금 세상에 행하는 바 올바름과 바르지 못함에 달려 있다.'

(3)

지금 선생님의 가르침에서 이르기를, '사람은 지금 세상에 잠시 머묾으로써 다음 세상의 영원한 거처가 정해진다.'라고 했습니다. 만일 그렇다면 일컫기를, '우리가 잠시 이 세상에 머무르면서 특히 마땅히 덕을 닦고 선을 행해야만 다음 세상에서 항상 누리면서 이 세상이 가는 길이 되고 저 세상이 다다를 본래의 집이 되어, 이 세상에서 공을 세운 것과 같이 저 세상에서 상도 같이 받는다.'라는 것입니다.

(4)

무릇 다음 세상에 대한 논의는 옳습니다. 지난 세상에 대한 논의도 역시 근근이 여태껏 있었습니까.

[제1강]

윤회는 피타고라스Pythagoras로부터 제기되었는데 석가모니가 절취한 것이다

(1)

서양선비가 말한다 : 옛날 우리 서쪽 지역에 이름이 피타고라스Pythagoras인 선비가 있었습니다. 그는 재주가 다른 사람보다 뛰어났지만 질박함이 미진한 바가 있어 영세민이 악을 행하고도 거리낌이 없음을 항상 마음 아파하다가, 조금 있다가 자기 명성이 이미 널리 알려지는 기회를 틈타서 기묘한 주장을 하며 금지하고자 하였습니다.

(2)

그것에 대해 말하기를, '선하지 못한 일을 행하는 자는 반드시 다가올 세상에 다시 태어나 응보가 있더라도, 가난하고 미천한 집에 어렵게 태어나거나, 날짐승·길짐승의 부류로 변모하거나, 횡포하고 잔인한 자는 변모하여 호랑이·표범이 되며, 교만하고 오만한 자는 변모하여 사자가 되고, 색을 탐한 자는 변모하여 개·돼지가 되며, 이득을 탐낸 자는 변모하여 소·말이 되고, 도둑질한 자는 변모하여 여우·삵·매·꾀꼬리 같은 무리가 되는데, 매양 죄악이 있으면 변모가 반드시 서로 적당하게 된다.'라고 했습니다.

(3)

군자가 판단해 말하기를, '그 의향은 아름다우나 그것에 대해 말하는 것이 흠이 됨을 면할 수가 없습니다. 악을 저지함에 바른 길이 있는데, 어찌 바른 길을 버리고 굽은 길을 좇아가겠습니까.'라고 했습니다.

(4)

그가 죽은 후에 제자로 그 말을 계승하는 자가 적더니 그 때에 이 말이 나라 밖으로 흘러나가 신독국身督國[오늘날의 인도印度]에 미치니 석가모니가 새로운 법문法門을 도모할 즈음에 이 윤회설을 받들어 육도六道[지옥地獄·아귀餓鬼·축생畜生·수라修羅·인간·천상天上의 여섯 세계를 추가하여 온갖 방법의 속이는 말로 책을 편집하여 이르기를 '경經'이라 하였으며, 몇 년 뒤 한漢나라 사람이 그 나라에 이르면서 중국에 전해졌으니 이것이 그 내력입니다.

(5)

믿을만한 진실한 전기傳記와 의존할만한 이치가 별로 없었던 신독국은 미미한 지방이라, 높은 나라에 자리하지 못하고 아름다운 예의의 가르침도 없고 덕행의 풍요도 없었습니다. 여러 나라의 역사에는 아직 신독국에 관해 기록이 있는지도 없는지도 모르는데, 어찌 너른 하늘 아래의 세상에서 알려질 수 있었겠습니까.

(6)

중국선비가 말한다 : 선생님께서 전해주신 『곤여만국전도坤與萬國全圖』를 보니 위로 하늘의 도수度數에 따라 잔털만큼도 차이가 없었습니다. 더구나 또한 멀리 구라파로부터 몸소 중국에 들어오셨으니, 부처 나라의 견문을 말씀하신 바는 오로지 진실이십니다. 그 나라의 고루함이 저 나라와 같은데,

세상 사람이 불교 서적을 잘못 읽고 그 정토淨土를 믿어 심지어 일찍 죽어 저 나라에 다시 태어나고자 하는 자가 있으니 틀림없이 웃을만한 일입니다.

(7)

우리 중국인이 다른 지역까지 널리 유람하는 데 익숙하지 않으므로 그 일을 항상 상세히 살피지 못하였습니다. 설령 땅은 비록 좁고 사람은 비록 견문이 적더라도, 참으로 말하는 바가 이치에 합당하면 추종함에 지장이 없습니다.

[제2강]

이치의 두서너 단서로써 윤회에 관한 주장의 진위를 밝히다

서양선비가 말한다 : 무릇 윤회설은 이치를 거스르는 것이 아주 많습니다. 이제 오직 네댓 중대한 단서만을 열거하겠습니다.

[제3강]

하나는 지금 세상의 사람이 이전 세상의 일을 기억하지 못함이다

(1)

첫째는 이렇습니다 : 만약 사람의 혼이 다른 몸에 옮겨 다시 이 세상에 나서 다른 사람이 되거나 날짐승·길짐승이 되거나 하면 틀림없이 그 본래 성품의 영靈은 잃지 않고 당연히 예전의 몸이 한 바를 당연히 염려합니다. 그러나 우리가 절대로 기억할 수 없으며 아울러 그것을 기억할 수 있는 사람들이 있다는 것을 들은 적이 없으니, 곧 예전 세상이 없다는 것은 매우 분명합니다.

(2)

중국선비가 말한다 : 부처와 노자의 글에 실린 바에는 예전 세상을 기억할 수 있는 사람이 매우 많으니, 곧 본디 예전 세상을 기억하는 사람이 있는 것입니다.

[제4강]
마귀는 사람과 길짐승에 붙어 사람을 미치게 한다

(1)

서양선비가 말한다 : 마귀가 사람을 속여서 그 부류를 추종하게 하고자 하여, 그러므로 사람과 길짐승의 몸에 붙어 속여 '누구네 집 아들이다.' 라고 말하며, 누구네 집일을 이야기함으로써 그 잘못을 입증하려는 게 만일 있었다면, 이를 기록한 자는 반드시 부처 · 노자의 무리요, 어쩌면 불교가 중국에 들어온 이후일 뿐입니다.

(2)

많은 나라와 많은 부류가 생겨나고 죽음이 매우 많음이 예나 지금이나 같은 바이니, 어찌하여 부처 이외에는 다른 나라와 다른 교파에도 비록 여러 성인이 넓고 깊게 천 권, 만 구절을 기술할 수 있었더라도, 예전 세상의 일을 하나도 기억하지 못할 수 있습니까. 사람이 잘 잊을지언정 어찌 그 부모를 잊고 아울러 자기의 성명도 잊음에 이르면서도, 오직 그 부처 · 노자의 자제와 가축 부류만이 예전 세상을 기억하면서 술회할 수 있겠습니까.

(3)

무릇 익살로 서민들이나 속이면 혹시 순종하는 자가 있겠으나, 영명하고 빼어난 선비들은 [중국 주周나라의] 대학大學과 학교에서 당연히 수많은 이치가 있는지 없는지를 논의하면서 비웃고 게다가 비난하지 않음이 드물 것입니다.

(4)

중국선비가 말한다 : 석가모니는 말하기를, 사람 혼이 날짐승·길짐승의 본체에 있으니 본디 예전의 영靈에 의뢰하나 다만 그 본체가 서로 맞지 않으므로 막혀서 통하지 못한다고 합니다.

(5)

서양선비가 말한다 : 다른 사람에게 있는 신神은 곧 본체와 서로 맞는데, 다만 어찌하여 예전 세상의 일을 기억할 수 없을 뿐입니까. 제가 어제 이미 사람의 혼이 신이 된다고 명쾌하게 풀었습니다.

(6)

대저 신이라 하는 것은 그 본래의 성정性情을 행하고 육신에 의뢰하지 않으면 비록 날짐승·길짐승에 있더라도 역시 본래 성정의 영靈을 쓸 수 있는데, 어찌 깨달음이 있지 못하겠습니까. 만약 과연 천주께서 이 윤회가 아름답거나 추하게 변화함을 설정하셨으면, 틀림없이 선을 권장하면서 악을 경계하려는 것입니다. 설령 우리가 예전 세상에서 행한 선·악을 명백하게 기억하지 못하니, 어찌 지금 세상에서 맞이한 길吉·흉凶이 과연 예전 세상의 요인으로 말미암았는지를 검증함으로써 권장하겠습니까, 징계하겠습니까. 만일 그렇다면 윤회는 결국 무엇이 유익하겠습니까.

[제5강]

둘째는 지금 날짐승 · 길짐승의 혼이 예전 날짐승 · 길짐승의 혼과 다름이 없음이다

둘째는 이렇습니다. 의당 천주께서 맨 처음에 사람을 생성하실 때 날짐승 · 길짐승에 이르러 죄 있는 사람을 날짐승 · 길짐승으로 변화시킴을 반드시 결정하지 않았으며, 다만 각각 본래 부류의 혼을 부여하였을 뿐입니다. 설령 지금의 날짐승 · 길짐승에게 사람의 혼이 있는 경우에는 지금 날짐승 · 길짐승의 혼과 예전 날짐승 · 길짐승의 혼과는 달라 반드시 지금 것이 영험하고 예전 것이 우둔할 것입니다. 그러나 우리는 다름이 있음을 듣지 못했으니, 만일 그렇다면 지금의 혼과 예전의 것이 같습니다.

[제6강]

셋째는 윤회가 세 가지 혼의 공변된 논의를 문란시킴이다

(1)

셋째는 이렇습니다. 도道에 밝은 선비는 모두 혼에 3품이 있다고 말합니다. 하품下品은 생혼生魂으로, 이것은 단지 부여받은 바에 의지하며 살아서 활동하고 성장하니, 이는 풀 · 나무의 혼입니다. 중품中品은 각혼覺魂으로, 이것은 부여받은 바에 의지할 수 있어 살아서 활동하고 길게 크면서 또한 귀와 눈을 사용해서 보고 들으며 입과 코로써 먹고 맡으며 팔 · 다리와 몸으로써 사물의 실정을 깨달으니, 이는 날짐승 · 길짐승의 혼입니다. 상품上品은 영혼靈魂으로, 이것은 생혼 · 각혼을 아울러 육성시키고 길게 키울 수 있으며 사물의 실정을 깨달음에 이르면서 또한 부여받은 바에 따라 사물을 이치에 미루어 논의하고 명쾌하게 그 이치와 의미의 차이를 밝히니, 이는 인류의 혼

입니다.

(2)

만약 지금 날짐승·길짐승의 혼이 사람의 혼과 하나라면 오직 혼이 단지 두 품이 있는 것뿐이니, 천하의 공변된 논의를 문란함이 아니겠습니까. 무릇 비단 모양과 형상으로써 본래의 품성을 정할 뿐만 아니라 마침내 오직 혼으로써 정하니, 처음에 본래의 혼이 있은 뒤에 본래의 품성이 되고 이 본래의 품성品性이 있은 뒤에 이 부류를 정하며, 이미 이 부류를 정한 뒤에 이 모양을 생성합니다. 그러므로 품성이 다르고 같음은 혼이 다르고 같음에 말미암고, 부류가 다르고 같음은 품성이 다르고 같음에 말미암으며, 모양이 다르고 같음은 부류가 다르고 같음에 말미암습니다. 날짐승·길짐승의 모양이 이미 사람과 다르니, 곧 부류·품성·혼이 어찌 모두 다르지 않겠습니까.

(3)

사람이 사물의 이치를 따져 밝혀서 이치를 깊이 연구함에는 다른 길이 없습니다. 그 표면으로써 곧 그 내면을 증명하며, 그 나타난 것을 살피면서 그 감춰진 것을 깨닫는 것입니다. 그러므로 내가 풀·나무가 무슨 혼인지 알고자 할 때, 그것이 다만 성장하였는데도 지각이 없음을 보면 그 내면에 단지 생혼이 있음을 입증한 것뿐입니다. 날짐승과 길짐승이 무슨 혼인지 알고자 할 때, 그것이 다만 지각만 있고 이치를 논할 수 없으면 그것에 다만 각혼이 있음을 검증한 것뿐입니다. 사람이 무슨 혼인지 알고자 할 때, 그것이 유독 만물의 이치를 논의할 수 있음을 보면 그것에 유독 영혼이 있음이 분명합니다. 이치는 이와 같이 분명합니다. 그러나 부처가 말한, '날짐승·길짐승의 혼이 사람의 혼과 같은 영靈이다.'라고 한 것은, 이치를 손상시킴이 심합니다. 내가 부처에게 목숨을 바치는 데에는 잘못이 있다고 자주 들어왔지만, 이치를 추종하는 데에 과오가 있다고 함은 일찍이 들은 적이 없습니다.

[제7강]
넷째는 사람의 신체 생김새가 날짐승·길짐승과 같지 않음이다

(1)
넷째는 이렇습니다. 사람의 신체 생김새가 대단히 뛰어나 날짐승·길짐승과 같지 않으니 곧 그 혼도 역시 다릅니다. 비유컨대 장인匠人이 의자·탁자를 완성하고자 하면 꼭 모름지기 나무를 쓸 것이고, 편리한 기계를 완성하고자 하면 꼭 모름지기 기물器物이 다르니 곧 사용하는 재료도 역시 다를 것입니다.

(2)
이미 사람의 신체 생김새가 날짐승·길짐승과 같지 아니하니, 곧 사람의 혼 또한 어찌 날짐승·길짐승과 서로 같겠습니까. 그러므로 석가모니가 말한바 사람의 혼이 다른 사람의 신체에 의탁하거나 날짐승·길짐승의 육체에 들거나 해서 이 세상에 다시 산다고 함은 확실히 거짓말입니다. 대저 사람의 혼이 단지 자기의 신체에 합하지, 어찌 자기의 혼으로써 다른 사람의 신체에 합할 수 있겠습니까. 더구나 다른 부류의 육체에 그럴 수 있겠습니까. 또한 다만 작은 칼[도刀]은 단지 작은 칼집에 맞고 긴 칼[검劒]은 긴 칼집에 부합하는 것과 같을 뿐이니, 어찌 긴 칼이 작은 칼집에 부합하겠습니까.

[제8강]
다섯째는 악인의 혼은 [그 신체가] 길짐승으로 바뀌어도 악인의 형벌이 될 수 없음이다

(1)

다섯째는 이렇습니다. 무릇 말하기를 사람의 혼이 길짐승으로 변한다고 함은 애초에 다른 증거가 없지만, 오직 그 예전 세상의 음탕한 행위가 일찍이 어떤 길짐승을 모방하였으니 천주께서는 당연히 그에 따라 벌을 주어 다음 세상에서 이 길짐승이 되게 하였을 뿐인가를 의심하는 것입니다. 그러나 이는 형벌한 게 아니고 그 하고자 함에 따른 것이니, 누가 형벌한 것이라 일컫겠습니까.

(2)

간음한 사람의 욕정은 평생 떳떳함을 지켜온 것을 없애고, 그가 쌓아온 내면의 악을 멋대로 행하지만, 아직 단지 그가 사람의 용모를 갖추었음을 애통해 하고, 만약 장애가 있으면 가령 다음 세상에서 장차 그 생긴 모양을 고치면서 자기 생각에 의지하여 멋대로 행동하였음을 듣고서는 어찌 크게 기뻐하지 않겠습니까. 예컨대 횡포하고 잔악한 자가 상습적으로 해치고 죽이니, 어찌 몸에 날카로운 발톱·톱니를 갖추어 호랑이가 되고 늑대가 되어 밤낮으로 피로 입을 더럽히기를 바라지 않겠습니까. 거드름을 피우며 남을 낮춰보는 자가 남을 속이는 데에 익숙하고 겸손히 사양할 줄 모르니, 어찌 그 형체를 성장하여 태어나 사자가 되어 여러 길짐승의 왕이 되는 것을 즐거워하지 않겠습니까. 도적은 다른 사람의 재화를 훔쳐서 생활을 꾀하니, 변화하여 여우·삵이 되어 수많은 교묘한 아첨을 받고 그 욕정을 다 발휘함을 어찌 근심하겠습니까. 이들 무리는 비단 길짐승으로 변화됨이 형벌이 되지 못할 뿐만 아니라 마침내 도리어 은혜가 되니, 천주께서 지극히 공정하시고 지극히 명쾌하시니 그것을 형벌로 삼으심이 기필코 이와 같지는 않을 것입니다.

(3)

예컨대 이르기를 사람의 귀한 부류로부터 길짐승의 천한 부류에 들어감이 곧 형벌이라고 하면 제 생각에는, 악을 행하는 사람은 도리어 자기가 사람으로 살고 있음을 귀하게 여기지 않고, 대체로 사람의 도리를 아랑곳도 하지 않고 그 길짐승의 욕정을 멋대로 부려서 수치스러운 바는 이것이 사람의 얼굴을 갖추었을 따름입니다. 지금 그 사람의 얼굴을 벗기고 길짐승의 추함에 섞으면 염치도 없고 거리낌도 없이 지나치게 뜻을 이루는 것입니다. 그러므로 윤회한다는 황당한 말과 방자한 얘기는 악을 막고 선을 권함에 이익이 되지 않고 도리어 손해만 있을 것입니다.

[제9강]
여섯째는 윤회가 농사에 가축 활용을 폐지시키고 사람의 윤리를 어지럽힘이다

(1)
여섯째는 이렇습니다. 부처의 말에 살생을 금한 것은 내가 도살한 소·말이 곧 부모의 후신일까 두려워 차마 죽이지 못할 뿐입니다. 과연 의심이 이러하면, 어찌 차마 소를 몰아 밭을 갈며 혹은 부려서 수레를 끌도록 하겠습니까. 어찌 차마 말을 잡아매어서 타고 길을 가겠습니까. 제 생각에, 그 부모를 죽임과 밭가는 일에 수고롭게 고생시킴은 죄에서 크게 차이가 없으며, 그 부모를 죽임과 항상 안장을 얹고 길거리에서 채찍으로 욕보임 또한 같습니다. 그러나 농사를 그만둘 수 없으며 가축으로 기르고 부림을 벗어날 수 없으니, 곧 무슨 의심이 살생을 금한 말에 있겠습니까. 그러나 사람이 날짐승·길짐승으로 변화할 수 있다는 말은 믿을 수가 없습니다.

(2)
중국선비가 말한다 : 무릇 사람의 혼이 날짐승·길짐승이 될 수 있다고 것

은 확실히 거짓말이니, 무지한 서민이나 속일 뿐이지 군자가 어찌 믿겠습니까.

(3)

내가 타는 말이 내 부모 · 형제 · 친척 혹은 임금 혹은 스승이나 친구라고 여기고 믿으면서 참고 하면 인륜을 어지럽힘이요, 믿기는 하지만 하지 않으면 이는 또한 가축 기르기를 포기하면서 틀림없이 세상에서 가축을 부릴 수가 없어, 사람이 손 · 발을 놀릴 바가 없어집니다. 그러므로 그 얘기는 믿을 수 없습니다. 그러나 만약 단지 윤회한 후에 다시 다른 사람이 된다고 말하면, 바로 모두 같은 부류이니 또한 지장이 없을 듯합니다.

(4)

서양선비가 말한다 : 사람의 혼이 날짐승 · 길짐승으로 변화될 수 있다고 말하고 그 말을 믿는 경우에는 짐승을 기르고 부리는 것을 포기해야 하고, 사람의 혼이 다른 사람의 육신으로 변화될 수 있다고 말하고, 그 말을 믿는 경우에는 장차 그 혼인의 의례儀禮와 그 심부름하는 사람의 소임에 다 장애가 있어 실행하기 어려울 것입니다.

(5)

왜냐하면 그대가 장가들려고 하는 여자가 누가 그대의 지난날 모친께서 변화하신 게 아닌지 혹시 후신이 다른 성씨의 여자가 되었는지 알겠습니까. 누가 그대가 부리는 노복과 꾸짖는 하인이 혹시 형제 · 친척 · 임금 · 스승 · 친구의 후신이 아닌지 알겠습니까. 이것도 또한 인륜을 크게 어지럽힘이 아니겠습니까. 한 마디로 말하면 사람이 이미 날짐승 · 길짐승으로 변화될 수 없으며 곧 또한 다른 사람으로도 변화될 수 없는 이치는 매우 환히 나타납니다.

(6)

중국선비가 말한다 : 먼저 말씀하시기를, '사람의 혼은 불멸한다.'고 하셨는데, 이는 이미 죽은 사람이 함께 존재한다는 것입니다. 의심스러운 게 있으니 가령 윤회하여 변화하지 않는다면, 천지 사이에 어찌 이 많은 혼을 용납할수 있습니까.

(7)

서양선비가 말한다 : 이것을 의심함은 천지의 광활함을 깨닫지 못하고, 오히려 쉽게 채울 것 같이 생각하는 것입니다. 또한 신神의 성품과 형태를 잘알지 못하고, 그것이 충만한 곳이 있음으로 여기는 것입니다.

(8)

형상이 있는 것은 존재하는 곳이 있어 그러므로 그 곳을 채울 수 있지만,신은 형상이 없으니 만일 그렇다면 어찌 무엇으로써 그 곳을 채우겠습니까.낟알 하나의 크기에도 많은 신이 있으니, 어찌 오직 이 죽은 사람뿐이겠습니까. 장차 다가올 날에는 영혼이 함께 수용되어도 지장이 없으니, 어찌 이로말미암는 것이 필요해서 '윤회'라고 하는 도리에 맞지 않는 논의를 하겠습니까.

(9)

중국선비가 말한다 : 윤회한다는 주장은 부처 · 노자 둘로부터 나왔고, 우리 유학자도 역시 소수가 믿습니다. 그러나 그가 살생을 금한 것이 만약 어짊에 가까움이라면, 천주께서는 자비의 으뜸이시면서도 어찌하여 허락하시지않는 것입니까.

(10)

서양선비가 말한다 : 설령 사람이 과연 변화하여 날짐승·길짐승이 된다면, 군자君子가 본래 작은 생물이라도 죽이지 말도록 금한 것을 마치 살인과 같이 간주하는 것이니, 그들은 비록 외모는 다름이 있더라도 모두 사람입니다. 다만 이 허황된 주장을 믿는 까닭에 초하루와 보름에 재계齋戒를 드리고 소식素食을 하며 살생을 금하는 것과는 또한 당연히 통하지 않습니다.

(11)

비유하건대 날마다 살인하면서 그 고기를 먹는 사람이 있는데, 잠시 복귀하여 어질고 자애로움에 기대면서 말하기를 초하루·보름에는 나는 살인도 하지 않고 그 고기도 먹지 않았으며 다만 그 나머지 날에만 죽이면서 먹었다고 하면, 재계齋戒하였노라 이를 수 있겠습니까. 그 마음이 28일 동안에는 잔인하게 함부로 살인하고 저 이틀의 재계만으로 그 악행의 지극함을 어찌 증가시키고 어찌 감소시킬 수가 있겠습니까.

(12)

무릇 제가 이미 사람이 날짐승·길짐승으로 변화되는 이치가 없음을 명쾌하게 증명하였으니, 살생을 금하는 재계도 결코 없음을 드러낸 것입니다.

[제10강]
천주께서 날짐승·길짐승 등의 사물을 생성하신 것은 다 사람을 기르는 데 쓰기 위함이다

(1)

시험삼아 보건대 천주께서 이 천지와 만물을 생성하신 것은 하나도 생성하

여 사람이 쓰게 하려고 한 것이 아닌 것이 없습니다. 대저 해·달·별은 하늘에서 빛남으로써 나에게 비추며, 온갖 색깔을 비춤으로써 내가 보게 하고, 만물을 생성함으로써 그리하여 내가 쓰게 하며, 오색五色으로 내 눈을 즐겁게 하고, 오음五音으로 내 귀를 즐겁게 하며, 맛보고 삼키는 여러 것들이 내 입과 코를 달게 하고, 부드럽고 따뜻한 온갖 물건으로 나의 팔·다리를 편히 쉬게 하며, 온갖 약재로 내 질병을 치료함으로써 밖으로는 내 신체를 양육하며 안으로는 내 마음을 조절해줍니다. 그러므로 내가 당연히 천주의 존귀한 은혜에 항상 감사하면서 때때로 조심하며 써야합니다. 날짐승·길짐승은 혹은 털·깃·가죽이 있어 겉옷·신발로 만들어질 수 있으며, 혹은 보배로운 이빨·뿔·껍질이 있어 진기한 기구로 제작될 수 있으며, 혹은 묘약이 있어 질병을 잘 치료하며, 혹은 좋은 맛이 있어 우리 노인과 어린애를 양육할 수 있으니, 우리가 어찌 취하여 사용하지 않겠습니까.

(2)

가령 천주께서 사람에게 가축의 도살을 허용치 않으시면서 좋은 맛을 부여하셨다면, 어찌 비단 좋을 맛을 부여함이 아닐 뿐만 아니라, 어찌 사람을 유혹하여 명령을 범해 죄에 빠져 들게 함이 아니겠습니까. 더욱이 예로부터 지금에 이르기까지 수많은 나라의 성인·현인들이 모두 살생하여 고기를 먹으면서도 이것으로써 뉘우치지도 않아도 역시 이것으로써 계율을 어김으로 여기지도 않았으며, 또한 어찌 의당 성인·현인들에게 지옥으로 가게 벌을 주었지만 2·3일의 재계를 가상히 여겨 허락하니, 덕이 없는 무리가 천당에 오르게 합니까. 이것이 어찌 통달하지 못한 자의 말이 아니겠습니까.

(3)

중국선비가 말한다 : 이 세상의 물건에는 사람에게 무익하고 게다가 해로운 것, 예컨대 독충·뱀·호랑이·이리 등이 많이 있으니, 천주께서 만물을

생성하심이 죄다 사람이 사용하게 함이라고 말하는 것은 그렇지 않은 듯합니다.

(4)

서양선비가 말한다 : 사물의 형체는 정교하고 오묘하며 그 용도는 광범하고 번잡합니다. 그러므로 평범한 사람은 어쩌면 모두 통달할 수 없는 바가 있으면서 도리어 손해를 보니, 이는 사람의 재능이 가로막혔을 뿐입니다.

[제11강]

독충·호랑이·이리 등은 비록 밖의 사람에게는 해롭지만 안의 사람에게는 참으로 이롭다

(1)

사람은 본래 둘이 있으니, 바깥사람이라 말함은 이른바 신체요, 안사람이라 말함은 이른바 혼魂·신神이니, 이 둘을 비교하는 경우에는 안사람이 존귀합니다. 독충·호랑이·이리가 바깥사람은 위태롭게 하지만 안사람은 편안하게 하니, 기어이 사람에게 이롭다 일컬을 수 있습니다. 그 신체를 상하게 하는 사물은 세속에서는 악한 사물이라 지칭하면서 그게 나 자신을 조심하게 하여 천주의 노여움을 두려워하게 합니다. 하늘로써 물로써 불로써 벌레로써 천주의 노여움을 알게 함으로써, 사람이 천주의 명령을 거슬렀다는 것을 다 꾸짖을 수 있습니다.

(2)

우리는 이리하여 재계하며 두려워하지 않을 수 없어서, 때때로 빌어 천주의 도움을 구하고, 때때로 생각하며 바라니, 어찌 안사람을 바르게 하는 데에

큰 도움이 되지 않겠습니까.

(3)

더욱이 천주께서는 소인의 마음이 온전히 땅위에 있고 오직 지금 세상에 빠지지만 오히려 천당과 다음 세상의 지극히 훌륭한 진상을 깨달아 소망할 줄을 알지 못하는 것을 가련하고 애처롭게 여기시어, 그래서 아울러 저런 추악한 독을 이 세계에 둠으로써 그들을 구원하여 선발하고자 하셨습니다.

[제12강]
내가 천주를 거스렀기 때문에 비로소 사물도 역시 나를 거스른다

(1)

더구나 천주께서 처음 이 세상을 세우실 때 천하 만물로 하여금 길러 살게 하거나 이롭게 쓰게 하거나 하여 다 우리를 받들어 섬기게 함으로써 원래는 해가 되지 않았지만, 우리들이 천주를 거역하면서부터 비로소 사물도 역시 우리를 거역하였으니, 곧 이 해로움은 천주의 처음 의향이 아니라 바로 우리가 자초한 것일 뿐입니다.

(2)

중국선비가 말한다 : 천주께서 생물을 생성하시고 틀림없이 그 생물을 사랑하여 그것이 죽는 것을 원하지 않으셨으니, 곧 살생을 금한 것은 그 분의 의향에 순순히 부합하는 것입니다.

(3)

서양선비가 말한다 : 풀 · 나무도 역시 생혼生魂을 부쳐받아 모두 생물의

부류가 되었습니다. 그대가 매일 채소를 채취하여 먹고 땔나무를 꺾어서 불사름으로써 그 생명을 잔인하게 하고서는 틀림없이 장차 '천주께서 이 채소·땔나무를 생성하셔서 사람이 쓰게 맡겼을 뿐이니 만일 그렇다면 써도 괜찮다.'라고 말할 것입니다.

(4)

저도 역시 말하기를, '천주께서 저 날짐승과 길짐승을 생성하셔서 우리가 쓰는 데에 따르게 하였을 뿐이고, 오히려 죽어서 사람의 생명을 살리게 하셨으니 무슨 지장이 있겠습니까.'라고 합니다. 어짊의 규범은 오직 다른 사람이 나에게 부가하기를 바라지 않는 것이며, 내가 다른 사람에게 부가하지 말기를 바라는 것을 말할 뿐이지, 날짐승·길짐승에게 부가하지 말기를 바라는 것을 말하는 게 아닙니다.

[제13강]
날짐승과 길짐승 죽임을 금하지 않고 다만 씀에 의당 절제가 있음이다

(1)

게다가 천하의 법률에는 다만 살인을 금하지 날짐승과 길짐승 죽임을 제약하지 않습니다. 그 날짐승과 길짐승, 풀과 나무는 금전과 더불어 나란히 유통되니 오직 사용함에 절제가 있어야 충분합니다. 그러므로 맹가孟軻[맹자가 세상 군주들에게, '촘촘한 그물을 깊은 못에 넣어서는 안 되지만, 큰 도끼든 작은 도끼든 알맞은 때에 산과 숲에 들여야 한다.'라고 교시한 것은 사용하지 못하게 한 게 아닙니다.

(2)

중국선비가 말한다 : 풀과 나무는 비록 생물의 부류이더라도, 그런데 피가 없고 지각이 없으니 이는 날짐승 · 길짐승과는 다른 것입니다. 그러므로 석가모니는 이를 손상시켜도 슬픔으로 용인하지 않았습니다.

(3)

서양선비가 말한다 : 풀 · 나무에 혈액이 없다고 말합니까. 이것은 겨우 붉은 빛인 것만이 혈액이 된다는 것만 알았지, 흰빛인 것과 푸른 빛인 것이 결코 혈액이 아니지 않았음은 알지 못한 것입니다. 무릇 천하에 형체를 갖추고 생장하는 것은 반드시 양육되면서 영양분으로 얻어진 것은 진액으로 보존합니다. 만일 그렇다면 모든 진액은 흘러 관통하니 다 혈액입니다. 어찌 반드시 붉은 빛인 것만이 혈액이겠습니까.

(4)

시험삼아 보십시다. 수중 동물 가운데 새우와 게 같은 것은 붉은 혈액이 많이 없는데도 석가모니는 먹지 않았으며, 채소 중에도 역시 붉은 즙이 있지만 석가모니는 먹는 것을 금하지 않았으니, 만일 그렇다면 어찌 그들은 날짐승 · 길짐승의 피만 소중히 여겨서 사랑하고 풀 · 나무의 혈액은 가벼이 여겨서 버리는 것입니까.

(5)

더욱이 지각이 있는 생물을 죽이지 않는 것은 그것이 아파할 수 있기 때문입니다. 우리가 참으로 그것이 아파함을 바라지 않는다면, 어찌 유독 죽이지만 않겠습니까. 즉시 괴롭힘도 부림도 장차 조금도 해서는 안 됩니다.

(6)

무릇 소의 밭갈이와 말의 수레 끌기는 한평생 면할 수 없는 고난이니, 어찌 저들의 아픔이 길게 있지 않겠습니까. 죽임당하는 고통이 단지 잠시 있는 것과 비교하면, 오히려 심합니다.

[제14강]
살생을 금함이 산 제물 기름에 크게 손상됨이 있다

(1)

더구나 산 제물 살생을 금함은 도리어 산 제물에게 해가 있으니, 대개 날짐승·길짐승은 사람에게 소용이 됩니다. 그러므로 사람이 가축을 사육하고 가축을 사육한 뒤로 날짐승·길짐승이 더욱 불어나 많아졌습니다. 만일 그것이 소용이 되지 않으면 사람이 어찌하여 기르겠습니까. 조정에서는 급하지 않은 벼슬을 줄이고, 가정에서는 무능한 노복을 내쫓으면서, 하물며 가축이야 오죽하겠습니까. 서쪽 오랑캐는 돼지 먹는 것을 두려워해서 모든 나라에 돼지가 없으니, 천하가 다 서쪽 오랑캐면 돼지 종류는 없어졌을 것입니다. 그러므로 사랑하면서 도리어 해치게 되고, 죽이면서 도리어 살리게 되니, 이 산 제물의 살생을 금하는 것이 산 제물 기르는 방도에 크게 손상됨이 있는 것입니다.

(2)

중국선비가 말한다 : 이와 같으면 재계齋戒를 올리고 소식素食을 하는 것은 소용이 없습니까.

[제15강]

재계에는 세 가지 지향이 있으니, 첫째 지향은 깊이 뉘우치고 죄를 기움이다

(1)

서양선비가 말한다 : 살생을 금한 연유로 재계·소식을 하지만, 이는 거의 조금밖에는 인내하지 못합니다. 그러나 재계에는 세 가지 지향이 있으니, 이 세 가지 지향을 알면 더욱 절박하게 더욱 숭배하게 됩니다.

(2)

무릇 이 세상에 오늘은 어질어도 지난날에는 못나고 어리석지 않았던 자는 본디 드물며, 오늘은 도리에 따라도 어제는 그 도리를 일찍이 어긴 적이 없었던 자가 드뭅니다. 그 도리라고 하는 것은 천주께서 마음에 새겨 주시면서 성인·현인에게 명령하여 목판木板에 새겨 인쇄한 서적으로 반포하게 하셨으니, 어긴 자는 틀림없이 천주께 죄를 얻습니다.

(3)

추종하여 얻은 죄가 더욱 높은 경우에는 죄가 아마 더욱 무거운데, 군자가 비록 이미 착하게 바뀌었더라도 어찌 기왕에 지은 죄에 천연덕스러울 수 있겠습니까. 예전에 착하지 않았던 바에 대해 남들은 어쩌면 용서하고 끝까지 캐고 들지 않지만, 자기는 때로 그것을 기억하고 부끄러워하며 후회할 것입니다. 설령 깊은 뉘우침이 없더라도, 우리가 이미 예전에 실수한 바에서 어찌 이후에 벗어나기를 바랄 수 있겠습니까.

(4)

더구나 지금의 착한 행실에 군자가 스스로 만족하지 않으며 곧 반드시 자

기 단점을 살핌으로써 눈이 밝은 사람이 되지만, 자기의 장점을 봄으로써 눈먼 사람이 됩니다. 자기 자신에 대해 질책을 갖추는 사람은 결백하면서도 더욱이 침착하니, 다른 사람이 비록 크게 뛰어나다고 칭찬하더라도 이미 부끄러워 얼굴 빨개지며 몸 둘 바를 모르는 것과 같이하며, 마음에 꺼림을 살핀 자는 꼼꼼하면서도 더욱이 세밀하니 다른 사람이 비록 그것을 아름다움을 갖추었다고 말하더라도, 이미 근심하고 삼가며 부족한 것과 같이합니다. 어찌 다만 말에만 겸손합니까. 어찌 다만 마음에만 뉘우칩니까.

(5)

깊이 스스로 수치스럽게 여기면서 어찌 기뻐하고 즐거워할 수 있겠습니까. 만일 그렇다면 밥을 덜거나 밥을 줄이며, 그 반찬에서 맛을 빼고 맛없는 채식만 섭취할 것입니다. 무릇 온몸에 쓸 것은 스스로 거칠고 나쁜 것을 택하여 스스로 괴롭히고 스스로 책망하며, 자기의 오래된 악과 새로운 죄를 보속補贖하면서 새벽부터 밤늦게까지 매우 두려워하며 천주 대좌臺座 아래에서 이마를 땅에 대고 절을 하며 불쌍하고 가엾게 눈물 흘리면서 자기의 더러움이 씻겨지기를 바랍니다. 감히 멋대로 스스로 성인의 지위를 차지하고도 잘못이 없음을 과시하면서, 멋대로 망령되이 자아를 어지럽히면서 다른 사람들이 그렇지 않다고 심판하기를 기다리겠습니까.

(6)

몸소 스스로 뉘우치고 꾸짖기를 조금도 아끼지 아니하는 까닭에, 어떤 사람은 천주께서 가엾게 여겨 구휼하시면서 풀어주어 용서하고 다시 죄를 따져 묻지 않으시니, 이는 재계齋戒·소식素食하는 올바른 지향에 대한 설명의 첫째입니다.

[제16강]

둘째 지향은 욕심을 적게 함이다

(1)

무릇 덕을 업으로 삼음이 사람의 본래 업입니다. 그 설명을 듣고서 기뻐하면서 긴급하게 힘쓰기를 원하지 않음이 없습니다. 다만 사사로운 욕망이 발동되어 앞서 이미 사람의 마음을 빼앗으면서 제멋대로 주장하니, 도리어 서로 억압하여 난처하게 하고 격분하여 괴롭히며 비난합니다. 대체로 평생 소행이 모두 그 사사로운 욕망이 시킨 것을 받들었을 뿐이고, 이 때문에 모든 힘쓴 바가 의로움이 명령한 바에 따르지 않고 오직 욕망이 즐긴 바에 따르니, 그 얼굴 모습을 볼 때에는 사람이지만 그 행실을 보아서는 짐승과 어찌 구별되겠습니까.

(2)

대개 사사로운 욕망의 즐거움은 바로 의로움의 적이라, 슬기로운 생각을 막으면서 도리의 비결을 가리워 덕과 사귀지 못하니, 이 세상의 전염병이 이보다 지독하지 않습니다. 다른 병의 해로움은 육체에 그치나, 욕망이라는 독약은 내 마음의 깊은 곳을 꿰뚫고 근본 심성을 크게 해칩니다. 만약 욕망이 의리의 대적하는 원수로써 온 마음을 마음대로 하는 권력을 가지면 의리는 얼마 안 되어 없어지나 그 덕은 오히려 땅에서 살 수 있겠습니까. 아! 사사로운 욕망의 즐거움은 보잘것없고 천박하며 황급히 지나가지만 후회를 길게 마음에 자주 끼치니, 낮고 짧은 즐거움으로써 길고 오랜 근심을 바꾸면 지혜롭지 못하다고 말합니다.

(3)

그러나 사사로운 욕망은 오직 스스로 자신으로부터 힘을 빌려 그 날래고 사나움을 떨치니, 그러므로 그 사사로운 욕망을 막으려면 반드시 먼저 그 자신의 기운을 줄여야 합니다. 도리를 익히는 사람이 욕망을 적게 하려 원하면서 육신을 풍부히 기르려함은, 비유하면 바야흐로 불을 끄기 원하면서 더욱 땔감을 더함이니 이룰 수 있겠습니까. 군자가 마시고 먹고자 함은 단지 목숨을 보존하는 이유뿐이고, 소인이 목숨을 보존하고자 함은 단지 마시고 먹는 이유뿐입니다. 무릇 참으로 지향이 도리에 있어 이 몸을 원수같이 분노하며 보면서도, 그러나 그칠 수 없어서 잠시 먹여 살리니 또한 어찌 이르기를 그칠 수 없다고 말하는 것입니까.

(4)

제가 비록 원래 일찍이 육신을 위해 산 적이 없더라도, 다만 육신 없이는 오히려 살 수가 없습니다. 다만 음식을 먹는 게 배고픔을 채우는 약이요 음료를 마시는 게 목마름을 위한 약일뿐이니, 누가 약을 섭취하면서 그 병에 소용되는 바의 도수로 삼지 않겠습니까. 본성이 즐기는 바가 적어야 영위하기가 쉽고, 다양한 종류의 맛은 좋아야 성취하기가 어렵습니다. 대개 사람의 욕망이라는 것이 꾀하는 바는 그러나 그 사람을 먹여 살리는 바로써 자주 도리어 사람을 해치니, 곧 일컫기를 음식을 먹고 마심이 사람을 죽이는 게 칼 든 병사보다 많다고 할 만합니다.

(5)

이제 육신에 해로운 바를 논의하지 않고 단지 마음에 상처가 되는 바에 대해 지적하겠습니다. 노복이 지나치게 건장하면 그 주인에게 거역하여 항거할까 두려워하며, 혈기가 지나치게 강건하면 꼭 자신의 지향에 기울어져 위태롭습니다. 지향이 위태로우면 곧 다섯 가지 욕망[색色 · 성聲 · 향香 · 미味 · 촉觸]이 그 악함을 제멋대로 하면서도 색욕이 가장 심하니 푸짐한 맛이 배를 편안하게 하지 않으면 색욕이 어찌 좋아 발동하겠습니까. 조촐하게 마시고 가볍게 먹으면 색욕의 기운이 슬그머니 꺾이어 온몸이 이미 다스려져 검약하니 여러 욕망도 저절로 복종하여 다스려집니다. 이는 재계·소식하는 올바른 지향에 대한 설명의 둘째입니다.

[제17강]
셋째 지향은 사람이 덕 닦는 것을 도움이다

(1)

더욱이 이 세상은 괴로운 세상이요 즐길 것을 찾는 세상이 아닙니다. 천주께서 나를 이곳에 머물게 하심은 억척스럽게 그 도리를 닦는데 힘쓰기에 겨를이 없으라는 것이지 이 육신을 받들어 즐기라는 것이 아닙니다. 그러나 우리가 마침내 모든 쾌락을 그만둘 수 없습니다. 청결한 쾌락이 없으면 반드시 음탕한 것을 구하며, 올바른 쾌락이 없으면 반드시 사악한 것을 찾으니, 저것을 얻으면 이것을 잃는 것입니다.

(2)

그러므로 군자는 항상 스스로 그 마음을 익혀 도덕의 일로써 쾌락하며 근심하고 난처해하면서 다른 일에 소망을 갖지 않아야 합니다. 또한 때로 육신의 쾌락을 간단하고 단출하게 하면서도 그것이 마음에 침투하면서 그 본래의 쾌락을 침탈하지 않을까 두려워해야 합니다.

(3)

무릇 덕을 실행하는 쾌락은 바로 영혼의 본래 쾌락입니다. 우리는 이로써 하느님과 동반합니다. 먹고 마시는 즐거움은 바로 남이 모르는 육신의 기쁨입니다. 우리는 이로써 날짐승·길짐승과 같습니다. 우리는 덕을 실행하는 쾌락을 마음에 더욱 증진시켜 하느님께 더욱 가깝게 이르며, 먹고 마시는 즐거움을 육신에서 더욱 감소시켜 날짐승 · 길짐승으로부터 더욱 멀리 떠나야 합니다. 아! 어찌 신중하지 않겠습니까.

(4)

어짊과 의로움은 사람의 마음을 밝아지게 하고, 다섯 가지 맛은 사람의 입을 상쾌하게 합니다. 선을 쌓음의 쾌락은 심하여 곧 마음에 큰 이로움이 있고도 육신에 해로움이 없지만, 풍성한 요리를 먹는 쾌락의 빈번함은 그러나 육신과 마음을 모두 깊이 상하게 합니다. 맛난 반찬으로 배를 가득 채우면 반드시 아래로 처지면서 자기의 지향을 더럽고 천함에 떨어뜨리니, 이와 같으면 어찌 그 마음을 먼지와 때에서 빼내면서 높고 넓은 생각을 일으킬 수 있겠습니까.

(5)

악한 사람은 다른 사람이 쾌락을 즐기지만 자기는 아님을 보면, 이에 혐오하고 질투합니다. 착한 사람은 그런 것을 본 경우에는 도리어 불쌍히 여겨 보살피며 자기를 낮추어, '저들은 더럽고 천한 일이지만 오히려 이와 같이 좋아하고, 이와 같이 간절히 구하는구나! 나는 이미 4필의 말이 끄는 수레에 올라타기를 지향하였지만 겨우 맛보지도 못하고 대충 준비하지도 못하였으며 게다가 어찌 이와 같이 게으르면서 힘써서 하지 못하는구나.' 합니다.

(6)

세상 사람의 재앙은 다른 것이 아니라, 마음이 병들면서 덕의 아름다운 풍미를 알지 못할 뿐입니다. 그 풍미를 깨달으면 기름진 고기와 좋은 곡식을 경시할 수 있어서, 이르기를 스스로 그 쾌락을 얻었다고 합니다. 이 두 가지 덕의 풍미와 음식의 풍미는 사람 마음에 번갈아 교체되어 교대로 드나들면서 같이 머물 수는 없으며, 이것을 들이려 하면 반드시 먼저 저것을 내보내야합니다.

(7)

옛날 우리 서쪽 나라에 두 마리 사냥개를 공물로 바친 사람이 있었는데, 다 좋은 품종이었습니다. 국왕은 하나는 나라 안 지위가 높은 신하의 집에 맡기고, 하나는 성문 밖 농가에 맡겨서 함께 기르도록 시켰습니다. 벌써 성장하면서 국왕은 사냥을 나가 시험을 하였습니다. 두 개를 함께 놓아주어 동산에 들였더니, 농가에서 기른 개는 몸이 야위고 팔다리가 가벼워서 달려 날짐승의 냄새를 맡고 빠르게 쫓아가 날짐승을 잡으니 셀 수 없었습니다. 지위가 높은 집에서 기른 개는 비록 깨끗하게 살찌고 맵시가 아름다워 볼 만하더라도 그러나 다만 익숙하게 고기를 먹고 배를 채워 팔다리가 편안히 늘어져서 달음박질할 수가 없었습니다. 오히려 날짐승을 보고도 둘러보지도 않았지만 갑자기 길옆에서 썩은 뼈를 우연히 마주치자 곧 달려가 물어뜯고 물어뜯기를 마치고는 움직이지 않았습니다. 사냥에 따라갔던 사람들은 [두 사냥개가] 그 근원이 같은 한 어미에서 났으나 달라졌음을 알았습니다.

(8)

왕이 말했습니다. "이것은 괴상한 게 못 된다. 어찌 오직 길짐승뿐이겠는가. 사람도 역시 이 러지 않은 자가 없다. 다 기르기에 달려 있을 뿐이다. 편안히 기르며 갖고 놀고 실컷 먹어 배부르게 하면 틀림없이 선량함에 나가지 못하고, 일을 번거롭게 시켜 시달리게 하며 검소하고 절약하면서 기르면 반드시 그대들이 소망하는 바에 틀리지 않을 것이다!"

(9)

만약 '무릇 사람이 말린 고기 맛과 푸짐한 반찬에 익숙해지면, 예절과 의리에 관한 일을 살필 겨를이 없다'라고 함은 오직 힘쓰면서 먹는 데로 나갈 뿐이라는 것입니다. 정확한 이치와 미묘한 의미에 익숙해지면, 먹고 마시는 놀이를 만나도 다만 겨를 없이 오로지 사색하면서 도리의 의로움에 목숨을 바칠 뿐입니다. 이는 재계 · 소식하는 올바른 지향에 대한 설명의 셋째입니다.

[제18강]
재계는 반드시 그 사람과 서로 걸맞는다

(1)
무릇 재계齋戒에는 가닥이 많이 있음을 제가 천하의 많은 나라를 두루 다니면서 이미 죄다 들었습니다. 혹은 손재飧齋 · 미재味齋임에도 불구하고 다만 낮 내내 먹지 않고 별이 뜬 밤에 이르러 많은 맛을 섞어 먹으니 이를 일러 시재時齋라 하며, 혹은 시재 · 손재를 논하지 않고 오직 모든 냄새나는 채소를 삼가고 때에 따라 채식을 하니 이를 일러 미재라 하며, 혹은 미재 · 시재를 가리지 않고 단지 하루 동안에 하나의 반찬을 먹을 뿐이니 이를 일러 손재라 하며, 혹은 손재 · 시재 · 미재에 모두 구애받는 바가 있지만 다만 오시午時(오전 11시~오후1시)에 [고기 · 생선 따위의 반찬 없는] 소식素食을 한 끼 하면서 오직 양陽에 속하는 고기 먹기를 금지하고 [생선 · 조개 등] 음陰에 속하는 해산물은 가리지 않으니 이를 일러 공재公齋라고 하며, 혹은 불에 익힌 식품을 금지하며 평생토록 산의 토굴土窟에서 오로지 들의 풀뿌리로 살아감이 유럽 산속에 매우 많으니 이를 일러 사재私齋라고 합니다.

(2)
그러나 저 대여섯으로 구분되는 재계를 지내는 것은 다 본인 자신의 뜻을 굽힘에 책임을 결부시키니, 요컨대 그 사람을 보고 그 육신이 어떠한가를 보는 데에 있을 뿐입니다. 부유하고 귀한 이가 기름진 곡식을 그 보통보다 적게 수취하여도 역시 재계라고 이를 수 있으며, 저 천한 집의 백성이 때때로 거친 현미에 익숙하여도 재계로 삼을 수 없으니, 그렇지 않으면 거지가 지극한 재계를 올린다고 일컬을 수 있습니다.

(3)

또 그 자신의 체력이 어떠한가를 헤아려야 하니, 쇠약해서 병이 있는 사람은 때때로 맛 좋은 음식으로 육신을 꼭 보양해야 하며, 부역을 수행해야 하는 사람은 그 사지四肢를 수고롭게 해야 하니 오랜 굶주림은 용납되지 않습니다. 그러므로 천주교의 공변된 교령敎令 제도에 늙은 사람은 60세 이상, 어린 사람은 20세 이하, 육신이 병든 사람, 자식 젖먹이는 사람, 힘 드는 노복 노릇을 하는 사람은 모두 재계의 규정 안에 없습니다.

(4)

무릇 입으로 지키는 재계는 재계가 아니고 바로 재계의 최후 절조입니다. 재계의 의미를 연구하면 모두 사사로운 욕망을 막기 위함이니, 돈독히 진력하지 않을 수 없습니다. 그러므로 재계를 지속하면서 경건히 삼가는 것을 내버림은, 가령 채취한 그대로의 옥玉 덩어리는 감추고 그 옥을 파괴하는 것이니 무지함입니다.

(5)

중국선비가 말한다 : 훌륭하십니다! 본받을 만한 말씀이며, 진정한 재계의 올바른 취지이십니다. 우리 풍속에 재계를 행하는 것은 가난하고 부족함에 말미암아 재계를 지냄으로써 입에 풀칠하고자 함이 아니며, 반드시 그 착한 명성을 훔쳐 몰래 사람을 속이려는 것입니다. 대중을 마주 대하면서 재계를 극진히 지내지만, 고요히 홀로 사람이 없으면 술 마시고 색을 밝히고 분노하

며 화를 내며 불의한 재물을 취하며, 어짊을 헐뜯고 착함을 상하게 함이 있지 않은 곳이 없으니, 아! 사람의 눈도 벗어날 수 없는데 천주님의 눈을 덮을 수 있겠습니까. 다행히 높으신 가르침을 받았으니, 더욱이 그에 대한 질문에 진력할 수 있기를 소원합니다.

(6)

서양선비가 말한다 : 도가 깊고도 역시 넓으니 널리 묻지 않으면 지키기를 약속할 수 없습니다. 자상히 물으심은 곧 정성스러운 의중을 드러냄이니 무슨 지장이 있겠습니까.

제6편

제6편
생각은 없앨 수 없음을 알기 쉽게 설명하고 아울러 죽은 뒤에
반드시 천당·지옥의 상·벌이 있어 세상 사람이 한 선·악에
보응이 있음을 논하다

(1)
중국선비가 말한다 : 가르침을 받았으니, 하나는 천주를 흠숭하여 모든 존
귀함의 지극한 존귀함으로 삼으라는 것이요, 하나는 인간의 품성을 귀하게
여겨 지극한 존귀함의 다음으로 삼으라는 것이었습니다. 다만 '천당'과 '지옥'
으로 말씀하신 것은 아마도 천주의 가르침이 혹시 아니겠습니까.

(2)
무릇 이로움을 향하고 해로움을 피하려는 까닭으로 말미암아, 선을 하고
악을 금하는 것 이것은 곧 이로움을 선으로 여기고 해로움을 악으로 여김이
니, 선한 것을 좋아하고 악한 것을 싫어함은 바른 지향이 아닙니다. 우리 옛
성현이 세상을 가르침에는 이로움을 말하지 않았고 오직 어짊과 의로움을 말
했을 뿐이어서, 군자는 선을 할 의향이 없었으니 더구나 이로움·해로움에
관한 의향이 있었겠습니까.

[제1강]
군자가 선을 하려는 의향이 없었다는 주장을 바로잡다

(1)

서양선비가 말한다 : 제가 그대의 마지막 말에 먼저 답변하고, 그런 뒤에 그대의 근본 물음에 답변하겠습니다. 저 '의향이 없었다.'라는 말은 본디부터 이단의 말이지 유학자가 근본으로 삼는 논의가 아닙니다. 유학자는 정성스러운 의향으로 마음을 바르게 하여, 몸을 닦고 집안을 가지런히 하며 나라를 다스려서 천하를 화평하게 하는 기초로 삼으니, 어찌 의향이 없을 수 있겠습니까.

(2)

높은 돈대墩臺는 굳은 기초가 없으면 축조할 수 없으며 유학은 정성스런 의향이 없으면 이루어질 수 없습니다. 설령 올바른 마음으로부터 천하를 화평하게 하는 데까지 무릇 행한 바 일에 다 의향이 있을 수 없다면, 어찌 그 의향을 논의하는 게 진실하겠습니까, 허황되겠습니까. 비유컨대 시장에 거문고가 있어도 내가 연주하기에 적당하지 않으면 어찌 남이 사가겠으며, 그것이 옛날 거문고인지 지금 거문고인지 어찌 구애받겠습니까.

(3)

더욱이 생각은 형체가 있는 부류가 아니라 바로 마음의 작용일 뿐입니다. 마음을 써야 바야흐로 의향이 되어 곧 간사함과 정직함이 있게 됩니다. 만약 지금 군자가 결국 의향이 없으면 어느 때에 성실한지를 알지 못합니다. 『대학大學』에서 말한 집안이 가지런해지고 나라가 다스려져서 천하가 고르게 화평해짐은 반드시 의향을 성실히 하는 것으로써 요긴함을 삼았으니, 성실하지 않으면 사물도 없습니다. 의향이 마음에 있음은 마치 시력이 눈에 있음과 같아서, 눈이 [감정상의] 틈을 볼 수가 없으면 마음은 의향을 다스릴 수가 없습니다.

[제2강]

선·악은 의향의 간사함과 정직함으로 말미암으니 의향이 없는 경우에는
선·악도 없다

(1)

군자가 이른바 의향이 없다고 하는 것은 헛된 의향, 사사로운 의향, 간사한
의향입니다. 만일 의향이 없다고 말하면, 이는 유학자가 학문에 통달하지 못
하고 선·악의 근원을 알지 못하는 것입니다. 선·악·덕·사특이 다 의향
의 정직함과 간사함에 말미암으니, 의향이 없는 경우에는 곧 선·악이 없고
군자·소인의 판별도 없습니다.

(2)

중국선비가 말한다 : '의향하지도 말고, 선하지도 말며, 악하지도 말라'고
함은 세속의 유학자들에게 본래부터 그런 주장이 있었습니다.

(3)

서양선비가 말한다 : 이 학문은 사람을 흙·돌로 여기고자 하는 것일 뿐이
니, 천주의 근본 가르침[종지宗旨]이 여기에 있다고 이르겠습니까. 만약 하늘
의 주님께서 의향도 없고 선함도 없으면 또한 곧 흙·돌과 같아질지니, '도에
관한 학문[이학理學]'이라 이르겠습니까. 슬프고 슬픕니다!

[제3강]

노자·장자가 '하지도 말고, 뜻하지도 말며, 변론하지도 말라'고 한 주장을
바로잡다

(1)

　옛날 『노자』·『장자』에도 역시 '하지도 말고, 뜻하지도 말며, 분변하지도 말라'고 하는 말이 있습니다. 그러나 자기가 저술한 경서와 그것을 추종하는 자가 주해註解한 의향은 본래 천하를 바꾸면서 모두 이 한 단서를 추종하고자 함이니, 저 책을 저술함이 홀로 한 것이 아닙니까. 천하를 바꾸고자 함이 홀로 의향한 것이 아닙니까. 이미 옳고 그름을 분변할 수 없으니 또한 어찌 옳고 그름을 분변하는 것을 분변하겠습니까. 천하에 이름난 이치를 분변하는 것이 홀로 분변하는 것이 아닙니까. 만일 그렇다면 이미 자기 스스로 서로 위배하였으니 스승이 되고자 함은 매우 긴 세월에도 어려울 것입니다.

(2)

　제가 세상 사람이 일하는 것을 보니 마치 활쏘기와 같아서 표적의 중앙에 맞추면 선하다고 이르고, 중앙에 맞추지 못하면 악으로 여깁니다. 천주께서는 자연스레 표적에 맞추는 분이시니, 지극히 순수한 선이 있으며 티끌 같은 악도 없으니 그 덕은 지극하십니다. 우리는 다만 맞춤도 있고 맞추지 못함도 있어 그 닦는 덕이 한정이 있으며, 그러므로 덕이 도달하지 못하는 데가 있으며 곧 일을 행해도 꼭 들어맞추지 못하는 바가 있으면서 선·악이 섞입니다. 선을 하고 악을 금함에 설령 의향이 있을지라도 오히려 미치지 못할까 두려워하는 것이지 하물며 의향이 없기야 하겠습니까.

[제4강]
의향이 없으면 이는 마치 풀·나무·쇠·돌과 같다

　그 나머지 의향이 없는 사물로 마치 쇠·돌·풀·나무와 같은 부류는 덕도 없고 간사함도 없으며 선도 없고 악도 없습니다. 만일 의향이 없고 선·악이 없음으로써 도를 삼으면, 쇠·돌·풀·나무가 된 이후에야 그 도를 이룰 따름입니다.

[제5강]
노자·장자가 의향을 멀리한 까닭

(1)
중국선비가 말한다 : 노자·장자의 무리는 다만 그 타고난 수명을 온전히 하고자 합니다. 그러므로 의향을 물리치고 선·악을 버려서 마음의 허물을 끊습니다. [요·순] 2제帝와 [하夏·상商·주周의 우왕·탕왕·문왕] 3왕王, 주공周公, 공자는 모두 몹시 애쓰며 힘을 다해 자기 덕을 닦음으로써 백성에게 베풀고 지극한 선에 다다르지 않으면 감히 쉬지 못했습니다. 누가 온몸으로 의향을 없애서 자유롭게 마음 편히 사는 데에 힘써서 그 100세라는 숫자를 채운 자가 있었겠습니까. 설령 그 100세 수명을 채웠을지라도 다만 거북이 하나, 썩은 나무 하나의 수명에도 미칠 수 없습니다. 그러나 겨우 20·30년 잠시만 더함으로써 이 더러운 육신을 다만 어찌 구제할 뿐이겠습니까. 이러한 노자·장자 두 사람은 꾸짖을만한 것이 못됩니다.

(2)
말씀하신 덕·간사·선·악이 모두 의향으로 말미암으니, 그 상세함은 어떠합니까. 들건대 무릇 이치에 순종하는 자는 선을 했으니 일컬어 덕행이라 하고, 이치를 거역한 자는 곧 악을 했으니 일컬어 바탕이 없다고 하니, 오히려 한 일이 어떠한가를 돌아보는 의향에 서로 접근하지 못하는 듯합니다.

[제6강]
쇠 · 돌 · 풀 · 나무 · 날짐승 · 길짐승에게 의향이 없음에 대한 해석

(1)

서양선비가 말한다 : 이치는 해석하기가 쉽습니다. 무릇 세상의 사물이 이미 그 의향을 가지고 있으며 또한 그 의향을 방종하거나 중지할 수 있으니, 그런 뒤에야 선도 있고 간사함도 있습니다. 의향이라는 것은 마음의 드러냄입니다. 쇠 · 돌 · 풀 · 나무에는 마음이 없으니 곧 의향이 없습니다. 그러므로 보검이 사람을 상하게 할지라도 복수하는 자는 보검을 부러뜨리지 않으며, 바람에 떨어진 기와가 사람의 머리를 다치게 해도 남을 시기하여 해치고자 하는 마음이 있는 사람은 바람에 떨어진 기와를 원망하지 않습니다. 그러나 보검이 절단하여도 그 공적이 주어지는 게 없으며, 기와가 비바람을 가려줘도 사람들은 보답도 사례도 없으니, 그 소행에 마음도 없고 의향도 없는 것입니다. 그러므로 덕이 없고 간사함이 없으며 선이 없고 악이 없으니 상줄 수도 벌줄 수도 없습니다.

(2)

이와 같이 날짐승 · 길짐승이라고 하는 것에 관해서는 날짐승 · 길짐승의 마음과 의향이 있다고 말할 수는 있습니다. 다만 영靈과 마음으로 옳은지 그른지를 분별함이 없이 접촉하여 느낀 바에 따라 의향에 맡겨 신속하게 발동하니 이치로 행위를 조절하여 제약할 수 없습니다. 그 소행이 예의에 바른지 예의에 어긋나는지 부득이한 것인지 뿐만 아니라 더욱이 스스로 알지도 못하니, 어찌 선과 악을 논의할 수 있겠습니까. 그러므로 천하의 모든 나라에서 제정한 법률에는 날짐승 · 길짐승의 간사함을 형벌에 처하거나 날짐승 · 길짐승의 덕에 상을 줌이 없습니다.

[제7강]

선·악의 옳고 그름은 마음속의 의향에 따라 결정된다

(1)

다만 사람은 그렇지 않아서 행위는 밖에 있지만 마음 다스림은 안에 있어, 옳은지 그른지 적당한지 아닌지를 언제나 알아 깨달을 수 있고 동시에 방종하거나 중지할 수 있습니다. 비록 길짐승의 마음과 같은 욕망이 있더라도 만약 마음 다스리기를 위주로 할 수 있으면, 길짐승과 같은 마음이 어찌 우리 줏대가 되는 마음의 명령을 어길 수 있겠습니까. 그러므로 우리가 의향을 드러내 이치를 따르면 곧 덕행의 군자가 되게 천주께서 도와주실 것이지만, 우리가 의향을 길짐승과 같은 마음에 빠트리면 곧 죄를 범한 소인이 되게 천주께서 다시금 우리를 내버리실 것입니다.

(2)

젖먹이가 엄마를 쳐도 나무랄 수가 없는 것은 그 애가 미처 자기 의향을 단속하지 못하기 때문입니다. 그가 장성하여 젊은이가 되어 옳고 그름을 식별할 수 있는 때에는 어찌 치는 것을 관대히 보아 주겠습니까. 그 부모에게 조금만 거역하여도 곧 불효의 죄가 가중될 것입니다.

(3)

옛날에 활 쏘는 사람 둘이 있었습니다. 하나는 산과 들로 가서 잡목 숲에서 마치 호랑이와 같이 엎드린 것을 보고 장차 사람을 상하게 할까 염려하여서 그것을 쏘았는데, 우연히 잘못하여 사람을 맞추었습니다. 하나는 우거진 숲에 올라가 어슴푸레 옆을 보니 마치 사람과 같이 행동하여 다만 활로 쏘고 칼로 찔렀지만 실은 바로 사슴이었습니다. 저 먼저 한 사람은 과연 살인자이지만 그런데 의도가 호랑이를 쏘는 데에 있었으니 판결은 '당연히 포상해야 한다.'였고, 나중 한 사람은 비록 들판의 사슴을 죽였으나 의향이 사람을 베는 데 있었으니 판결은 '당연히 처벌해야 한다.'는 것이었습니다. 무엇에 말미암은 것입니까. 의향의 아름답고 추함으로 말미암아 다르니 바로 의향이 선·악의 근원이 됨이 분명히 드러나는 것입니다.

(4)

중국선비가 말한다 : 자식이 부모를 봉양하기 위해 도둑질을 하면 그 의향은 선하지만 법에서는 처벌을 모면하지 못하니 어떠합니까.

[제8강]
선은 전부에서 이뤄지고 악은 하나에서 이뤄진다

(1)

서양선비가 말한다 : 우리 서쪽 나라에 공변된 논의가 있으니, "선은 전체에서 이뤄지고, 악은 하나에서 이뤄진다.'입니다. 시험 삼아 그 까닭을 말해 보겠습니다. 사람이 이미 도둑질을 했으면 비록 그 나머지 행위가 모두 의로워도 다만 악을 행했다고 부르지 선하다고 일컬을 수는 없습니다. 소위 서자 西子[서시西施:중국 고대 월越나라의 미녀]라도 덮어 가리기를 불결한 것으로 한 경우에는 사람들은 모두 코를 막고 지나가니, 예를 들어 물 항아리 둘레가 두껍고 단단해도 오로지 밑에 하나의 틈새가 있으면 물이 이것을 따라 흘러서 이 항아리는 결국 쓸모가 없는 깨진 질그릇이 되는 것과 같습니다.

(2)

악은 사람의 정서에 몹시 해롭습니다. 자기 재물을 희사하여 널리 빈곤함을 구제함으로써 선하다는 명성을 훔쳤지만 얻고자 하는 바가 아닌 지위를 얻었을지언정 소행은 비록 합당하더라도 그 의향이 참으로 바르지 못하면 그 일이 다 똑바르지 않게 됩니다. 대개 추한 의향이 그 선행을 더럽히고, 자식이 부모를 위해 남의 재물을 훔친 것은 그 일이 이미 악하니 어찌 선의가 있었겠습니까.

[제9강]
의향을 바르게 함이 선이 되니 바른 것은 행하고 바르지 못한 것은 행하지 말라

제 말씀은 바른 의향이 선을 하는 근본이니, 오직 내 바른 의향을 행하고 내 바르지 못한 의향을 갖지 말라는 것입니다. 도둑질하는 짓은 본디 바르지 못한 것이니, 비록 거듭해서 의로운 의향으로 답습하여도 바른 것을 하는 게 아닙니다. 아주 작은 좋지 않은 것을 해서 천하 만민을 구할 수 있더라도 오히려 해서는 안 되는데, 하물며 두 세 식구를 양육하기 위해 그래서야 되겠습니까.

[제10강]
마땅히 행해야 할 일을 행하면 의향이 더욱 고상해지고 선이 더욱 정밀해진다

(1)
선을 하는 바른 의향은 오직 마땅히 실행할 일을 실행하는 것입니다. 그러므로 의향이 더욱 고상해진 경우에는 선이 더욱 정밀해지고, 만약 의향이 더욱 비루해진 경우에는 선이 더욱 조잡해집니다. 이런 까닭으로 의향을 의당

함양하며 의당 진실하게 해야지, 어찌 있는 것도 없애겠습니까.

(2)

중국선비가 말한다 : 성인의 가르침이 설령 의향을 없애지 말라고 했고 그 의향이 공들인 효과가 없을지라도 오직 덕을 닦음에 있어야 합니다. 그러므로 선을 권유하면서 덕의 아름다움을 지향하는 것이지 상 받는 것을 지향하지 않으며, 악을 저지하려고 악의 죄를 언급하는 것이지 벌罰 받는 것을 말하지 않아야 합니다.

[제11강]
성인은 상 · 벌로써 선을 권유하고 악을 저지한다

(1)

서양선비가 말한다 : 성인의 가르침은 경전에 있으니, 선을 권유하기를 반드시 상으로써 하고 악을 저지하기를 반드시 벌로써 하였습니다.

(2)

『서경書經』「순전舜典」에 일렀습니다. "법으로 형형을 정하였는데 5형五刑[순舜 임금 때의 다섯 가지 형벌로, 죄의 내용을 먹물로 이마에 기재하는 묵墨, 코를 베는 의劓, 발을 베는 비剕, 생식기를 없애는 궁宮, 사형死刑인 대벽大辟]을 유형流刑[유배형流配刑]으로 너그럽게 하였다" 거듭 이렇게 일렀습니다. "[순임금은] 3년마다 공적을 살피면서 3번 살펴서 어두운 자는 내쫓고 밝은 자는 승진시키니 모든 공적이 다 빛났으며 삼묘三苗[상고 시대 중국 남부 지방에 있었던 3종류 묘족苗族 · 여족黎族 · 형만荊蠻의 통칭]가 흩어져 달아났다"

(3)

『서경書經』「고요모皐陶謨」에 일렀습니다. "하늘의 명하심에 덕이 있으니 오복五服[天子 · 諸侯 · 卿 · 大夫 · 士 다섯 계층의 服裝]을 다섯 등급으로 밝히십시오. 하늘이 벌하심은 죄가 있음이니, 오형五刑을 다섯 가지로 쓰십시오"

(4)

『서경書經』「익직益稷」에 일렀습니다. "순舜임금이 말하였다. '내가 덕을 따르는 것은 때에 마침내 그대의 공이 오로지 차례로 순서가 서술된 까닭이다. 고요皐陶는 지금 바로 그 차례로 순서가 서술된 것을 받들어 지금 바로 법을 어긴 사실만 표시하여 형정을 오로지 밝게 다스려야 할 것이다.'"

(5)

『서경書經』「반경盤庚」에 일렀습니다. "멀고 가까움을 가리지 않고 죄를 지으면 다스려서, 그 죽을 죄를 벌주고 덕을 쌓으면 그 선함을 표창할 것이다. 나라가 잘 다스려짐은 오직 그대들에게 달렸고, 나라가 잘 다스려지지 않음은 오직 나 한 사람이 잘못된 데에 대한 벌이다" 거듭 이렇게 일렀습니다. "이에 그대들 가운데 불길함이 있고 순종하지 않는 자가 있어 일을 그르치게 하고, 명령을 어겨 남을 속이고 간사하게 국법을 범하고 난을 일으키면, 나는 그래서 그를 베어 멸망시키고 자손도 남기지 않아서 그들의 씨가 새로운 도읍까지 옮겨가지 못하도록 할 것이다."

(6)

『서경書經』「태서泰誓」에서 무왕武王이 일렀습니다. '그대 모든 무사들은 순종함을 숭상하여 과감하고 굳세게 그대들 임금의 일이 이루어지게 하라. 공이 많으면 후한 상이 있을 것이고, 순종하지 않으면 여러 사람 보는 데서

죽이겠노라' 또한 「목서牧誓」에서 이렇게 일렀습니다. '네가 힘쓰지 않으면 네 몸에 죽음이 있을 것이다'

(7)

『서경書經』 「강고康誥」에 일렀습니다. '너는 속히 문왕文王께서 정하신 형벌로 말미암아 이들을 지금 벌하되 용서가 없어야 한다'

(8)

『서경書經』 「다사多士」에 일렀습니다. "네가 능히 공경하면 하늘은 오직 너를 가엾게 여길 것이오, 네가 능히 공경하지 않으면 너는 네 영토를 가지지 못할 뿐 아니라 나도 역시 하늘의 벌을 네 몸에 도달하게 할 것이다"

(9)

『서경書經』 「다방多方」에서도 일렀습니다. "네가 오직 방탕하고 오직 공평하지 못해서 크게 왕의 명령에서 멀어지면 네 여러 나라는 곧 하늘의 위엄을 거스른 것이니 내가 곧 하늘의 벌을 이르게 하여 너의 땅을 멀리 떨어뜨리겠다"

(10)

이는 [요堯 · 순舜] 두 제帝와 [하夏 · 상商 · 주周] 세 왕조의 어구語句로 모두 상과 벌을 말하고, 본래 모두 아울러 이로움과 해로움을 말한 것입니다.

(11)

중국선비가 말한다 : 『춘추春秋』는 성인 공자孔子께서 친히 지었으니 옳음과 그름을 말하였지 이로움과 해로움을 말하지 않았습니다.

[제12강]

이로움 · 해로움에는 세 등급이 있으니 육신 · 재부 · 명예의 이로움 · 해로움이다

(1)

서양선비가 말한다 : 세속의 이로움 · 해로움에는 세 등급이 있습니다.

(2)

첫째는 육신의 이로움 · 해로움을 이르니, 이는 팔 · 다리의 편안 · 장수를 이로움이라 여기고, 위험 · 요절을 해로움이라 여기는 것입니다.

(3)

둘째는 재물의 이로움 · 해로움을 이르니, 이는 전답 · 가축의 확장과 금전 · 도구의 충당을 이로움으로 여기고, 소멸 · 소모 · 분실을 해로움으로 여기는 것입니다.

(4)

셋째는 세상 명성의 이로움 · 해로움을 이르니, 이는 세상에 드러난 평판과 훌륭한 명예를 이로움으로 여기고, 견책 · 배척 · 훼손 · 오욕을 해로움으로 여기는 것입니다.

(5)

『춘추春秋』에 그 하나는 있지만 그 둘은 언급하지 않았습니다. 그러나 세속에서도 대개 명예로운 평판의 이로움과 해로움을 소중히 여기고, 육신과 재물의 손실과 이익은 가벼이 여깁니다. 그러므로 이르기를 [『맹자孟子』「등문공滕文公」에서는] "공자께서 『춘추』를 완성하시자 나라를 어지럽힌 신하

와 어버이를 해친 자식이 두려워하였네"라고 하였던 것입니다. 나라를 어지럽힌 신하와 어버이를 해친 자식이 무엇을 두려워하겠습니까. 나쁜 평판의 해로움이 그치지 않음을 두려워함이 아니겠습니까.

(6)

맹자가 『맹자』 첫머리에 어짊과 의로움으로써 제목을 삼았지만 그 후에 매번 군주를 만날 때마다 어진 정치 실행을 권유하고도 여전히 [「양혜왕梁惠王」상上에서] '왕도정치를 하지 못하는 자는 있지 않았습니다.'로 맺음말을 삼았습니다. 천하에서 왕도정치를 하는 게 도리어 이로움이 아니겠습니까. 사람이 누가 벗에게 이롭게 하고 친척에게 이롭게 함을 기뻐하지 않겠습니까. 만약 이로움을 마음에 둘 수 없으면 어찌 벗과 친척에게 그것을 돌려주고자 하겠습니까. 어짊의 방도에 대해 이르기를 [『논어』 「공야장公冶長」에] '자기에게 가해지지 않았으면 하는 일은 남에게 가하지 말라'고 하였으니, 이미 자기를 위해 이로움을 소망함이 적당하지 않으며, 오히려 반드시 남을 위해서 이로움을 넓히는 게 합당하니, 이로써 이로움이 덕을 손상하는 바가 없음을 알겠습니다. 이로움의 까닭에 대해 말할 수 없는 자는, 결국 그가 거짓말을 하는 것이며, 결국 그가 의로움에 위배되는 자일 따름입니다.

[제13강]
이로움에 대해 말할 수 없으면 결국 의로움에 거스릴 뿐이다

(1)

『주역周易』 「건괘乾卦」에 일렀습니다. '이로움이라는 것은 의로움과 조화를 이루는 것이다' 또 「계사하전繫辭傳」 하下에 일렀습니다. '이롭게 쓰고 몸을 편안하게 하는 것은 덕을 높이는 것이다.' 이로움의 거대함을 논의하면,

비록 왕도를 천하에 이루었어도 오히려 이로움이 작게 될 것입니다. 더구나 전쟁하는 나라의 군주가 비록 어진 정치를 행해도 반드시 왕도를 행할 수 없으며, 비록 왕도를 행할 수 있을지언정 천하에 한 군주일 뿐입니다. 이것을 획득하지 않으면 저것에게 부여할 수가 없는 것입니다. 무릇 세상의 이로움은 이와 같을 따름입니다.

(2)

제가 가리키는 바 다가올 세상의 이로움은 더할 나위 없이 크고 더할 나위 없이 알차면서 서로 지장을 주지 않으며, 설령 모든 사람이 그것을 얻어도 서로 빼앗지 않습니다. 이로써 이로움으로 여기면 국왕이 그 나라를 이롭게 하려고 하고, 높은 관리가 그 가문을 이롭게 하려고 하고, 사대부와 서민이 그 육신을 이롭게 하려고 위·아래가 앞을 다투면 천하가 바야흐로 안정되고 바야흐로 다스려질 것입니다. 다가올 세상의 이로움을 소중히 여기는 사람은 틀림없이 지금 세상의 이로움을 가벼이 여깁니다. 지금 세상의 이로움을 가벼이 여기면서, 윗사람을 범하고 다투어 빼앗고 아비를 죽이며 임금을 죽이기를 좋아한다는 것은 듣지 못했습니다. 가령 백성이 모두 나중 세상의 이로움을 소망하면 정치를 하기에 무슨 어려움이 있겠습니까.

(3)

중국선비가 말한다 : 일찍이 들으니 '어찌 꼭 수고로이 신경 써서 아직 다가오지 않은 때를 염려하리오. 오직 오늘 눈앞의 일만 주관하라'고 하였습니다. 이는 진실한 말로, 어찌 다음 세상을 논의하겠습니까.

(4)

서양선비가 말한다 : 비루한 말입니다! 설사 개·돼지를 말할 수 있게 할지라도 이와 다르지 않을 것입니다.

(5)

아주 옛날 서역에 한 사람이 있어 종교를 설립하고서는 오로지 쾌락하며
아무런 근심 없음으로 일삼았습니다. 그때에도 역시 그것을 추종하는 자가
있어, 스스로 그 무덤의 비석에 기록하여 이르기를, '너희는 지금 마땅히 마시
고 먹으면서 기뻐하며 즐거라! 죽은 뒤에는 쾌락이 없으리니'라고 하였는데,
여러 유학자가 그 문을 '돼지우리 문'이라 일컬었습니다. 어찌 그대의 나라에
이들과 남모르게 뜻이 통한 자들이 있는 것입니까.

(6)

무릇 사람이 멀리 앞날을 염려하지 않으면, 반드시 가까운 날에 우환이 있
게 되니, 꾀함을 멀리 못하면 시인이 비방하는 바가 됩니다. 제가 보니 사람
이 더욱 지혜로울수록 그 사색이 더욱 먼 데에 이르지만, 사람이 더욱 어리석
을수록 그 사색이 더욱 가까운 데에 이릅니다.

[제14강]
마땅히 오지 않은 것을 예방하고 이르지 않은 것을 먼저 도모해야 한다

(1)

무릇 백성의 부류가 어찌 아직 다가오지 않은 것을 예방하지 않으며 이르
지 않은 것을 먼저 도모하지 않겠습니까. 농부는 봄에 갈아 심고 가을에 거두
기를 도모하며, 소나무는 심은 지 100년에 열매를 맺어도 그것을 심는 자가
있으니, 이른바 밭농사 짓는 노인이 나무를 심고 그 현손(玄孫, 고손高孫, 손
자의 손자)이 그 열매를 끌어당긴다는 것입니다.

(2)

　나그네는 두루 강과 호수를 따라 돌아다니지만, 늙어서는 고향 땅에서 평안히 살기를 바랍니다. 모든 기술자가 그 일을 시작하여 익힘은 생계를 의뢰할 바를 얻고자 함이며, 선비가 어린아이 때부터 부지런히 고달프지만 널리 배우는 것은 훗날 나라를 돕고 군주를 바로 잡고자 함입니다. 무릇 눈앞 오늘 일 모두 급한 것으로 여기지 않습니다. 못난 자손이 그 선조의 위업을 쇠퇴시키니, [우虞나라의] 우공虞公이 나라를 잃었으며 하夏나라의 걸왕桀王과 은殷나라의 주왕紂王이 천하를 잃었습니다. 이는 아득히 먼 앞날을 염려하지 않고 겨우 오늘 눈앞의 일만을 관장하였음이 아니겠습니까.

(3)

　중국선비가 말한다 : 그러나 다만 제가 지금 세상에 있으니 곧 염려하는 바가 비록 멀더라도 단지 이 세상에 있을 뿐이며, 죽은 뒤의 일을 말하는 것은 현실과 거리가 먼 듯합니다.

(4)

　서양선비가 말한다 : 공자는 『춘추春秋』를 짓고 그의 손자 자사子思는 『중용中庸』을 지었으니, 그것은 염려를 모두 한없는 세월 뒤에 널리 둔 것입니다. 무릇 염려는 다른 사람을 위한 것이지만, 모든 군자가 현실과 거리를 멀리 두지는 않습니다. 제 염려가 제 자신 및 오직 [지금 세상과 다가올 세상] 두 세상을 위해서지만, 그대는 어찌 [현실과 거리가] 멀다고 여깁니까.

[제15강]
죽은 뒤의 일을 도모함이 어찌 삶을 위함이라 할 수 있으랴

(1)

어린아이는 이미 노년의 일을 도모하면서 그가 장년에 이를 수 있을지 없을지 알지 못하지만 멀다고 말하지는 않습니다. 제가 죽은 뒤의 일을 도모함이 겨우 곧 이튿날 아침의 일일 수도 있으나, 그대는 멀다고 여깁니까. 그대가 혼인함이 어찌 자손 얻기를 바라는 것이겠습니까.

(2)

중국선비가 말한다 : 장례를 치루고 분묘를 만들며 제사를 지내는 일을 그렇게 [현실과 거리가 멀다고] 여겼습니다.

(3)

서양선비가 말한다 : 그러나 이도 역시 죽은 뒤의 일입니다. 우리가 이미 죽으면 남기는 것은 둘로, 썩지 못할 것인 정신과 빨리 썩을 것인 해골입니다.

(4)

나는 썩지 못할 것으로써 간절해 하지만, 그대는 오히려 빨리 썩을 것으로써 염려를 하면서 나에게 [현실과 거리가] 멀다고 말할 수 있습니까.

(5)

중국선비가 말한다 : 선을 행하여 지금 세상의 이로움을 이루고 지금 세상의 해로움을 멀리함도 역시 군자는 그르다고 하였는데, 다가올 세상의 이로움과 해로움을 거듭 어찌 논의할 수 있겠습니까.

(6)

서양선비가 말한다 : 다가올 세상의 이로움과 해로움은 매우 참으로 커서

지금 세상에 비교할 수가 없습니다. 우리가 지금 보고 있는 것은 이로움과 해로움의 그림자일 뿐입니다. 그러므로 지금 세상의 일이 흉하거나 길하거나 하지만 다 말할 수 없습니다.

[제16강]
지금 세상 사람의 일이 마치 연극과 같다

(1)
우리는 일찍이 스승께서 비유해서 하신 말씀을 들었습니다. '사람이 이 세상에서 사는 게 마치 배우가 놀이마당에 있음과 같으며, 소위 세속의 직업은 마치 풍자극에서 연기를 함과 같아 모든 황제·임금·재상·관리·선비·노예·황후·비빈·계집종·첩 다 잠시 보이는 화장과 복장일 뿐이니, 만일 그렇다면 그 입은 옷이 그의 옷이 아니며 마주친 이로움과 해로움이 그 자신에 미치지 않으며 연기가 이미 끝나 화장을 지우고 복장을 벗어버리면 막연히 다시 서로 관계가 없어지는 것이다. 그러므로 배우는 배우로써 분담된 자리가 높고 낮음이나 좋고 나쁨으로 근심과 기쁨을 삼지 않으며, 오직 각색脚色 받은 바대로 출연해서 비록 거지라도 역시 정말 절절히 연기하여 주관하는 사람의 의향에 맞출 따름이니, 대개 자리를 나눔은 남에게 있고 자리에 충실함은 나에게 있는 것이다.'

(2)
우리가 이 세상에 있는지 비록 100년이나 오래지만, 다음 세상의 한없는 세월 무궁함과 비교하면 어찌 겨울의 하루에 해당될 수 있겠습니까. 얻은 재물은 잠시 빌려서 사용하는 것이지 우리가 진짜 주인이 아니니, 어찌 다만 늘었다고 해서 기뻐하며 줄었다고 해서 근심하겠습니까. 군자·소인을 막론하고 다 알몸에 빈손으로 났다가 알몸에 빈손으로 돌아가니 임종하면서 떠나며 비록 황금 1천 상자를 남겨 창고 안에 쌓아 두었어도 터럭 하나도 지니고 갈 수가 없는데, 구태여 마음에 둘 필요가 있겠습니까. 지금 세상의 거짓된 일들이 이미 끝나고 곧 다음 세상의 진실한 인정이 일어날 것이니, 그 뒤에 비로소 각각 그 의당한 신분상 귀천을 얻게 될 것입니다. 만약 지금 세상의 이로움과 해로움을 참된 것으로 삼으면, 어리석은 백성이 연극을 보면서 제왕으로 분장한 자를 진짜 귀인으로 여기며 노예로 분장한 자를 진짜 하인으로 여김과 어찌 다르겠습니까.

(3)

의향이 정서가 되는 데에 있어 정밀함과 조잡함이 같지 않으니, 세상을 가르치는 책임을 짊어진 자는 누구라도 먼저 그 조잡함을 널리 알리고 나중에 그 정밀함을 드러내 밝히지 않겠습니까. 반드시 이미 [옥과 돌을] 자르고 쪼고 난 뒤에야 갈고 닦는 것입니다. [병을 고치고자] 의술을 구하는 자는 오직 병든 자이지 완쾌된 자를 일컫지는 않습니다. 우리의 가르침을 구하는 자는 오직 소인일 뿐이며, 군자는 본디 스스로 깨닫습니다. 그러므로 가르침은 의당 곡진히 소인의 의향에 접근해야 합니다. 공자는 衛나라에 이르러 민중을 보고 먼저 부유하게 한 뒤에야 가르치고자 하였으니, 어찌 가르침을 더욱 중하게 여겨야 함을 몰랐겠습니까. 다만 상민은 이로움에 흡족한 뒤에야 의로움으로 나아갈 뿐입니다.

[제17강]
선을 행하는 올바른 의향에는 상 · 중 · 하가 있다

무릇 선을 행하는 사람의 올바른 의향에는 3가지 양상이 있으니, 하등은 천당에 올라서 지옥을 모면하려는 의향에서 말미암음을 이르고, 중등은 천주의 은혜를 도탑게 입은 바에 보답하려는 의향에서 말미암음을 이르며, 상등은 천주의 성스러운 지향에 따라 순명하려는 의향에서 말미암음을 이릅니다. 배우기를 소망하는 자에게 가르침은 그것을 성취하는 데에 있을 뿐이니 부득 이하면 먼저 그 단서라도 가리켜주어야 합니다. 백성이 이로움에 빠진 지가 오래되었을 경우, 이로움으로써 이끌며 해로움으로써 놀라게 하지 않으면 아무도 인도하지 못합니다.

[제18강]

악한 사람이 악을 미워함은 형벌을 두려워함에서 말미암으며, 선한 사람이 악을 미워함은 덕을 사랑함에서 말미암는다

(1)

그러나 높은 의향의 정도에 도달할 때에는 낮은 의향은 수용되는 바가 없어 떠나가니, 마치 비단옷을 바느질할 때 반드시 명주실을 쓰니 다만 쇠바늘이 없으면 실을 넣을 수가 없지만 그 바늘 하나가 나아가 지나가고 나면 평소 의복에 남는 바는 실뿐인 것과 같습니다. 우리가 사람을 인도하여 덕으로 돌아가게 하고자 하여 만약 다만 그 덕의 아름다움을 거론하면, 이미 사사로운 욕망에 빠진 저 사람을 무엇으로써 깨우치게 하겠습니까. 말이 그 마음에 들어오지 않으니 곧 듣기를 원하지 않으면서 떠나갈 것입니다. 오직 먼저 두려워 삼가기를 지옥의 고통으로써 하고 꾀어 이르기를 천당의 즐거움으로써 해야 장차 반드시 귀를 기울여 들으려 하면서 점점 선을 좋아하고 악을 미워함을 이루려는 의향으로 나아갈 것이니, 성취한 것이 도달할 때에는 부족한 것은 없어져 버리면서 유독 그 성취한 것만이 항상 존재하게 됩니다. 그러므로 이르기를, 악한 사람이 악을 미워함은 형벌을 두려워함에서 말미암음이고,

선한 사람이 악을 미워함은 덕을 사랑함에서 말미암음이라고 합니다.

(2)

옛날 제 고향에 성인 한 명이 배출되었는데, 지금 사람들이 일컫기를 프란치스코[프란시스Francis]라 합니다. 그는 처음으로 수도회修道會 하나를 세웠는데 그 규범과 계율이 자세하고 치밀하며 청렴함으로써 숭상하니 지금 추종자로 수만 교우가 있으며 모두 덕을 이룬 수사修士입니다. 처음에 친히 가르침을 받은 이름이 쥬니버[쥬니퍼Juniper]라 불리는 한 교우가 있어 그 수도회 가운데 더불어 비교할 자가 없었는데, 그 학문이 훤히 트여 날마다 늘어나 쉼이 없었습니다. 한 사악한 마귀가 있어 증오하고 질투하여 그것을 저지하고자 가짜 천신으로 변화하여 찬란한 빛을 두루 쏘며 밤에 성인의 개인 거처에 나타나서 말하기를, '천신이 너에게 이르노니 쥬니퍼의 덕은 진실로 크지만, 비록 그럴지라도 끝내 천당에 오를 수 없고 반드시 지옥에 떨어지게 천주께서 엄중하게 명령하심이 이미 정해져 바꿀 수 없도다.'라고 하였고, 말이 끝나자 보이지 않았습니다.

(3)

프란치스코가 놀라서 숨기고 감히 누설하지 못하면서 마음 깊이 몹시 애처롭게 여겨 매번 쥬니퍼를 보면 알아차리지 못하게 눈물을 흘렸습니다. 쥬니퍼가 여러 번 보고 의아하게 여겨 잠자기 전 재계를 하고 스승의 자리에 나아가 여쭙기를, "제가 날마다 부지런히 계율을 지키고 천주를 받들어 공경하며 다행히도 애틋한 가르침을 받고 있습니다만, 이 며칠 이래로 선생님께서 눈빛에 다름이 있음을 알아차렸습니다. 어찌하여 자주 제자에게 눈물을 흘리시는 것입니까."라고 하였습니다.

[제19강]

천주께서는 지극히 높으시고 지극히 선하시니 당연히 공경하고 당연히 사랑해야 한다

(1)

프란치스코는 처음에는 드러내려 하지 않았으나 두세 번 간청하니 이전에 보고 들은 바를 다 말해주었습니다. 쥬니퍼는 기뻐하며 말하기를, '이것을 어찌 우려할 필요가 있습니까. 천주님께서 인간과 사물을 주재하시어 오직 그 의향대로 조치하신 것입니다. 하늘에 오르나 땅에 내리나 우리들이 받들지 않을 게 없습니다. 우리가 천주를 공경하고 사랑하는 것은 천당·지옥을 위함이 아니라 그 지극히 높으시고 그 지극히 선하심을 위함이니, 당연히 공경하고 당연히 사랑할 뿐입니다. 지금 비록 저를 버리신다고 해도 어찌 감히 터럭만큼이라도 게으르고 나태하겠습니까. 오직 더욱 더 공경하여 근신하며 섬겨 지옥에 있을지라도 곧 받들어 섬기고자 하지만 도달할 수가 없을까 두렵습니다.'라고 하였습니다.

(2)

프란치스코가 그 모습을 보고 그 말을 들으면서 문득 깨달아 탄식하여 말하기를, '잘못되었구나, 예전에 들은 바여! 도리를 배움이 이와 같아서야, 지옥의 재앙을 응당 받을 자가 있겠는가! 천주께서 틀림없이 그대를 천당에 올리실 것이다!'라고 하였습니다.

(3)

무릇 이 천당·지옥은 그것이 덕행을 완성한 선비[성덕지사成德之士]에게 있어서는 잠시 이러한 의향을 빙자하여 즐거움을 취하면서 괴로움을 면하려 함이지만, 대부분은 그 어짊과 의로움을 닦을 뿐입니다. 왜 그런가. 천당

은 다름 아니라 바로 예나 지금이나 어질고 의로운 사람이 모이는 광명의 집이며, 지옥도 역시 다름 아니라 바로 예나 지금의 죄짓고 악한 사람이 유배되는 황폐하고 더러운 구역입니다. 천당에 오른 사람은 이미 그 마음이 선에 안정되어 바꿀 수 없고, 지옥에 떨어진 사람은 이미 그 마음이 악에 고정되어 고칠 수 없습니다. 우리는 마음이 덕에 확정되어 좋지 않음에 옮겨지지 말기를 바라며, 우리는 어질고 의로운 군자를 항상 가까이하고 죄지어 악한 소인과 영원히 이별하기를 원합니다. 누군가 말하기를, '이로움과 해로움으로 의지를 나누면서 올바른 도리의 바깥에 두겠는가.'라 하였습니다. 유학자가 천당·지옥의 주장에 대해 공격함은 이러한 이치를 미처 살피지 못한 것일 따름입니다.

(4)

중국선비가 말한다 : 이는 불교에서 가르치는 세상이 윤회하여 날짐승·길짐승으로 변한다는 주장을 가르치는 것과 무엇이 다릅니까.

(5)

서양선비가 말한다 : 차이가 큽니다. 저들이 쓰는 '비어서 없다[허무虛無]'는 것은 거짓된 말이고, 저희가 쓰는 '실제로 있다[실유實有]'는 것은 지당한 이치이며, 저들이 '[수레바퀴가 돌듯이 영혼이 불멸하며] 돌고 돌며 [극락極樂에] 가서 산다[윤회전생輪廻轉生]'라고 말하는 것은 이로움을 말하는 데에 그치지만, 저희가 천당·지옥의 이로움과 해로움을 말하는 것은 명확히 이로움을 드러냄으로써 사람들을 이로움으로 이끌려고 하는 것입니다. 어찌 변별이 없겠습니까. 그런데 현명한 사람은 덕을 닦았으니, 비록 천당·지옥이 없을지라도 감히 스스로 그만둘 리 없습니다. 더구나 실제로 있음에서야…

(6)

중국선비가 말한다 : 선함과 악함에는 보응이 있습니다. 다만 이르기를, '반드시 이 세상에 있어서 그 자신에게 아니거나 틀림없이 자손에게나 있어서일 따름이다.'라고 하면서도 반드시 천당·지옥을 언급하지는 않았습니다.

[제20강]
이 세상에서의 보응은 매우 미미하여 부족하다

서양선비가 말한다 : 이 세상에서의 보응은 미미하여 사람 마음의 욕구를 만족시킬 수도 없고 또한 참된 덕의 공로를 채울 수도 없으며, 천주께서 선함에 상을 주시는 역량을 드러내기에도 부족합니다. [주周나라의 태사太師·태부太傅·태보太保 등 가장 높은 3종의 벼슬] 삼공三公·재상宰相의 지위는 지극히 무거운 사례이나 만약 덕의 가치에 대한 보상으로서는 만에 하나라도 보상하지 못하며, 천하에 덕의 가치를 보답할 수 있는 것은 본래부터 없습니다. 덕을 닦는 사람이 비록 보답을 바라지 않을지라도 천주의 존엄하심이 어찌 사람을 다 만족시키는 보응이 없을 수 있겠습니까. 임금이 신하의 공로에 대한 보상으로써 상주기는 삼공으로 충분하지만, 천주의 보응이 그러나 이것에 그치시겠습니까. 사람의 헤아림이 짧은 게 이와 같습니다.

[제21강]
선악의 보응은 그 자손에게 돌아가는가 아닌가

(1)
무릇 세상의 어진 사람이든 어질지 않은 사람이든 다 자식 없는 자가 종종 있으니, 그 선함과 악함을 어찌 보응하겠습니까. 나는 당연히 내가 되고 자손은 당연히 자손이 되니, 무릇 내가 직접 행한 바가 죄다 자손에게 돌아가면 그게 공평할 수 있겠습니까. 다시금 질문하건대, 천주께서 이미 사람의 선함 · 악함을 보응하셨는데, 어찌 그 자손에게 보응할 수 있으며, 보응이 그 자신에 보응하여 도달할 수가 있습니까. 가령 보응이 그 자신에 도달할 수 있으면, 어찌 이를 내버려두고 멀리 그 자손을 기다리겠습니까. 더욱이 그 자손에게는 또 자손의 선함과 악함도 있으니 어찌 보응할 것이며, 또한 장차 그 자손의 자손을 기다려서 보응하겠습니까.

(2)

그대는 선을 하고 자손이 악을 하는 경우에는, 장차 그대가 마땅히 누릴 포상을 들어서 그 악을 한 여러 자손의 몸에 죄다 부가하면 의롭다고 이를 수 있겠습니까. 그대가 악을 하고 자손이 선을 하는 경우에는, 장차 그대가 당연히 받을 형벌을 거론하면서 그 선을 한 여러 자손의 몸에 죄다 조치하면 어질다고 할 수 있겠습니까. 비단 왕도王道로 다스리는 자뿐만 아니라 곧 패도覇道로 다스리는 자의 법에도 죄가 자손에게는 미치지 않는데, 천주께서 그 자신을 내버려두면서 오직 자손에게 보응하시겠습니까. 선 · 악의 보응을 다른 사람의 몸으로 바꾸는 것은 천하의 항구한 이치를 어지럽히면서 사람으로 하여금 천주의 어지심과 의로우심을 의심케 하니, 세상 다스리는 데에 이익되는 바가 없으며 각자가 그 보응을 감당하는 것만 못할 것입니다.

(3)

중국선비가 말한다 : 선생님께서는 일찍이 천당 · 지옥이 있음을 보시고서 있노라고 판단하여 말씀하시는 것입니까.

[제22강]
이치가 드러내는 바는 안목보다 참되다

(1)

서양선비가 말한다 : 그대는 이미 천당 · 지옥이 없음을 보고서 없노라고 판단하여 말합니까. 어찌하여 앞서 말한 것을 기억하지 못하십니까. 지혜로운 사람은 평범한 안목으로 본 일이라도 그것이 있음을 반드시 바로 믿지는 않습니다. 이치가 드러내는 바는 안목보다 참됩니다. 무릇 귀와 눈의 깨달음에 오히려 항상 차이가 있지만, 이치의 옳은 바에는 기필코 오류가 없습니다.

(2)

중국선비가 말한다 : 이 이치에 관해 듣기를 원합니다.

[제23강]
이치의 두서너 단서로써 천당 · 지옥에 관한 주장을 입증하다

서양선비가 말한다 : 첫째로 말씀합니다. 무릇 물품의 종류마다 각각의 본성이 지향하는 바가 있어 틀림없이 이 정도에 도달하고도 머물러 그치며, 이것을 얻은 때에는 다른 소망을 다시 하지 않습니다. 사람도 역시 반드시 머무는 곳이 있지만, 그러나 사람 누구나 항상 지니는 심정을 보건대 이 세상의 일로써 만족할 게 없는 경우에는 그 마음이 머무는 바는 이 세상에 있지 않음이 분명합니다. 이 세상에 있지 않음은 다음 세상인 천당에 있는 것이 아니겠습니까.

[제24강]

첫째 단서는 사람의 마음이 지향하는 바가 오직 완전한 행복에 있음이다

대개 사람 마음이 지향하는 바는 오직 완전한 행복에 있으니, 많은 행복이 갖춰진 곳을 바로 천당이라 일컫습니다. 그래서 이곳에 이르지 못하면 사람의 마음이 거기 가고자 하는 희망을 꼭 가집니다. 완전한 행복 속에는 만수무강이 포함되니, 인간 세상의 수명은 비록 [중국 고대 세 천자天子] 천황씨天皇氏·지황씨地皇氏·인황씨人皇氏 삼황三皇 및 초楚 나라의 [장수長壽한 사람] 명령冥靈, 상고上古 시대 [오래 살았다는] 춘椿나무를 믿을지라도 그 수명은 끝내 한계가 있어 곧 이 세상에서는 모두 모자람이 있습니다. 소위 이 세상에는 완전한 행복이 없으나 저 [천당]이 이 [세상]보다 좋은 일이 오히려 있으니, 천당에 당도하면 머물면서 더 숭상할 게 없어 사람의 성품이 이에 머물 따름입니다.

[제25강]

둘째 단서는 천주께서 헛되이 사람에게 좋아하는 소원을 한없이 부여하지 않으심이다

둘째는 이렇습니다. 사람의 소원은 비로소 한없이 참됨을 알고 비로소 헤아릴 수 없이 좋음을 선호하지만, 이 세상에는 참됨에도 끝남이 있고 좋음에도 한도가 있으니, 곧 그리하여 그 성품을 다할 수 없습니다. 무릇 성품은 천주께서 주신 바이니, 어찌 공연히 부여하시기만 하겠습니까. 틀림없이 장차 채워주실 것이며, 또한 다가올 세상에서도 반드시 다 채워주실 것입니다.

[제26강]
이 세상의 상·벌이 선·악의 보응을 다하지 못한다

셋째는 이렇습니다. 덕은 이 세상에서는 그 가치를 매길 수 없으니, 비록 천하만국을 모두 들어 살지라도 덕의 가치를 상환하기에는 충분하지 않으며, 참으로 천당으로 보응하지 않으면 덕이 있는 자가 그에 상응하는 보응을 얻을 수 없습니다. 하늘에 계신 주님께 죄를 지으면 그 죄가 무거움을 감당할 수 없어서, 비록 천하의 극형으로써 죽이더라도 그 과실을 채우지 못하며, 참으로 지옥으로 영원히 재앙을 주지 않으면 죄가 있는 사람은 그에 상응하는 보응을 얻지 못합니다. 천주께서 천하의 모든 사람의 소행을 장악하셨지만, 덕과 죄의 보응이 상응하지 않은 적은 아직 없었습니다.

[제27강]
천주의 보응에는 사사로움이 없으시다

(1)
넷째는 이렇습니다. 천주의 보응에는 사사로움이 없어, 선한 사람은 반드시 상주시고 악한 사람은 반드시 벌하십니다. 예컨대 이 세상 사람도 역시 악을 행하고도 부귀하며 안락하지만, 선을 행하고도 빈천하고 고난받은 자도 있습니다. 천주께서는 물론 그 사람이 이미 죽기를 기다렸다가 그런 뒤에 그 선한 사람의 혼을 거두어서 천당으로 복 주시고, 그 악한 사람의 혼을 살펴서 지옥으로 벌주십니다. 그렇지 않으면 주님께서 더할 나위 없이 공변되시며 더할 나위 없이 주도면밀하심을 어떻게 밝히겠습니까.

(2)

중국선비가 말한다 : 선 · 악의 보응이 또한 이 세상에도 있으니 어떻습니까.

[제28강]
선 · 악의 보응도 역시 이 세상에 있는가

서양선비가 말한다 : 설령 선함 · 악함의 보응이 모두 다가올 세상에 대기할 때에는 어리석은 사람은 다가올 세상이 보응할 것을 알지 못하니, 어찌 하늘 위에 주님께서 계시다는 것을 입증할 수 있겠습니까. 장차 더욱 방자해지고 거리낌이 없어지니, 그러므로 법도를 위반한 자는 때로 기근 · 흉작의 재난을 만남으로써 그 이전을 검증하고 그 이후를 경계하지만, 이치에 순응하는 자는 때로 길함 · 행복이 내리는 것을 입음으로써 지나간 것에 보응하고 그 다가올 것을 권고합니다. 그러나 천주께서는 더할 나위 없이 공변하셔서 죄다 상주지 않는 선함이 없고, 죄다 벌주지 않는 악함이 없습니다. 그러므로 평생 선을 하고 그 마음을 바꾸지 않는 경우에는 당연히 천당에 올려서 큰 행복과 쾌락을 누리게 상주시고, 평생 악을 하고 죽음에 이르러서도 고치지 않으면 당연히 지옥에 떨어뜨려 무거운 환난과 재앙을 받게 하시면서 벌주십니다.

[제29강]
이 세상에 빈천한 선인이 있고 부귀한 악인이 있는 까닭

(1)

그 선을 했음이 있지만 빈천한 자는 혹시 선을 하는 중에 작은 잘못이나 악이 있음으로 말미암아 천주께서는 이로써 드러내 보응하시고, 죽은 뒤에 이

르러 이미 부족한 바가 없으면 완전한 행복의 영역에 들어가 영원토록 항상 쾌락을 누리게 하십니다. 또한 악을 했음이 있을 뿐이지만 부귀한 자는 단지 악을 행할 때 함께 미미할지라도 선을 한 적이 있으니, 그러므로 천주께서 이로써 보상해주시고 그 죽은 뒤에 이르러 이미 들어 올릴 수 없으면 깊고 어두운 지옥에 빠뜨려 영원토록 죄의 고통을 받게 하십니다. 무릇 천지 안팎의 재앙과 상서祥瑞가 천주로 말미암은 것이겠습니까. 명운命運으로 말미암은 것이겠습니까. 천주의 명령 이외에 본디 다른 명운은 없습니다.

(2)

중국선비가 말한다 : 유학자는 성인으로써 으뜸을 삼고 성인은 경전으로써 가르침을 보여주는데, 두루 우리들의 경전을 살펴도 온통 천당·지옥에 관한 설명은 없습니다. 어찌 성인이 이 이치에 통달하지 못함이 있었겠으며, 어찌 숨기고 드러내지 않았겠습니까.

[제30강]
중국의 옛 경전에도 역시 천당·지옥에 관한 설명이 있는가 없는가

(1)

서양선비가 말한다 : 성인이 전하는 가르침에는 세상을 살피는 능력이 실렸습니다. 그러므로 여러 번 전하였어도 다 전하지 못한 것이 있고, 또한 만나서 말하였어도 책에 상세하게 기록되지 않은 것도 있거나, 이미 기록하였지만 뒤에 분실된 것도 있거나, 뒤에 완고한 사관史官이 믿지 않음으로 말미암아 삭제하여 없애버린 것도 있습니다. 더구나 사건·사물에 관한 문장이 때로는 바뀌고 고쳐지기도 하였으니, 그 문장이 없다고 해서 곧 그 일이 없었다고 말해서는 안 됩니다.

(2)

지금의 유학자가 옛날의 경서를 잘못 연구한 것을 일일이 말할 수 없습니다. 문장의 풀이에는 급하고 의미의 파악에는 늦으니, 그러므로 지금 문장은 비록 많아도 지금 사적을 기술한 글은 줄었습니다. 『시경』「대아大雅」〈문왕文王〉에 이르기를, "문왕이 위에 계시니, 아! 하늘에 빛나도다. 문왕이 오르고 내리서 제帝의 좌우에 계시었네"라 하였고, 또 『시경』「대아」〈하무下武〉에 이르기를, "대대로 어진 임금 나섰네. 세 임금은 하늘에 계시고"라 하였습니다. 『상서尚書』「주서周書」〈소고召誥〉에 이르기를, "하늘은 이미 큰 나라인 은殷의 명을 끊은지 이미 오래 되었습니다. 이에 은의 많은 옛 어진 왕들은 하늘에 계시며"라고 하였습니다. 무릇 '위에 계시니' '하늘에 계시고' '하느님의 좌우에 계시었네'가 천당을 일컬음이 아니면 그 무엇이겠습니까.

(3)

중국선비가 말한다 : 경전의 이 말씀을 살피니, 옛 성인이 죽은 뒤에 본디 낙원이 있어 선을 한 사람들이 사는 곳임을 이미 믿었습니다. 그러나 지옥에 관한 설명은 결코 경전에서 검증할 수가 없습니다.

(4)

서양선비가 말한다 : 천당이 있으니 당연히 지옥도 있으며 둘이 서로 없을 수 없으니, 그 이치는 하나일 뿐입니다. 예컨대 문왕·은왕·주공이 천당에 올라가 있을 경우에는 걸·주·도척이 틀림없이 지옥에 내려가 있을 것입니다. 행실이 다를 때에는 받음이 같지 않음이 불변의 이치이니 의심할 여지도 없습니다. 이로 연유하여 사람이 임종할 때 한층 더 어진 사람인 경우에는 한층 더 느긋하고 너그러워지면서 거의 놀래는 기색이 없지만, 한층 더 못나고 어리석은 사람인 경우에는 한층 더 핍박당하면서 고통과 불행의 지극함으로 여깁니다.

(5)

만약 경서에 실려 있지 않음으로써 참되지 않다고 하는 것은 아무래도 잘못이 심합니다. 서양의 학교에서 토론하는 비결秘訣에 이르기를, '올바른 서적은 그것이 있음을 밝혀낼 수는 있으나 그것이 없음을 밝혀낼 수는 없다'고 합니다. 우리 서쪽 나라의 옛 경전에 옛날 천주께서 천지를 개벽할 때, 곧 이름이 '아담'이라 불리는 한 남자와 이름이 '하와'라 불리는 한 여자를 생성하여 이들이 세상 사람의 조상이 되었지만, 복희伏義·신농神農 두 제왕은 기록하지 않았습니다. 제가 이것으로써 보건대, 당시에 과연 아담·하와 두 사람이 있었음을 증명할 수는 있지만, 그런데 그 뒤에 복희·신농 두 제왕이 없었음을 증명해낼 수는 없습니다.

(6)

만약 중국 서적에서 보면, 옛날 복희·신농이 중국에 있었음을 증명할 수 있지만 아담·하와 두 조상이 없었음을 증명할 수는 없습니다. 그렇지 않으면 우禹 임금의 사적史蹟이 서양 여러 나라에서 쓰여지지 않았다고 해서, 천하에 서양 여러 나라가 없었다고 말할 수 있습니까. 그러므로 유교 서적에 비록 천당·지옥의 이치에 대해 명확히 변론하지 않았을지라도, 그러나 그런 까닭에 불신해서도 안 됩니다.

(7)

중국선비가 말한다 : 선한 사람은 천당에 오르고 악한 사람은 지옥에 떨어지면, 설혹 선하지도 악하지도 않은 무리가 있다면 죽은 뒤에 당연히 어느 곳으로 가겠습니까.

(8)

서양선비가 말한다 : 선과 악에는 중간이 없습니다. 선이 아니면 곧 악이요, 악이 아니면 곧 선입니다. 오직 선·악의 가운데에는 거대하냐 미미하냐

의 구별이 있을 뿐입니다. 선과 악을 비유하면 삶과 죽음 같아서 사람이 살지 않으면 죽음이요 죽지 않으면 사는 것이니, 본디 살지도 않고 죽지도 않는 자는 없습니다.

[제31강]

먼저 선하다가 나중에 악해진 사람과 먼저 악하다가 나중에 선해진 사람은 죽은 뒤에 어떠한가

(1)

중국선비가 말한다 : 가령 먼저 선하다가 나중에 변하면서 악해진 사람이 있으며, 먼저 악하다가 나중에 고치면서 선해진 사람이 있으니, 이 두 사람은 죽은 뒤 어떠합니까.

(2)

서양선비가 말한다 : 천주께서는 바로 모든 영靈의 아버지이십니다. 이 세상의 범위로 한정하여 우리에게 덕으로 권면하면서 틀림없이 거의 죽게 될 때로 기한을 정하셨습니다. 그러므로 평생 선을 하다가 잠시 마음이 변하여 악으로 마음이 향하면서 죽어 곧 죄를 범한 사람이 되면 지옥의 언제나 영원한 재앙을 받지만, 그 이전의 선은 오직 소멸하지 않을 뿐입니다. 평생 악을 하다가 오늘 마음을 고쳐 선으로 돌아가면서 죽으면 천주께서는 틀림없이 구원하면서 용서하시고 이전 죄를 사면하시면서 천당을 수여하시어 영원히 언제나 변함없이 행복을 받게 해주십니다.

(3)

중국선비가 말한다 : 이와 같은 경우에 평생 지은 악에는 보응이 없습니까.

(4)

　　서양선비가 말한다 : 천주 성경에 이르기를, "사람이 악을 고친 뒤에 스스로 깊이 뉘우치거나 그 자신을 스스로 고통스럽게 하거나 스스로 징계하고 천주께 용서하시기를 구하면, 천주께서 틀림없이 다시금 사면해주시고 죽은 뒤에 바로 하늘로 올리신다. 만약 뉘우침이 깊지 않고 스스로 고통스럽게 함이 이전의 죄에 미치지 못하면 지옥 안에 그 밖에 또 한 곳[연옥煉獄]이 있으니 이런 사람들을 두어서 마침내 여러 날 여러 해 재앙을 받게 함으로써 세상에 있으면서 채우지 못한 죄의 보응報應을 보속補贖하고, 보속을 다하면 또한 하늘로 올리신다."고 하였으니, 그 이치는 이와 같습니다.

(5)

　　중국선비가 말한다 : 마음으로 이 이치가 옳다는 것을 깨달았습니다. 여러 옛 현인의 책에 이르기를, "구태여 천당·지옥을 믿을 필요가 있겠는가. 만약 천당이 있으면 군자가 반드시 오를 것이요, 만일 지옥이 있으면 소인이 반드시 들어갈 것이니, 나는 당연히 군자가 되어야 할 따름이다"라 하였으니, 이 말은 거의 틀림없습니다.

[제32강]
천당·지옥의 이치를 믿지 않으면 결코 군자가 아니다

(1)

　　서양선비가 말한다 : 이 말은 물론 잘못한 것입니다. 어찌 그런 줄을 알았겠습니까. 천당이 있으면 군자가 오름이 반드시 그렇게 될 것이 틀림없습니다. 다만 천당·지옥의 이치를 믿지 않는다면 결코 군자가 아닙니다.

(2)

중국선비가 말한다 : 어찌 그렇습니까.

(3)

서양선비가 말한다 : 다시금 그대에게 묻겠습니다. 천주께서 계심을 믿지 않으면, 그는 군자입니까. 아닙니까.

(4)

중국선비가 말한다 : 아닙니다. 『시경』에 이르기를, "이 문왕께서는 삼가고 조심하여 밝게 하늘을 섬기셨다."라고 하였으니 누가 군자라고 말하면서 천주를 믿지 않겠습니까.

(5)

서양선비가 말한다 : 천주께서 더할 나위 없이 어지시고 더할 나위 없이 공변하시다는 것을 믿지 않으면, 그가 군자인 사람입니까 아닙니까.

(6)

중국선비가 말한다 : 아닙니다. 천주께서는 어지심의 근원이시며 만물의 공변된 주님이십니다. 누가 군자가 되어서도 그 지극히 어지시고 더할 나위 없이 공변되심을 믿지 않겠습니까.

(7)

서양선비가 말한다 : 어진 사람이라야 사람을 사랑할 수도 있고 사람을 미워할 수도 있습니다. 만약 천주께서 선한 사람을 천당에 오르게 해주시지 않으면 어찌 사람을 사랑할 권능이 있다고 말하기에 충분하겠으며, 악한 사람을 지옥에 떨어뜨리지 않으시면 어찌 사람을 미워할 권능이 있다고 말하기에

충분하겠습니까. 무릇 세상의 상·벌은 대개 모두 공평하지 못한데, 만약 죽은 뒤를 기다리지 않고 천당·지옥으로 각각 돌아감이 당연한 경우에는 사사로움을 면할 수 없으니, 이것을 믿지 못하고 어찌 천주께서 어지시며 공변되심을 믿겠습니까.

(8)

한편 무릇 천당·지옥의 보응은 중국에서 부처·노자 두 사람이 믿었고, 유학자 중에 지혜로운 자들도 역시 따랐으며, 모든 동·서 여러 큰 나라들이 의심함이 없었으니, 천주교의 성경에도 실렸습니다. 제가 앞에서 명백한 이치를 들어 드러냈는데, 그러나 고집불통으로 거역하는 자는 틀림없이 군자가 아닙니다.

(9)

중국선비가 말한다 : 이와 같을 때에는 당연히 믿겠습니다. 그러나 아직 그 설명을 듣기를 원합니다.

[제33강]
천당의 쾌락은 무한하고 지옥의 고난은 무궁하다

(1)

서양선비가 말한다 : 말하기 어렵습니다. 천주 성경 가운데서는 단지 그 대략을 거론하였을 뿐이지 상세하게는 전하지 않았습니다. 그러나 무릇 지옥의 형벌은 지금 세상에서의 재앙에 거의 가까우니 제가 빌려서 비유할 수 있지만, 저 천당의 쾌락은 어찌 말을 할 수 있겠습니까. 무릇 이 세상의 근심은 쉼도 있고 마침도 있으나 지옥의 고난은 틈도 없고 다함도 없습니다.

(2)

　성인·현인은 지옥에 관해 논의하며 그 노고를 두 가지로 나누어 그 내면을 힐책하거나 그 표면을 힐책하거나 하였습니다. 만약 얼리거나 불태움을 이기지 못하며 냄새나 더러움을 감당하기 어렵고 굶주림과 목마름이 지극하면 표면의 재해이고, 만약 마귀의 위협을 벌벌 떨며 두려워하고 한스러워 질투하며 천신天神[하늘에 계신 신, 하느님]의 행복과 쾌락을 바라보면서 부끄러움과 뉘우침이 이미 예전의 행위를 회상하는데 미치지 못하면 바로 내면의 화난입니다. 비록 그렇기는 하지만 죄인의 슬퍼하고 아파하는 바는 완전한 행복을 잃은 바의 거대한 재난보다는 더 심하지 않습니다. 그러므로 항상 슬퍼 울면서 스스로 뉘우치며 말하기를, "슬프구나. 내 생전에 음란과 쾌락의 미미함을 위해 무궁한 행복을 잃고도 이 많은 고난의 첩첩 계곡에 빠졌도다! 지금 잘못을 고쳐 이를 면하기도 이미 늦었고, 죽어서 운명을 다해 여기에서 벗어나려도 그러지 못하니, 아! 이제는 잘못을 고칠 때가 아니로구나!"라고 합니다.

(3)

　천주께서 행하시는 공변된 법은 형벌 기구로 그 사람을 고통스럽게 하지만 그 육신을 훼손하거나 없어지게 하지 않으면서 끝이 없이 재앙을 받아들이게 합니다. 무릇 죽은 뒤에 지옥에 떨어지고 싶지 않으면, 온전히 살아있을 때에 유의하여 성찰하고 그 고통을 생각하며 그 노고를 생각하십시오. 생각하면 경계할 것이며, 경계하면 [유혹에] 빠져드는 일을 하지 않으면서 지옥을 면할 수 있습니다.

[제34강]
천당의 쾌락은 어진 사람을 기다린다

(1)

설령 지옥의 엄중한 형벌이 그대의 마음을 움직일 수 없어도 천당의 행복은 당연히 틀림없이 희망합니다. 성경에 이르기를, "천당의 쾌락은 천주께서 마련하신 바로 어진 사람을 기다리며, 눈으로 본 적이 없고 귀로 들은 적이 없으며 사람의 마음이 미루어 헤아림에 미친 적도 없는 것이다."라고 하였습니다. 이에 따르면 그곳이 많은 길함이 돌아가는 곳이며, 모든 흉함이 멀어지는 곳임을 입증할 수 있습니다.

(2)

무릇 천당의 광경을 헤아리고 싶으면, 잠시 반드시 눈을 들어 이 천지의 만물을 관찰해보십시오. 현재의 기묘하고 아름다운 경관도 사람으로 하여금 탄식을 끊없이 하게 하는 게 많이 있어서 곧 다시 미루어 생각하게 합니다. 이 만물은 바로 천주께서 베푸시어 사람 · 날짐승 · 길짐승이 함께 쓰는 도구로 삼으시고, 선을 하고 악을 일으키며 같이 사는 곳으로 삼으셨습니다. 오히려 지으시고 성취하심이 이와 같으니 만약 그것을 오직 선한 사람을 위해서 완전한 행복의 거처로 조성하고 꾸미셨으면 다시 어찌 감당하겠습니까. 반드시 항상 따뜻한 봄이 되어 추위 · 더위가 여러 차례 거듭됨이 없고, 항상 광명을 보며 깊은 밤이 종종 바뀜이 없어 거기에서 사람이 쾌락하며, 근심 · 노여움 · 슬픔 · 울음의 괴로움이 없이 항상 느긋하고 태평하며 위험함이 없습니다. 아름답고 찬란한 용모가 항상 머물러 불변하고, 세월이 오가도 수명이 줄지 않고 항상 생존하며 천주님의 좌우에서 주선하니, 세속의 인간이 어찌 도달할 수 있으며 어찌 말로 풀 수 있겠습니까.

(3)

무릇 모든 행복과 길함이 용출하는 샘은 성신聖神[성령聖靈]께서 항상 즐기시는 바이며 항상 드시는 바라서, 즐기고도 결코 모자라지 않고 먹어도 물리지 않습니다. 이는 그 누리는 바가 같지 않아 전부 살았을 때에 한 선함의 공적이 많고 적음에 말미암아서 누리는 행복이 뒤따르니 서로 증오함이 없습니다. 왜냐하면 각자가 그 헤아림에 만족한 것입니다. 비유컨대 키가 큰 사람은 긴 옷을, 키가 작은 사람은 짧은 옷을, 키 큰 사람과 키 작은 사람이 각기 그 바라는 바를 얻었으니 어찌 증오함이 있겠습니까. 모든 선한 사람이 벗이 되어 온화하고 양순하며 친근하게 사랑하며 지옥의 괴로움을 굽어보니, 어찌 쾌락이 더욱 증대되지 않으리오.

(4)

흰 것은 검은 데 견주면 더욱 희고, 빛나는 것은 어두운 데 견주면 더욱 빛납니다. 천주의 바른 가르침은 이로써 세상에 훈계를 반포하였으나, 우리가 눈으로 항시 보는 것에만 얽매여 미처 보지 못하는 이치를 규명하지 못합니다. 비유한다면 감옥에 갇힌 부인이 아이를 배어 자식을 어두운 감옥에서 낳으니 그 자식이 장성함에 이르고도 해·달의 빛과 산수와 인물의 아름다움을 알지 못하고, 단지 큰 촛불을 해로 여기고 작은 촛불은 달로 여기며, 감옥 안의 인물들이 모두 단정하며 온전하다고 여겨 도리 없이 숭상합니다. 만일 그렇다면 옥중의 고충을 깨닫지 못하고 거의 쾌락으로 여겨서 옥 밖으로 나가기를 생각하지 않을 것입니다. 만약 그 어머니가 해·달의 찬란한 빛, 존귀하고 현달한 사람의 아름다운 꾸밈새, 천지 경계의 수만 리 광대함, 억만 뺌의 높이에 관해 말해준 다음에서야 용모와 광채의 세밀함, 차꼬와 수갑의 괴로움, 감옥의 좁고 더러움을 알게 되면 다시는 편안하게 집으로 기꺼이 여기려고 하지 않을 것입니다. 그래서 비로소 밤낮으로 그 팔·다리의 차꼬·수갑을 벗고 나와서 친구·친척을 찾는 즐거움을 도모할 것입니다. 세상 사람이 천당·지옥을 믿지 않으며, 의심하거나 비난하거나 하니, 어찌 슬프지 않겠습니까.

(5)

중국선비가 말한다 : 슬픕니다. 세상 사람이 부처 · 노자 둘이 속이는 것이라고 여기지 않으며, 곧 [물처럼] 출렁이고 [바람처럼] 나부끼는 모양이 마치 목동 없는 양의 무리와 같아, 이 고통스러운 세상을 낙원과 천당으로 여길 따름입니다. 선생님의 이 말씀은 자애로운 어머니의 가르침이십니다. 제가 이미 본래의 집이 있음을 알았으니, 더욱이 집으로 돌아가는 길을 익히기를 원합니다.

(6)

서양선비가 말한다 : 바른길은 [사사로운 욕심으로] 막혔고 바르지 않은 길은 도리어 열렸으니, 본디 그 길을 알지 못하면서 멋대로 인도하는 것이 있습니다. 진실은 허위와 유사하고 허위는 진실에 가까우니, 잘못 알아서는 안 됩니다. 온갖 행복을 향하였으나 갑자기 온갖 고통에 이르면, 저 걸어온 길을 탓할 것이니, 신중해야 합니다.

제7편

제7편
사람의 성품이 본디 선함을 논하고 천주교 선비의 바른 학문에 관해 진술하다

(1)

중국선비가 말한다 : 먼저 과분하게도 천주께서 많은 백성이 받드는 아버지이심을 알려주셔서, 바로 마땅히 사모하고 사랑해야 함을 깨닫게 되었으며, 이로써 인류의 영혼이 죽은 뒤에도 불멸함을 알려주셔서 바로 이 세상에 잠시 머무는 것을 중하게 여겨서는 안 됨을 깨닫게 되었습니다. 재차 들으니 더욱이 천당이 있어 선한 사람이 오르게 되며, 거기에 살기로 이미 마음을 정하고 덕을 닦으며 천주를 섬김으로써 신과 인간이 더불어 동반자가 된다고 합니다. 더구나 지옥이 있어 악한 사람이 거기에 살면서 이미 마음을 정하고도 악을 고치지 않으면 형벌과 재앙을 받음으로써 만세에 이르도록 벗어날 수 없다고 합니다. 이에 천주를 섬기는 올바른 도리를 여쭙고자 합니다.

(2)

무릇 우리 유학자의 학문은 성품을 따름으로써 도리를 닦는 것으로 삼으니, 설령 성품이 선하면 따름에 잘못이 없습니다. 만약 혹시 선한 성품을 다하지 않는다면 본디 믿을 수 없으니, 어찌합니까.

(3)

서양선비가 말한다 : 제가 유학 서적을 보았더니, 일찍이 성정性情[성품性

稟과 정서[情緖]에 관해 논의하였지만, 확정된 논의의 요결[要訣]을 발견하지 못했습니다. 그러므로 한 문중[門中]에서도 다른 주장이 항상 나오니 일은 알면서 자기 자신은 알지 못하며, 본래 안다고 한 것도 역시 [제대로] 아는 게 아닙니다.

[제1강]

성품을 따름에 관해 해석하고 논의하다

(1)

사람의 성품 그 근본이 선함을 알고자 하면, 먼저 성품을 어찌 이르며 선·악을 어찌 이르는지를 논의해야 합니다. 무릇 성품이라고 하는 것은 다름이 아니라 바로 물품 각각의 종류마다 지닌 바탕일 따름입니다. 물품 각각의 종류라고 이르는 것은 다만 같은 종류는 같은 성품이요 다른 종류는 다른 성품이며, 바탕이라 이르는 것은 곧 모두 다른 종류의 이치 가운데에 있으니 즉 이 종류의 본래 성품이 아닙니다. 바탕이라고 이르는 것은 곧 모두 그 물건의 본체 범위 안에 있지 않으니 역시 성품이 아닙니다. 다만 물품에는 자립自立하는 것이 있으면서 성품도 역시 자립하게 되며, 의뢰依賴하는 것이 있으면서 성품도 아울러 의뢰하게 됩니다.

(2)

사랑할만하며 하고자할만 함을 선이라 이르고, 싫어할만하고 미워할만함을 악이라 이릅니다. 이러한 도리에 정통한 자는 사람의 성품이 선한지 아닌지를 논의할 수 있습니다.

[제2강]

사람의 성품을 해설하다

(1)

서양 유학자가 사람에 관해 설명하기를, 이것은 바로 생활하면서 깨닫는 것으로 이치를 추론推論할 수 있다고 하였습니다. 생명이라고 함은 쇠·돌과 구별되며, 깨달음이라고 함은 풀·나무와 다름이며, 이치를 추론할 수 있음이라고 함은 날짐승·길짐승보다 빼어나며, 추론한다고 하지 곧바로 명쾌하게 통달했다고는 하지 않습니다. 또한 귀신과도 구분되는데, 귀신이라는 것은 사물의 이치를 죄다 꿰뚫어 [거울로] 비추는 것같이 [눈으로] 살피는 것같이 추론함을 기다리지 않지만, 사람이라는 것은 그 앞날의 것으로 그 뒷날의 것을 미루어 밝히고, 그 드러남으로써 그 숨겨짐을 밝혀내며, 그 이미 알아냄으로써 그 아직 알아내지 못한 바에 다다르니, 그러므로 이치를 추론할 수 있다고 하는 것입니다. 사람을 본래의 종류에 세우면서 그 본체를 다른 사물과 구별하면 바로 이른바 인간의 품성이니, 어질고[인仁] 의롭고[의義] 예의 바르며[예禮] 지혜로움[지智]은 이치를 미루어 헤아린 뒤에나 있는 것입니다.

(2)

이치는 바로 의뢰하는 성품이니 사람의 성품이 될 수 없습니다. 옛날에 사람의 성품이 선한지 아닌지 의견이 갈린 적이 있었지만, 누가 이치를 의심하여 선하지 않다고 하는 자가 있겠습니까.

(3)

맹자가 이르기를, "사람의 성품은 소·개와 같지 않다."고 하였는데, 해석하는 사람이 이르기를, "사람은 반듯한 성품을 가졌지만, 날짐승·길짐승은 편벽된 성품을 가졌다."고 하였습니다. 이치는 곧 둘이 없고 편벽됨도 없으니 이는 옛날의 현자들이 본디 성품이 이치와 같지 않다고 한 것입니다.

[제3강]
성품을 따름이 어찌하여 선도 되고 어찌 선하지 못함도 되는가

(1)
이를 해석하면 거의 그대가 질문한 '사람의 성품이 선한지 아닌지'에 대한 답변이 될 수 있을 것입니다. 만약 그 성품의 바탕과 정서를 논의하건대, 모두 천주께서 [없음(무無)을] 변화시키시고도 [있음(유有)으로] 생성하신 이치로써 주재하셨으니, 곧 함께 사랑할만하며 하고자할만하고도 본래 선하여 악이 없습니다.

(2)
그것이 작용한 [가장 중요한] 계기를 논의함에 이르면 거듭 내의 선·악의로 말미암아 내가 사랑할만하거나 미워할만하거나 하여 소행이 달라지니, 곧 그 작용한 [가장 중요한] 계기가 선한지 악한지로 결정되지 않고, [작용한 계기가 결정된] 원인은 [나 자신의] 정서입니다.

(3)
무릇 성품이 발동하는 바에 만약 병폐와 결점이 없으면 틀림없이 스스로 이치의 명령에 따라 조절하는 데에 어긋남이 없으니 곧 선하지 않을 수 없습니다. 그러나 정서라는 것은 성품의 보행이라 때로 편벽된 결점을 드러냅니다. 그러므로 한결같이 그 욕구를 따르면 언제나 부당하다고 하며, 이치가 가리키는 바를 살피지도 않습니다. 육신에 병이 없을 때는 입이 삼키는 것이 단 것은 달고 쓴 것은 쓰지만, 갑자기 병을 만나 변하게 되면 단 것을 쓴 것으로

여기고 쓴 것을 단 것으로 여깁니다. 성품과 정서가 이미 병들면서 사물을 접하고 잘못 느껴 이치를 거스르며, 그 사랑하고 미워하는 바와 그 옳다 하고 그르다고 하는 바가 그 올바름을 얻기가 드물고 그 참됨에 부합하는 것이 드뭅니다. 그러나 본래의 성품이 스스로 선하니 이것도 역시 적합하게 선을 하는 데에 거리낌이 없으며, 대개 그 이치를 추론할 수 있는 것은 곧 타고난 올바른 재능이 항상 있음이니 본래의 병폐를 인지하면서 다시 치료할 수 있습니다.

(4)

중국선비가 말한다 : 그대의 나라에서 선의 이치를 규정하여 이르기를 '사랑할만하다'하고, 악의 이치를 규정하여 '미워할만하다'고 하였으니, 이 한 가지의 설명은 원래 선·악의 정서에 관해 다 말한 것입니다. 저희 나라의 선비가 이르기를, '선에서 나왔으니 곧 선이요, 악에서 나왔으니 곧 악이다.'라고 하였으니, 역시 이는 이치의 또 하나의 단서입니다. 만약 우리의 성품이 이미 선하면 이 악은 어디로부터 온 것입니까.

[제4강]

사람의 성품이 선·악을 행할 수 있으니 성품에 본래 악이 있다고 일러서는 안된다

서양선비가 말한다 : 저는 성품이 선·악을 행할 수 있지만, 물론 성품에 스스로 본래 악이 있다고 일러서는 안 됩니다. 악은 실존하는 사물이 아니라 곧 선이 없음을 일컫는 것입니다. 죽음은 다름 아니라 곧 삶이 없음을 일컬을 뿐임과 같으며, 재판관이 죄인을 죽일 수는 있어도 어찌 그 죽음이 자기에게 있는 것과 같겠습니까. 만일 세상 사람이 살면서 선을 하지 않을 수 없다면,

어떤 것을 순종하여 선을 이루었다고 일컬을 수 있겠습니까.

[제5강]
공적과 죄과가 다 사람의 자원自願으로 말미암아서 생긴다

(1)

　천하에 선을 행함에 의향이 없으면서 선을 행할 수는 없습니다. 내가 강요 없이도 나 자신이 선을 할 수 있으면서 스스로 나아가 행해야 바야흐로 선을 행하는 군자라 일컬을 수 있습니다. 천주께서 사람에게 이러한 성품을 부여 해주셔서 선·악 두 가지를 행할 수 있는 것은 인류에게 관대하신 까닭입니다. 이 선을 취하거나 버리는 그 능력은 비단 선을 행해서 공적을 늘릴 뿐만 아니라 더욱 그 공적을 내 공적이 되게 하고자 함입니다. 그러므로 말하기를, '천주께서 나를 생성하신 까닭은 나를 쓰려고 하심이 아니라, 나를 선하게 하려는 까닭으로써 곧 나를 쓰시고자 함이다.'라 하였음이 이를 일컬음이니, 다름이 아니라 과녁을 설치함이 쏘는 사람으로 하여금 그르치게 하려고 함이 아닌 것과 같으며, 또한 마치 악한 정서를 세상에 사람으로 하여금 하게 하려는 게 아닌 것과 같습니다. 저 쇠·돌·날짐승·길짐승의 성품은 선·악을 할 수 없어서 사람의 성품이 할 수 있는 것만 못하며, 그 공적을 쌓는 것도 그 공적이 공적으로 이름 날리는 공적이 아니라 덕을 행하는 참된 공적입니다. 사람의 성정性情은 비록 본래 선하기는 하지만, 그로 말미암아서 세상 사람이 모두 선한 사람이라고 일컬어서는 안 됩니다. 오직 덕 있는 사람이 바로 선한 사람이 되며, 덕이 선에 더해져서 그 쓰임도 본디 선한 성품의 바탕 위에 있는 것입니다.

(2)

중국선비가 말한다 : 성품에는 본디 반드시 덕이 있으니, 덕이 없으면 어찌 선을 하겠습니까. 이른바 군자도 역시 그 처음을 회복해야 합니다.

(3)

서양선비가 말한다 : 설령 선이라 일컫는 것이 오직 그 처음을 회복하면 사람이 모두 태어나면서부터 성인일 터이지만, 어찌 태어나면서 앎이 있는 것과 배워서 앎이 있는 것의 구별을 일컬을 것입니까. 만약 덕이 저절로 내가 새로이 알아내는 게 아니지만 다만 그 이미 있는 바로 회복하는 것이라 일컬으면, 이미 잃었으니 큰 죄를 지은 것이고 지금 회복하더라도 큰 공적이 되기에는 부족할 것입니다. 오히려 당연히 모름지기 선의 두 종류를 알아야 합니다.

[제6강]
성품의 선은 타고난 선이고 덕행의 선은 배워 익힌 선이다

(1)

성품의 선은 타고난 선[양선良善]이고 덕행의 선은 배워 익힌 선[습선習善]이니, 무릇 타고난 선이라는 것은 천주께서 본디 주신 성품의 덕이지만 우리에게는 공들인 보람이 없으며, 우리가 일컫는 공들인 보람은 단지 스스로 배워 익혀 쌓은 덕행의 선입니다.

(2)

유아기 어린애가 어버이를 사랑하고 날짐승 · 길짐승도 역시 어버이를 사랑하니, 보통 사람은 어지냐 어질지 않으냐를 막론하고 돌연히 젖먹이 어린애가 우물로 들어가려는 것을 보면 곧 모두 두려워하며 걱정하니, 이는 모두

타고난 선일 따름입니다. 날짐승·길짐승과 어질지 않은 사람이 무슨 덕이 있겠습니까. 의로움을 보면서 즉각 행하니 곧 덕을 하는 것일 뿐입니다. 그들이 하지 못할 것이 있거나 의로움을 미처 살필 겨를이 없으면 덕을 이룰 방도가 없습니다.

[제7강]
사람 심성의 처음 생김새는 흰 명주나 대쪽과 같다

그러므로 사람의 심성이라 일컫는 것은 처음 태어날 때는 글이 쓰인 바가 없는 흰 종이 같기도 하고 또 고운 모습의 여인 같기도 하니, 그 미모는 오히려 사랑할만하지만 그러나 모두 그 부모가 물려준 덕이라서 그 본래 덕의 아름다움을 드러내기에는 부족합니다. 만일 그 비단옷에 또한 홑옷을 입은 뒤에야 보면 그 덕을 알만하니, 이것이 바로 여자의 본래 덕입니다. 우리 천성이 비록 곱더라도 만약 덕으로써 꾸밈이 없으면 칭찬할 것이 못 됩니다.

[제8강]
덕은 바로 신성의 보배로운 의복이다

(1)
저희 서쪽 나라의 학자들이 덕을 일러 곧 신성神性의 보배로운 의복이니 오래도록 익힌 의로운 염원으로 의로움을 행하면 생성된다고 합니다. 의복이라 일컬음은 즉시 입을 수 있고 벗을 수 있으면서 기꺼이 선을 행하는 염원을 얻음이니 소위 성인·현인입니다. 선하지 못한 자들은 이에 상반되니, 다만 덕과 죄는 다 무형의 의복이지만 오직 무형의 심성은 곧 우리들이 말하는 신神이 입힌 것일 뿐입니다.

(2)

중국선비가 말한다 : 성품과 덕에 대한 논의는 예전이나 지금이나 많은데, 그 충심衷心과 근본을 상세히 설명한 것과 같음은 오히려 이제야 비로소 듣습니다. 무릇 의롭지 않음을 행하는 것은 마치 땀과 똥으로써 본성을 물들임과 같으며, 의로움을 행하는 것은 마치 고운 비단으로써 드러냄과 같습니다. 그러므로 덕을 닦으면서 성품이 더욱 아름다워지니, 이는 확실히 군자가 자기를 닦은 공적입니다. 그러나 또한 바깥의 일에 힘쓰면서 다시 근본으로 돌아가 회복하지 못하는 사람도 있습니다.

(3)

서양선비가 말한다 : 애석합니다. 세상 사람들은 온종일 두루 바라보며 마음과 힘을 다 기울여 가짜 보배를 쌓음으로써 육체의 눈은 즐겁게 하지만, 마음의 눈을 열어 천만 년 세월의 아름다운 빛깔과 마음 속 영신靈神의 진짜 보배 보기를 즐겨하지 않으면서도, 의당 그 날마다 마음을 졸이며 피곤해하고 괴로워하나 임종할 때에야 애통해하며 두려워 떠는 게 가축이 도축장에 끌려가는 것과 같습니다.

[제9강]

천주께서 나를 생성하시어 덕에 부지런할 수 있게 하셨지만 도리어 스스로 포기하면 허물은 장차 누구에게 돌아가나

(1)

천주께서 나를 이 세상에 생성하시어 나로 하여금 홀로 덕업에 부지런하여

항상 무궁한 행복을 스스로 얻게 하시고 번거롭게 밖에서 빌리지 말라고 하셨습니다. 그러나 내 스스로 그것을 포기하고 도리어 만물을 부리는 일을 함으로써 수많은 위험을 향해 가니 누구를 책망하겠습니까 누구를 책명하겠습니까.

(2)

무릇 사람은 존귀하고 부유하게 되기를 바라지 않고 오직 그 하고 싶은 것을 항상 할 수 있기를 바랄 뿐인데, 하고 싶은 것을 할 수 있는 길은 다름이 아니라 오직 그 구하여 얻기를 바라는 바가 나에게는 없는 것을 소중하게 여기지 말라는 것입니다. 나에게는 원래 참다운 내가 있는데도, 내 스스로 해치려는 마음의 해침이 바로 진짜 해로움입니다.

(3)

사람은 육신과 영신 두 단서로 서로 맺어져 사람을 이뤘습니다. 그러나 영신의 오묘함이 육신을 초월합니다. 그러므로 지혜로운 자는 영신으로써 참된 자기를 삼고 육신으로써는 자기를 담는 그릇으로 삼습니다.

(4)

옛날에 현명한 신하 야나Yana가 있었는데 나라를 찬탈한 자에게 부상당했지만 태연하게 말하기를, "너는 야나의 그릇을 상하게 하였어도 야나라는 사람은 상하게 하지는 못했다."고 하였으니, 이는 소위 달인達人입니다.

(5)

중국선비가 말한다 : 사람은 역시 누구라도 의로움을 어기면 저절로 재앙이 있으며, 덕에 순종하는 자는 저절로 큰 길함과 풍성한 행복이 있으나, 밖에서 구할 필요가 없다는 것을 모릅니다. 그런데 덕을 힘쓰는 자는 대대로 더

욱 드무니, 그 덕의 길은 이해하기가 어렵습니까. 그렇지 않으면 [덕의 길로]
나아가기가 어렵습니까.

[제10강]
덕의 도리를 알면서도 행하지 않으면 그 허물을 갑절로 늘린다

(1)
서양선비가 말한다 : 다 어렵지만 나아가기가 더욱 심합니다. 이 길을 알
고도 가지 않으면 그 허물이 갑절로 늘고 게다가 그 지식도 없어집니다. 먹는
것에 비유하건대, 그 먹은 것을 소화할 수 없는 경우에는 배는 채웠지만 영양
이 없어 도리어 그 몸을 상하게 하니, 힘껏 행해서 그 아는 바를 실천하여 곧
그 재능의 빛을 늘려 열고 그 마음의 힘을 더욱 두텁게 하여 그 나머지를 행
해야 합니다. 시험해보면 그것이 그러함을 깨달을 것입니다.

(2)
중국선비가 말한다 : 우리 중국선비가 예전에는 성스런 가르침을 배워서
성인이 되었으나 지금은 오래도록 성인을 보지 못했으니, 제가 의심컨대 지
금의 학문은 성인의 학문이 아닙니다. 이에 바라옵건대 학문하는 방법을 상
세히 가르쳐주십시오.

(3)
서양선비가 말한다 : 일찍이 제가 많은 책을 보니 학문을 논의함이 각각 극
히 사사로웠는데, 만약 공변된 학문을 벌써 헤아려 깨달았더라면 우리들이
어찌 천명天命에 따르지 않고 반복하여 서양 학교의 학문에 대해 칭찬하여
기술함이 있었겠습니까. 쓸 것인지 버릴 것인지에 대한 고려는 그대에게 있

을 뿐입니다. 무릇 학문이라 일컬음은 비단 오로지 먼저 선각자의 행동과 어록을 본받을 뿐만 아니라 학문이라 일컫는 것에도 역시 자기 스스로가 알아서 깨달음을 이끄는 학문이 있으며, 천지 만물을 보고 살피면서 세상 물정을 미뤄 익히는 학문도 있습니다. 그러므로 말하기를, 지혜로운 자는 서적이 부족하고 전해주는 스승이 없음을 근심하지 않으며, 천하 만물이 다 내 스승이자 내 책입니다.

(4)

'학學'의 글자가 된 그 뜻이 너르니, 바름과 바르지 못함, 큼과 작음, 날카로움과 무딤이 다 맞습니다. 저 바르지 못한 학문은 원래 그대가 질문한 게 아니며, 그 권세·이득과 무익한 배움에 대해 군자는 마음을 미혹하게 하여 어지럽히지 않습니다. 제가 논의하는 바 학문은 오로지 내면이며 자기를 위함입니다. 간략히 한마디 말로 하면, 자기 성취를 이르는 것입니다. 세상의 폐해에서 배우는 게 없지 않습니다만, 이는 오히려 다만 무릇 차라리 익히지 않은 게 나았을 방편을 쓸데없이 익힌 것이고, 오히려 마침내 실행하는 데에도 보탬이 되지 않습니다.

[제11강]
이른바 자기를 성취함은 바로 본래 형태의 영신과 육체를 성취함이다

우리들의 본래 육체의 영신은 비단 매우 오묘하고 귀중할 뿐만 아니라 또한 형체의 본래 주인입니다. 그러므로 영신을 닦으면 곧 형체를 닦는 것이며, 영신이 성취되면 곧 형체도 성취되지 않음이 없습니다. 그래서 군자의 본업은 단지 영신에 있을 뿐이니 그대 나라의 이른바 무형의 심성입니다.

[제12강]
사람의 내면 관장에 명오明悟 · 기함記含 · 애욕愛慾 셋이 있음을 해설하다

(1)
형체가 있는 육신에는 귀 · 눈 · 입 · 코 · 팔다리 그 다섯 가지 관장管掌 기관器官이 있어 사물과 교류하여 깨닫고, 형체가 없는 영신에는 세 가지 관장이 있어 접하여 통하게 되니 일컫기를, 기억에 넣어두기를 관장함, 훤히 깨닫기를 관장함, 사랑과 욕망을 관장함이라 말합니다. 무릇 우리가 보고 듣고 맛보고 깨달으면 곧 그 모양이 육신의 다섯 구멍을 거쳐 영신에 다가오고 영신은 기억을 관장함으로써 이를 받아 창고에 쌓아두는 것과 같이 하여 망령되지 않게 합니다. 나중에 우리가 사물 하나를 훤히 알고자 하면 곧 훤히 깨닫기를 관장함이 그 사물을 기억에 넣어두기를 관장함에 있는 형상을 취하면서 자세한 사정이 그 자체에 적합하며 그 성품과 감정의 참됨이 이치에 적합한지 아닌지에 따라 그것이 선하면 내가 사랑을 관장함으로써 사랑하고자 하지만, 그것이 악하면 내가 사랑을 관장함으로써 미워하며 한스러워 합니다. 대개 훤히 깨닫기를 관장함이 옳음에 이르기도 하고 또한 그름에 이르기도 하며, 사랑을 관장함이 선을 좋아하게 관장하기도 하고 또한 악을 미워하게 관장하기도 합니다.

(2)
세 가지의 관장이 이미 이뤄지면 내가 이루지 못할 일이 없습니다. 또 그 사랑함을 관장함과 훤히 깨달음을 관장하는 것이 이미 이뤄졌으니, 그 기억을 관장하는 것은 참됨을 숭상하고 사랑함을 관장하는 것은 좋아함을 숭상하니, 그래서 내가 통달한 바가 더욱 참되며 그 참됨이 더욱 넓어지는 때에는 곧 훤히 깨달음을 관장하는 것이 더욱 이뤄져 충만할 것이며, 내가 사랑하는 바가 더욱 좋아지고 그 좋아함이 더욱 깊고 도타워지는 때에는 곧 사랑함을

관장함이 이뤄져 나갈 것입니다. 만약 훤히 깨달음을 관장함이 참됨을 얻지 못하고, 사랑을 관장함이 좋아함을 얻지 못하는 때에는 두 가지의 관장이 그 자양분을 잃으면서 영신이 오히려 병들어 굶주리게 됩니다.

(3)

훤히 깨달음을 관장함의 큰 공적은 의로움에 있고, 사랑을 관장함의 큰 근본은 어짊에 있습니다. 그러므로 군자는 어짊과 의로움을 중요하게 여깁니다. 이 [어짊과 의로움] 둘은 서로 바라며 하나로 쏠릴 수 없습니다. 그러나 오직 훤히 깨달음을 관장함이 어짊의 선함을 밝힌 다음에야 사랑을 관장함이 사랑하면서 있게 하며, 사랑을 관장함이 의로움의 덕을 사랑한 다음에야 훤히 깨달음을 관장함이 살피면서 구합니다. 다만 어짊이라고 이르는 것은 또 의로움의 지극한 정밀함이 되니, 어짊이 풍성한 경우에는 훤히 깨달음을 관장함이 더욱 밝아집니다. 그러므로 군자의 학문도 또한 어짊으로써 주됨을 삼는 것입니다.

(4)

어짊은 덕을 높이니 덕이 학문이 되는 것은 강탈할 수 없으며 오래 감춰둠으로써 훼손시키거나 약화시킬 수 없으며, 사람들에게 베풀어 나눠주면서 다시 자라고 우거져서 높은 자리에 있을수록 더욱 진귀해집니다. 이른바 덕은 백성에게 있으면 은이 되고 지방관에게 있으면 금이 되며 군주에게 있으면 보배가 됩니다.

(5)

일찍이 들으니 지혜로운 사람은 일을 할 때 반드시 먼저 하나의 주견을 세운 뒤에야 그 선을 도모하여 모두 확득한다고 합니다. 여행갈 사람이 먼저 가고자 하는 지역을 정하고 난 뒤에야 갈 길을 찾고 묻는 것과 같아서, 끝맺음의 의미는 본래 그 시작에 있는 것입니다.

[제13강]
도를 배우는 요체는 그것이 향하여 가는 곳을 깨닫는 것이다

(1)
무릇 도를 배움도 역시 그 향해가고자 하는 것을 알고, 내가 과연 어느 것을 위해 배우려 하는가를 아는 게 요긴합니다. 그렇지 못한 경우에는 사리에 밝지 못해서 가서 스스로 그 구하고자 하는 바가 무엇인지를 알지 못합니다. 혹은 배우는 게 겨우 지식을 얻기 위함일 뿐이면 이는 곧 단지 배우는 것이며, 혹은 아는 것을 팔기 위해서면 이는 곧 천한 이득이며, 혹은 사람들에게 알리고자 해서면 이는 곧 하지 않아도 되는 근면이며, 혹은 사람들을 가르치기 위해서면 곧 하는 바가 자애로움이며, 혹은 스스로 어질어지기 위해서면 곧 하는 바가 지혜로움입니다.

(2)
그러므로 제가 말씀드립니다. 학문의 높은 지향은 오직 이 자기 성취로써 천주의 성스러운 의향에 부합하게 할 뿐이니, 이른바 천주로 말미암았지만 천주께로 돌아가는 것입니다.

(3)
중국선비가 말한다 : 이와 같은 경우에는 그 자기 자취가 천주를 위함이지 자기를 위함이 아니니, 곧 어찌 외학外學이 아니겠습니까.

(4)

　서양선비가 말한다 : 어찌하여 자기가 성취했지만 자기를 위하는 것이 아니겠습니까. 그것이 천주를 위함이기도 하며, 바로 그것이 자기 성취가 되는 이유이기도 합니다. 공자께서 어짊에 관해 말씀하시기를 "어짊은 오직 사람을 사랑함을 일컫는다."라고 하셨지만, 유학자는 외학으로 여기지 않습니다. 제가 말씀드리겠는데, 어짊이라고 하는 것은 바로 천주를 사랑하고 더불어 무릇 사람을 사랑하는 것으로, 그 으뜸 근원을 숭상하면서 그 지파支派를 파견하지 않으니, 어찌 외학이라 일컫겠습니까. 사람 가운데 설사 친하기가 부모 같아서 천주께 견줄 자라도 마치 밖이라 간주하는 것과 같습니다. 더구나 천주께서는 항상 사물 안에만 계시니, 당연히 밖을 주관하지 않으십니다.

(5)

　의향이 더욱 높은 자는 학문도 더욱 높으니, 만일 학자의 의향이 자기 한 몸에 그친다면 무슨 높음이 있겠습니까. 천주를 위하는 정도에 이르러야 그 존숭함은 비로소 보탤 것이 없으니 누가 천하다고 여기겠습니까.

(6)

　거룩한 학문은 내 성품 안에 있으니 천주께서 사람의 심성에 새겨 주셔서 원래 파괴될 수 없으니 그대 나라 유교 경전의 소위 '명백한 덕행[명덕明德]' · '분명한 명령[천명天命, 명명明命]'이 이것입니다.

[제14강]

명백한 덕행의 요체는 몸소 행하여 사람을 깨우침에 있다

(1)

다만 이 '명백한 덕행[명덕]'과 '분명한 명령[천명]'이 자기 욕심으로 가리워 숨겨져서 [사리에] 어두워짐에 이르면 성인·현인께서도 몸소 세상 사람들을 깨우치지 못하시니, 어찌 스스로 어두워짐에 이르면 깨달을 수 있겠습니까. 아마도 자기 욕심을 명백한 덕행으로 잘못 인식하여 바른 학문을 더욱 어그러지게 할 따름입니다.

(2)

그러나 이 학문의 귀중함은 온전히 힘써 행함에 있지만, 근래 사람들이 멋대로 간주하여 강론함으로써 당연하다고 하니, 어찌 잘 배운 경험이 덕을 행함에 있지 덕을 말함에 있지 않음을 알겠습니까. 그러나 그 [덕에 관한] 강론도 역시 빠트려서는 안 됩니다. '강학講學'이라 이르는 것은 옛것을 익히면서 새로운 것을 알며, 깊은 속내를 꿰뚫면서 의문을 풀고, 자기를 분발케 하면서 남에게 권유하며 두루 배우면서 돈독하게 믿는 것입니다. 선의 도리는 무궁하니, 그러므로 선을 행하는 것을 배움은 육신과 함께 끝나니, 육신이 있으면 하루라도 배우지 않으면 안 됩니다. 무릇 말하기를 이미 이르렀다고 하면 그것은 틀림없이 일어서지 않은 것이며, 무릇 말하기를 내가 이미 선함에 나아가고자 하지 않는다고 하면 곧 이는 악함에 되돌아가 반복하는 것입니다.

(3)

중국선비가 말한다 : 이는 다 참된 말씀이니, 감히 착수할 때에 대해 여쭙겠습니다.

(4)

서양선비가 말한다 : 제가 평소에 터득하기를 이때는 마치 밭농사의 그러함과 같다고 하겠는데, 먼저 땅을 갈고 그 야생풀을 뽑고 그 기와와 돌을 제

거하고 그 범람하는 물을 도랑과 골짜기로 흐르게 한 뒤에나 좋은 씨앗을 심는 것입니다.

[제15강]
먼저 악을 버린 뒤에야 선에 이를 수 있다

(1)
학자도 먼저 악을 버린 뒤에야 선에 이를 수 있으니 소위 하지 않는 바가 있어야 비로소 함이 있을 수 있다는 것입니다. 아직 배우지 못한 처음에 익히려는 마음에 방자하게 제멋대로 해서 그 악의 뿌리가 굳건히 마음에 깊이 들어왔으니 뽑아서 없애려면 열심히 노력하지 않을 수 있겠습니까. '용감하다'라고 하는 것은 자기를 이겨냄을 일컫습니다. 어린 나이의 사람이 일찍 배움에 나아가면 그 공부가 마치 1과 같으면 공들인 보람은 마치 10과 같으니 예전에 익힌 허물이 없는 까닭입니다.

(2)
옛날에 잘 가르치는 사람 하나가 있었는데, 제자가 따르려고 하면 반드시 예전에 다른 스승을 따르지 않았는지를 물었습니다. 다른 스승을 따랐던 것으로써 그가 이미 예전의 잘못을 밟았음이 되니, 반드시 곧 그 사례를 갑절로 내게 했는데, 하나는 예전의 잘못을 고쳐 바꾸기로 인해서였으며, 하나는 가르쳐 새로운 것을 알게 함으로 인해서였습니다.

(3)
이미 학문을 알면서, 더욱이 색욕에 빠진 경우는 어떻게 용감하고 의연함에 서겠습니까. 더욱이 교만하고 오만해서 스스로 만족하여 남을 속인 경우는 어떻게 겸손의 미덕으로 나가겠습니까. 더욱이 의롭지 못한 재물에 유혹되어 그 주인에게 되돌려주지 않는 경우는 어떻게 청렴함을 지키겠습니까. 더욱이 높은 지위에 오르고 귀하게 됨을 드러냄과 공을 세워 이름을 알림에 빠진 경우는 어떻게 도덕에 뛰어나겠습니까. 더욱이 장차 하늘을 원망하고 남을 탓하는 경우는 어떻게 인자함과 의로움에 서겠습니까. 술통[거유秬卣]에 식초·소금이 가득차면 제삿술[울창鬱鬯]에 따라서는 안 됩니다. 자기의 악을 아는 것이 선의 끝을 보면서 덕의 길로 쉽게 들어서게 해줍니다.

[제16강]
악을 잘라내고 선을 일으키려면 모름지기 날마다 성찰해야 한다

(1)

모든 악의 뿌리를 잘라내고 자기를 선에 일으키려 하면 수도회의 규칙과 관례를 공경하며 지키는 편이 나으니, 날마다 두 차례 성찰하고 이미 반나절 사이에 생각한 바, 말한 바, 선과 악을 행한 바에 선한 것이 있었으면 스스로 권장하기를 계속하고 악한 것이 있었으면 스스로 징계하여 끊어버려야 합니다. 오랫동안 이것을 힘써 배우면 설령 스승의 책망이 없어도 역시 큰 허물이 있을까 근심하지 않을 것입니다.

(2)

그러나 근면한 수련의 극치는 항상 마음의 눈으로 천주 뵙기를 익혀서, 마치 지존至尊을 마주 뵙는 것 같이 엄숙함이 마음에서 떠나지 않게 하고, 헛된 잡념이 저절로 싹터 일어나지 않게 하면, 그 밖의 다른 공부할 필요가 없습니다. 팔·다리를 못 쓰게 하지 않더라도 스스로 의롭지 않은 것을 찾아가지 않을 것입니다.

[제17강]
악을 바로잡는 요체는 오직 깊이 뉘우침에 있다

(1)
그러므로 악을 바로잡는 요체는 오직 깊이 뉘우침에 있으니, 그 이전에 자기가 범한 바를 뉘우치고 스스로 감히 다시는 따르지 않겠노라 맹세하면 마음이 이미 씻기어 덕의 보배로운 의복을 입을 수 있습니다.

(2)
무릇 덕의 등급이 많아서 충분히 논의할 수는 없습니다만 제가 지금 그대를 위해 오직 그 강령을 들 것이니 곧 어짊이 그 요체이며, 그 요점을 얻은 경우는 그 나머지 것은 따라옵니다. 그러므로 『주역』에 이르기를 "[원형리정元亨利貞의] 원元이라는 것은 선善의 어른이요, 군자君子는 인仁을 본받아 충분히 사람의 어른이 될 수 있다."고 하였습니다.

[제18강]
천주를 만물 위에 사랑하고 다른 사람 사랑하기를 자기와 같이하는 것, 이 두 가지는 모든 덕을 온전히 갖춤이 된다

(1)
무릇 어짊에 관한 설명은 요약하여 두 마디의 말로써 다 할 수 있습니다. "천주를 사랑하라. 천주를 숭상할 방도가 없으니 천주를 위하는 자는 다른 사람 사랑하기를 마치 자기와 같이하라." 이 두 가지를 행하는 것은 모든 행실을 온전히 갖추는 것입니다. 그러나 둘도 역시 하나일 뿐입니다. 한 사람을 독실하게 사랑하면 그가 사랑하는 것마저도 사랑하게 됩니다. 천주께서 사

람을 사랑하시니, 우리가 참으로 천주를 사랑하는 자로서 사람을 사랑하지 않을 수 있겠습니까. 이는 어짊의 덕이 존중되어야 하는 까닭이며, 그 존중은 다름 아니라 곧 천주로 말미암은 것입니다. 가령 천주께서 우리들을 성취시키는 까닭이 다른 외부 사물에서 비롯하였거나 또 혹은 얻기를 간구하지 얻을 수 없으면 오히려 불만족스럽습니다. 그러나 모두가 내 내면의 관심에서 비롯하였기에, 단지 사랑 하나에 있다고 말할 뿐입니다. 누가 이르기를 '우리는 사랑할 수 없다.'라고 하겠습니까. 천주께서는 모든 선을 모아서 우리를 생성하여 양육하시고 우리에게 생명을 베푸셨으며, 우리를 사람이 되게 하시고 길짐승이나 벌레가 되게 하지 않으셨으며, 더욱이 덕을 일으킬 품성을 주셨습니다. 우리가 천주를 사랑함에 바로 천주께서도 역시 은총으로 응답하시니 어디에 가든지 선하지 않겠습니까.

(2)

사람의 심성이 사랑을 관장하여 선에 향하면 그 선은 더욱 커지고 사랑을 관장하는 것도 역시 더욱 충만해집니다. 천주의 선은 한계가 없으니 곧 우리의 덕이 자랄 수 있는 정해진 경계가 없으며, 곧 무릇 우리의 정서情緒와 본성本性을 충만하게 하시는 분은 오직 천주이십니다. 그러나 선[의 이치]에 통하지 못하면 반드시 사랑할 수가 없습니다. 그러므로 손가락 한 마디만한 [화폐로 쓰던] 조개의 값이 100에 상당함을 알면 사랑함이 100과 같이 되며, 한 아름만한 옥의 값이 1,000에 상당함을 알면 사랑함이 1,000과 같이 됩니다. 이런 까닭으로 사랑하는 계기가 분명히 통달하는 데에 있으니 힘을 다하여 어짊을 넓히고자 하면, 먼저 반드시 마음을 다하여 천주께서 하시는 일의 이치에 통달함으로써 비로소 그 가르침을 깨달아 따르게 됩니다.

(3)

중국선비가 말한다 : 천주께서 하시는 일의 이치는 눈으로 볼 수가 없는데

도 믿는 바는 사람이 말한 바와 기록한 바뿐이고, 사람이 앎을 믿는 것은 오직 황홀한 지식이니 어찌 향하여 갈 바를 결단할 수 있겠습니까.

[제19강]
사람과의 사귐은 반드시 확실한 증거가 있는 그의 말을 믿는 것이다

(1)
서양선비가 말한다 : 사람은 형상이 있는 자라, 사람과 사귀는 도리라는 것은 사람을 믿지 않으면 안 됩니다. 하물며 형상이 없으신 분과의 사귐에 있어서야! 지금 저는 다른 먼 일을 들춰내고 싶지 않습니다.

(2)
아들이 아버지에게 효도함이 극진하지 않은 바가 없습니다. 그러나 아들이 어찌해서 효도에 대해 알았겠습니까. 오직 사람의 말을 믿어서 그분께서 바로 자기를 낳아준 아버지임을 알게 되었으니, 사람의 말이 아니었으면 스스로 어찌 알게 되었겠습니까.

(3)
아들도 역시 임금에게 충성하여 설사 목숨을 버릴지라도 후회가 없음이 그 임금을 위함이며, 또한 단지 경서에 전해지는 바를 믿을 뿐입니다. 신하가 누구인들 그가 자기의 임금이 되었음을 스스로 알았겠습니까.

(4)
오히려 우리가 믿는 바에 확실한 증거가 있지만 진정으로 절실히 분명하게 깨닫지 못했다면 충분히 천주를 어짊의 근본으로 여긴다고 말할 수 없습니다.

(5)

더구나 천주에 관한 일은 한 사내의 말이 아니고 천주께서 몸소 올바른 경전[성경]을 주셨으며, 모든 나라의 성인·현인이 그것을 전하였고 천하의 영웅·준걸이 모두 따랐으며 믿음은 원래 망령되지 않으니 어찌 황홀함이 있겠습니까.

(6)

중국선비가 말한다 : 이와 같은 때에는 믿어 의심할 여지가 없습니다. 다만 어짊의 도리가 커서 모든 천지와 비교해도 [만물을] 덮고 싣지 못할 게 없으니, 지금 말씀에는 사랑 하나뿐이니 너무 곤궁한 듯합니다.

[제20강]

애정이 모든 정서의 근본이 되고 모든 행동의 근원이 된다

(1)

서양선비가 말한다 : 혈기에 찬 사랑이 오히려 여러 정서의 근본이 되는데, 하물며 영신이 다스리는 사랑이야 더욱 그렇지 않겠습니까. 시험 삼아 예를 들면, 재물을 쫓아가는 사람이 부유함으로써 좋아함으로 여기고 가난함으로써 추함으로 여기니 바로 그가 재물을 사랑하는 것입니다. 만약 아직 얻지 못했으면 욕심내고, 만약 얻을 수 있을 것 같으면 열망하고, 만약 얻을 수 없을 것 같으면 포기하지만, 이미 얻었으면 기뻐하며 즐길 것입니다. 만약 다시 그 거둬들인 바를 빼앗는 자가 있으면 미워하고, 다른 사람에게 빼앗길까 염려되면 피해가고, 만약 이길 수 있을 것 같으면 용기 내어 다투지만 이길 수 없을 것 같으면 두려워합니다. 하루아침에 그 사랑하는 것을 잃으면 슬퍼하고, 내 사랑을 빼앗을 자가 강하여 대적하기 어려울 것 같으면 또한 방어를 생각

하거나 복수하고자 하면서 분노합니다. 이 11가지 정서는 단지 재물 사랑 하나로부터 일어나는 바일 뿐입니다.

(2)

아무튼 사랑하는 바가 있으면 마음이 흔들리니, 그 신체가 어찌 조용하고 고요할 수 있으며 행하는 바가 없겠습니까. 그러므로 재물을 사랑하는 자는 반드시 [동·서·남·북] 사방의 끝까지 가서 교역해서라도 재화를 늘리며, 여색을 사랑하는 자는 틀림없이 아침저녁으로 비용을 지출해서라도 귀여운 첩을 갖추며, 공적과 명예를 사랑하는 자는 평생 온갖 험난함을 겪으면서도 그 계획과 모략을 다 하려고 하며, 작위·녹봉을 사랑하는 자는 문·무의 업적을 고생스레 닦아서라도 그 재간이 통하게 합니다. 천하만사가 다 사랑으로 말미암아 일어나는데, 천주의 사랑만이 유독 그칠 수 있겠습니까. 천주를 사랑하는 자는 물론 그를 받들어 공경하며 반드시 그 공덕을 현양하고 그 명성 있는 가르침을 찬양하며 그 성스러운 도리를 전파하여 저 이단자를 물리칩니다.

[제21강]
천주를 사랑하는 효험은 사람을 사랑함보다 더 진실한 것이 없다

(1)

그러나 천주를 사랑하는 효험은 사람을 사랑함보다 더 진실한 것이 없습니다. 이른바 어짊이라는 것은 사람을 사랑함이며, 사람을 사랑하지 않으면 무엇으로써 천주를 참으로 공경함을 검증하겠습니까. 사람을 사랑함은 공허한 사랑이 아닙니다. 틀림없이 장차 그 사람이 굶주리면 먹여주고, 목마르면 물 마시게 하고, 옷 없으면 입혀주고, 집 없으면 머물러 있게 해주며, 근심·걱

정이 있으면 가엾게 여기며 위로해주고, 어리석고 사리에 어두우면 가르쳐주고, 죄와 과실이 있으면 고치도록 말하고, 우리를 업신여겨도 용서해주고, 이미 죽었으면 장사지내주고 대신해서 천주께 기구하며, 또한 죽어서나 살아서나 감히 잊지 못합니다. 그러므로 옛날 서양에서 성인에게 묻는 자가 있어 말하기를, "어떤 일을 행할 때 선의 경지에 도달할 수 있습니까."라 하니, 성인이 이르기를, "천주를 사랑하되 네 마음대로 행하라."고 하였습니다. 성인의 의향은 바로 이같이 어짊을 지적해주는 것을 따르는 사람은 말할 것도 없이 길을 틀리지 않는다는 것입니다.

(2)

중국선비가 말한다 : 사랑을 관장한다는 것은 적용이 선한 사람에게만 가능할 뿐인데, 사람이 모두 선하지는 않으며 악한 자는 틀림없이 사랑할 수 없으니 더구나 도탑게 사랑하겠습니까. 만약 타인을 논의하면 그 [이치]가 크게 손상됨이 없겠지만, 만약 [부자父子 · 군신君臣 · 부부夫婦 · 장유長幼 · 붕우朋友 사이의] 다섯 가지 인륜人倫 사이에 있는 것을 논의하면 비록 선하지 않은 사람이라도 우리 중국에서도 역시 사랑합니다. 그러므로 아버지가 [장님으로 서자庶子 상象을 편애하며 그에게 상속하고자 순舜을 죽이려 했던] 고수瞽瞍이고 동생은 [계모繼母가 낳았고 자신을 항상 괴롭히는] 상象이었어도, 순舜은 여전히 아버지를 사랑하였고 [동생과도] 우애로웠습니다.

(3)

서양선비가 말한다 : 세속의 말에, "어짊은 사랑하는 것이다. 다만 사랑이라 이르는 것은 서로 보답할 수 있는 사물일 뿐이다."라고 합니다. 그러므로 날짐승 · 길짐승 · 쇠 · 돌을 사랑함은 어짊이 아닙니다. 그러나 혹은 사랑하되 도리어 원수로 여김이 있으니, 만일 그렇다면 내가 사랑하지 않을 수가 있겠습니까.

[제22강]

어짊의 이치는 그가 얻은 선의 아름다움을 사랑함에 있지, 그 선이 나를 위해 있음을 사랑하는 게 아니다

(1)

무릇 어짊의 이치는 오직 그 사람이 얻은 선함의 아름다움을 사랑함에 있지, 그 선함과 아름다움을 얻어 자기 소유로 삼기 위하여 사랑하는 게 아닙니다. 가령 맛 좋은 술을 사랑하는 것이 그 술에 아름다움이 있어 사랑하는 게 아니라 내가 맛볼 수 있는 그 술의 좋은 맛을 사랑하는 것이니, 곧 술에게 어질다고 이를 수는 없습니다. 자기 자식을 사랑하면 그들에게 선함이 있어 곧 재산 많고 지위 높아서 편안하고 한가로우며 재주와 학식을 갖추어서 덕 베풂이 있기를 사랑하는 것입니다. 이것이 바로 그 자식을 어짊으로 사랑한다고 이르는 것입니다. 만약 그대가 그대 자식을 사랑함이 오직 그가 그대 자신을 봉양함을 사랑함이 되면, 이는 자식을 사랑함이 아니고 오직 자기를 사랑함이니 어찌 어질다고 이르겠습니까.

(2)

악한 자는 물론 사랑할 수 없으나 다만 악한 중에도 역시 취할 수 있는 선함이 있다면 결코 사랑할 수 없는 사람은 없습니다. 어진 자는 천주를 사랑합니다. 그러므로 천주를 위함으로 말미암아 자기를 사랑하고 남도 사랑합니다. 천주 위함을 알면 사람마다 사랑할 수 있음을 아는 것이니, 어찌 단지 선한 사람만 사랑하겠습니까. 사람의 선함을 사랑함이 천주께 있는 선에 말미암는 것이지 사람에게 있는 선에 말미암는 것이 아닙니다.

[제23강]
사람이 비록 악하더라도 역시 사랑할 수 있는 것이 있다

(1)

그러므로 비록 악한 자라도 역시 우리의 어짊을 활용할 수 있으니 그 악을 사랑하지 않는 것이며, 오직 그 악한 자가 어쩌면 악을 바로잡아서 선하게 변화할 수도 있음을 사랑하는 것입니다. 게다가 부모 · 형제 · 군주는 나와 함께 은혜가 있고 윤리가 있음으로 서로 묶여 있어 우리는 의당 보응해야 하며, 천주 계명에 '지금 사모하고 사랑하라.'고 있으니 우리는 의당 지켜야 합니다. 오히려 다른 사람들에게 맞지 않으면 비록 그들이 선하지 않을지라도 어찌 [사랑을] 끊는 게 용납되겠습니까. 사람을 사랑함에는 부모를 사랑함도 있는데, 천주를 위하지 않는 자는 이것이 곧 선한 정서일지라도 어짊을 이루는 덕행이 아닙니다. 설사 호랑이의 새끼가 표범이 되어도 다 부모를 사랑합니다. 그러므로 지향志向이 천주의 취지趣旨에 있는 경우에는 사람을 두루 사랑함이 천하 만물에 미치니, 공연히 얽매어 일체가 될 필요가 없을 뿐입니다.

(2)

중국선비가 말한다 : 세상에서 경서를 암송하는 사람은 겨우 그 글만 보고 그 뜻에는 어둡습니다. 저도 이전에 일찍이 『시경』의 말씀을 암송했습니다. "오직 이 [주周나라의] 문왕께서는 삼가고 조심하여 밝게 하늘을 섬기시고, 마침내 많은 복 누릴 것을 생각하여 그 덕에 어긋남이 없으셨네." 지금 [그대가] '어짊에 관한 깊은 논의는 천주께 귀결된다.'라고 하는 것을 들으면서 비로소 시인의 취지를 알았습니다.

(3)

천주 섬기기를 지향하면 곧 덕에 결함이 없습니다. 그러나 어진 마음으로

이미 오직 천주를 사랑할 때 천주께서도 틀림없이 그 어진 사람을 돌보아 사랑하시니, 어찌 향을 사르며 예를 갖춰 절을 하고 경문을 외워서 공덕을 쌓겠습니까. 우리들이 날마다의 씀씀이를 살피고 삼가서 각기 그 올바른 도리에 합당하게 하면 곧 끝나는 것입니다.

[제24강]
천주께서 나에게 육신 · 영신 둘을 갖춰 주셨으니 의당 둘을 겸용해서 섬겨야 한다

서양선비가 말한다 : 천주께서 저에게 육신 · 영신 둘을 갖춰 주셨으니, 저는 의당 둘을 겸용해서 천주를 섬겨야 합니다. 천주께서는 날짐승 · 길짐승을 번식하여 기르시고 [삼라]만생[온갖 사물과 모든 형상]을 벌여놓으셨지만, 그것들은 뜻밖에 보답할 줄 아는 것이 없고 유독 인류만이 전당殿堂을 건립하여 예의를 갖춰 제사를 올리고 기도하며 절하고 경전을 암송함으로써 감사를 드릴 수 있습니다. 왜 그럴까요. 천주께서 사람을 매우 사랑하시기 때문에, 위대하신 아버지의 자애가 사람이 외부의 사물로써 그 내면의 어짊을 기이하게 변화시킬까 염려하셔서 곧 성인에게 분부하시어 이런 외면의 의례儀禮를 행함으로써 우리 내면의 덕을 일깨우면서 항상 지니고 살피게 하셔서, 우리로 하여금 날마다 눈을 우러러 그 은혜를 기구하고 이미 얻은 때에는 그 풍성함을 찬양하면서 감사하며 잊지 않게 하십니다. 또 이로써 우리에게 본래 하느님께서 하사해주심이 아니면 지극히 작은 것이라도 조금도 없을 것임을 명백하게 하시면서, 그런 연유로써 우리의 어짊을 더 넓히며 또한 지금 세상과 다음 세상에서 상을 더욱 후하게 누리도록 해주십니다.

[제25강]

천주 성경은 천주의 은혜와 덕을 흠숭하고 찬미하는 것에 불과하다

(1)

천주 성경은 다른 게 아니라 오직 이는 하느님의 은혜와 덕을 흠숭하고 찬미하는 것입니다. 예전에 범한 죄악을 용서받고 풀어주기를 기도하거나 은혜와 도움을 빌음으로써 위험과 어려움을 이겨내거나 하여 재앙과 나쁜 병을 피하며 지극한 덕으로 나아가려고 하는 것입니다. 그러므로 자주 그것을 암송하는 사람은 반드시 더욱 이 도리를 돈독하게 믿고 더더욱 마음을 분명하게 열어서 학술의 은밀함까지 통달하게 됩니다. 또한 더럽고 사악하며 망령된 상념이 사람 마음에 침범하여 어지럽힘으로 말미암아 흐트러질까 염려합니다. 그리하여 천주께서는 또 예절로써 가르치셔서 남녀를 막론하고 모두 날마다 성경을 암송하고 이마를 조아려 절하게 함으로써 그 사악함을 막아주십니다.

(2)

무릇 우리 천주께서 가르쳐 주신 품성의 수양은 부처 · 노자의 '비었음[공空]' · '없음[무無]' · '조용하고 쓸쓸함[적막寂寞]'에 대한 가르침이 아니라 바로 모두 정성되고 진실함을 다하여 사람의 마음을 어진 도리의 그윽함으로 이끄시는 것입니다. 그러므로 처음에는 마음의 악을 쓸어서 없애버리고 다음에는 바로 그 어둡고 미혹함을 밝혀 마침내 천주의 취지에 합당함에 이르게 하고 [천주와] 한마음이 되게 하면서 천신天神과 다름이 없게 하니 [천주께서 가르쳐 주신 품성을] 적용하면 틀림없이 그 효험이 있습니다. 다만 지금 상세히 풀 겨를이 없을 뿐입니다.

[제26강]
사람의 의지가 쉽게 지쳐서 스스로 애쓰면서 수양할 수가 없다

(1)
제가 귀하 나라의 유학자들을 보니 병통이 바로 여기에 있어서, 저들은 명백한 덕의 수양을 말하지만 사람의 의지가 쉽게 지치는 것을 알지 못하여 스스로 애쓰면서 수양할 수 없습니다. 또 천주를 우러러보며 자애로운 아버지의 도움을 기구할 줄을 알지 못하니, 덕을 이룬 사람이 드물게 나타나는 까닭입니다.

(2)
중국선비가 말한다 : 불상에 절하고 그 경문을 소리내어 읽음이 전혀 무익합니까.

(3)
서양선비가 말한다 : 어찌 무익할 뿐이겠습니까. 올바른 도리를 크게 해침이 오직 이 이단이니, 더욱 재를 올리고 절하여 존경하고 숭배하면 할수록 죄가 더욱 무거워집니다.

[제27강]
천지에 오직 한 분의 주님이 계시니 올바른 종교도 오직 하나의 종교가 있다

(1)
한 집에 단지 하나의 가장이 있지 둘이 있으면 죄이며, 한 나라에 오직 한 군주를 둘 수 있지 둘이 있는 경우에는 죄이며, 하늘 · 땅 역시 다만 한 주님

으로 말미암지 둘일 경우에는 어찌 우주 사이에 중대한 죄가 아니겠습니까. 유학자들은 부처와 노자가 중국에서 가르친 것을 중지시키고자 하였지만 지금도 오히려 두 종교[불교·도교]의 사찰·도관을 세우고 그 형상에 절하니, 비유한다면 나쁜 나무를 말려 죽이고자 하였으나 그 원뿌리가 두텁게 북돋워져 틀림없이 도리어 무성하게 된 것입니다.

(2)

중국선비가 말한다 : 천주께서 세상 안의 지극히 높으신 분[지존]이 되셨음은 의심이 없습니다. 그러나 천하 만국의 영토가 넓으니 혹시 천주께서 이들 부처·신선·보살에게 각 지방을 군건히 지키게 맡기셔서, 마치 천자가 중앙에 자리잡고 관리를 전국의 모든 주州·군郡에 파견하여 정치를 펼치는 것과 같으니, 어쩌면 귀하의 나라에는 별도의 영신 조상이 있는 것인지도 모를 따름입니다.

(3)

서양선비가 말한다 : 이 말씀은 본디 잘못되었지만 그럴듯하여 세밀히 살피지 않을 경우에는 잘못 믿게 될 것입니다. 천주라고 하시는 분께서는, 지주地主가 다만 한 지방에 거처하면서 사람을 보내어 소임을 나누어 주지 않으면 곧 다른 지방도 아울러 다스릴 수 없는 것만 못합니다.

[제28강]
천주의 지식과 능력이 무한하여 밖에서 해주지 않아도 이루신다

(1)
천주께서는 지식과 능력이 무한하시어 밖에서 해주지 않아도 이루시며 없

는 곳이 없으시니 구천九天구중천, 하늘의 중앙 · 팔방八方, 하늘의 높은 곳
과 만국을 거느리시며, 사물의 본체 작용과 조화가 우리들이 손바닥을 보는
것보다 더욱 쉬우시니, 어찌 저런 부류의 사람들을 기다렸다가 대신해서 관
장하라고 하시겠습니까.

(2)

더욱이 이치에는 옳음이 둘이 없습니다. 설령 천주교가 옳으면 다른 종교
는 그른 것이며, 설령 다른 종교가 옳으면 천주교는 그른 것입니다. 조정에
관청을 설치하고 직책을 나누어서 모두 한 군주를 받드니, 예악禮樂이 똑같
으며, 법령이 똑같습니다. 저들 부처 · 노자의 불교 · 도교는 조목이 같지 않
으니, 더구나 천주와 같다고 말할 수 있겠습니까. 저들의 종교가 천주를 받들
지 않고 오직 자기 한 몸만을 받들 따름이라, 큰 근원과 큰 근본에 어두워서
의당 가르쳐 논의하는 것이 천주께서 제정하시고 구비하심과 크게 어긋납니
다. 스스로 맡았다고는 말하지만, 어찌 천주께서 맡기셨겠습니까.

(3)

천주 성경에 이르기를, "막을지어다. 막을지어다. 양가죽을 걸쳤으나 속으
로는 승냥이 · 이리가 되어 지극히 사나운 자여! 선한 나무는 선한 열매를 내
고 악한 나무는 악한 열매를 내니, 그 소행을 보면 곧 어떤 사람인지를 안다."
라고 하였으니, 이런 무리를 일컬을 따름입니다.

(4)

무릇 성경 말씀의 반 구절이라도 참되지 않으면 결코 천주의 성경이 아닙
니다. 천주라 하는 분께서 어찌 사람을 속여서 거짓된 이치를 전하겠습니까.
이단의 거짓된 경전은 공허한 글과 속이는 말이 수를 헤아리기 어려우니 다
천주로 말미암아 나온 것이 아닙니다. 예를 들면 이르기를, "태양이 밤을 보

내 수미산須彌山 뒤에 숨겼다.”라 하고, 이르기를, “천하에 4개 큰 주州가 있는데, 함께 바다 가운데 떠 있어 절반은 보이고 절반을 잠겄다.”라 하고, 이르기를, “아함阿函이 왼손 · 오른손으로 해 · 달을 가리면 일식 · 월식이 된다.”라고 합니다. 이것은 바로 천문 · 지리의 일이라 [인도의 한 나라인] 신독국身毒國에서는 본래 통달하지 못한 바이니, 우리 서양 유학자는 비웃으면서 분변할 가치가 있다고 여기지 않았습니다.

[제29강]
석가모니의 경문에는 황당무계한 게 많이 있다

(1)

제가 이제 시험 삼아 석가모니가 논의한 사람의 도리에 관계되는 서너 곳을 지적해보겠습니다. 그 과오는 이루 다 밝혀낼 수가 없습니다. 이르기를 “4종 생물, 6가지 세계, 인간의 영혼은 윤회한다.”라고 했습니다. 또 이르기를, “살생한 자의 영혼은 천당에 오르지 못하고, 어쩌면 천당에 올라갔다가도 역시 다시 이 세상에 회생하게 되며, 지옥이 가득 찰 때까지 인간 세계에서 다시 살아가야만 한다.”라고 했습니다. 또 이르기를, “날짐승 · 길짐승이 부처의 설법을 청강하여도 역시 도리의 귀결을 이룬다.”라고 했습니다. 이는 모두 이치를 거역하는 말이니, 제4 · 5편에서 이미 명확히 진위를 밝혔습니다.

(2)

또 말하기를, “혼인은 [남녀] 모두 올바른 길이 아니다.”라고 합니다. 만일 그렇다면 천주께서는 어째서 남녀를 내시어 인류를 전하게 하셨겠습니까. 어찌 망령되다 하지 않겠습니까. 배우자와 혼인함이 없으면 부처는 무엇으로부터 생겨났습니까. 살생을 금지하고 또 사람의 혼인을 금지함은 그 의향이 오직 인류를 멸망시키고 천하를 짐승에게 넘겨주려는 것일 따름입니다.

(3)

한편 『대승묘법연화경大乘妙法蓮花經』이라 이름하는 한 경전이 있어, 그 다음을 당부하며 이르기를, "이 경전을 암송할 수 있는 자는 마땅히 천당에서 복을 받을 것이다.'라고 하였습니다. 지금 또한 이치로써 의논하건대, 설사 크고 극도로 악한 죄가 있는 무리도 경전을 놓고 암송할 수 있는 능력이 있으면 하늘에 올라 복을 받을 것입니다. 그런데 덕을 닦고 도리를 행한 자가 빈궁하여 고통스러워 경전을 사는 형편이 좋지 않으면 또한 장차 지옥에 떨어집니까.

(4)

또 이르기를, "나무아미타불南無阿彌陀佛을 부르며 암송하기를 몇 번 소리 내었는가를 모를 정도로 많이 하면, 예전의 죄를 면하고 죽은 뒤에 마음이 평화롭고 선량해지며 조금도 재앙이 없다."고 하는데, 이같이 그것이 쉬우니 즉시 지옥으로부터 천당에 오를 수 있습니까. 또한 어찌 덕에 무익하지 않으면서 오히려 세상의 풍속을 이끌어 악이 되게 하지 않겠습니까. 소인들이 듣고 믿어서 누가 개인적인 욕심을 이루어서 그 자신을 더럽히고 하느님을 모멸하며 오륜[五倫, 부자유친, 군신유의, 부부유별, 장유유서, 붕우유신]을 어지럽혔어도, 임종 때 염불念佛이라는 것을 몇 차례 하면 변해서 신선·부처가 될 수 있다고 생각하지 않겠습니까.

(5)

천주의 상벌에는 반드시 이같이 공변됨을 잃고 올바름을 잃은 것이 없습니다. 저 '나무아미타불' 한 구절이 무슨 깊은 오묘함이 있다고 즉시 무거운 재앙을 벗어나고 두터운 상을 받을 수 있겠습니까. 덕을 찬양하지 않고 도움을 기구하지 않으며, 이미 예전의 죄를 뉘우치지도 않고, 마땅히 지켜야 할 규약 · 계율을 지켰음도 술회하지 않으면 어떤 것을 순종하여 공적을 세우고 행실을 닦을 것입니까. 세상 사람이 벗과 사귐에 혹시 한두 마디 말이라도 속임이 있으면 종신토록 그 말을 다 믿을 리가 없습니다. 지금 부처 · 노자 둘이 논의한 [삶과 죽음에 관한] 대사에 대단히 많은 기만과 오류가 있는데도 사람들이 오히려 그 나머지를 전부 믿으니 왜 그렇습니까.

[제30강]
부처와 신선의 모든 형상은 무엇에 좇아서 일어나는가

(1)
중국선비가 말한다 : 부처 · 신선의 여러 형상은 무엇에 좇아서 일어났습니까.

(2)
서양선비가 말한다 : 오랜 옛날에 사람들이 매우 어리석고 고지식하여 천주를 알지 못하고, 세상 사람들이 대략 위엄과 권세가 있음을 보거나 자기 부모를 그리워하며 사랑하거나 하였으나, 그들이 사망하면 용모를 본뜬 형상을 세우고 사우祠宇[사당祠堂]와 묘네廟禰[신주神主]를 건립하여 추억하며 그리워하는 자취로 여겼습니다. 그것이 오래된 후에 사람들이 향을 올리거나 종이를 태워 바치거나 하면서 복을 빌었습니다.

(3)
또 가장 악한 사람이 요사한 술법으로 요괴를 제압하여 굴복시킨 일이 있었습니다. 이 괴이한 일로써 자칭 부처니 신선이니 하면서 거짓으로 계율과

술수를 퍼뜨려 행복해진다고 속여서 풍습을 혼란시키고 현혹시켜 희롱하면서 진흙으로 빚은 형상을 제사하며 받들게 시켰으니, 이것이 그 시초일 뿐입니다.

[제31강]
신령과 부처에 향을 사르고 기도하는 자에게 혹시 감응을 보낸 적이 있는가 없는가

(1)
중국선비가 말한다 : 바른 신이 아닌데 어째서 천주께서 그것을 용납하시고 없애버리지 않으셨습니까. 게다가 불상 아래에서 향을 사르고 기도하면 혹은 감응이라는 것을 받은 적이 있었습니까.

(2)
서양선비가 말한다 : 감응함이 있기도 하고 또한 감응하지 않음이 있기도 하니, 만일 그렇다면 그 감응은 저 신의 요사한 형상에서 비롯함이 아닙니다. 사람 마음은 스스로 영험하여 혹시 이치가 아닌 게 있으면 항상 저절로 놀라 이상하게 여길 뿐이며, 그 숨겨진 것을 꾀함에 따라 위협할 필요가 없습니다. 또 사람이 이미 그른 일을 했을 때 천주께서는 그를 버리시고 도와주지 않으십니다. 그러므로 요사한 귀신 · 마귀가 저 형상 가운데 살그머니 붙어서 미혹과 거짓을 침투시킴으로써 뜻을 이루며 그들의 어리석음을 증가시킴으로써 유혹합니다. 무릇 사람이 이미 요사한 신을 받들었으면 그가 이미 죽은 후에 영혼이 지옥에 떨어져 마침내 마귀가 부려먹는 바가 되니, 이것이 바로 마귀가 원하는 것입니다.

[제32강]

묘우廟宇에 귀신의 괴이한 형상이 많다

다행히 천주께서 이들 요사한 귀신이 사람 세상에 나타나는 것을 그다지 허용하지 않으셨습니다. 나타날지라도 역시 아름다운 형상으로써는 드물게, 시선을 모을지라도 항상 추악하게, 육신 하나에 팔은 100개이거나, 머리 셋에 어깨는 6개이거나, 소머리 혹은 용꼬리 등 괴상한 종류이거나, 틀림없이 사람들이 깨달아 알게 하려고 그것이 천상의 용모가 아니라 바로 모든 마귀세계의 흉악한 생김새였을 뿐이지만, 사람들이 오히려 미혹되어 그 형상을 흙으로 빚어 만들어 황금 좌대에 두고 절하고 제사지내니, 슬픕니다!

[제33강]

[유교 · 불교 · 도교] 3교가 하나로 귀착된다는 주장의 진위를 밝히다

(1)

무릇 지난 세상에 귀하의 나라에서 유교 · 불교 · 도교 3교에서 각각 하나씩 선택하였는데, 근세에는 어디에서 나왔는지 알 수 없는 요괴 하나가 몸체 하나에 머리 셋으로 이름하기를 삼함교三函敎라고 합니다. 백성들은 의당 놀래 피하는 바이고, 고명한 선비들도 의당 미워하며 공격해야 할 바였지만, 오히려 도리어 숭배하며 스승으로 삼으니 어찌 더욱 사람의 심성을 해치고 무너뜨림이 아니겠습니까.

(2)

중국선비가 말한다 : 일찍이 이 말을 들었습니다. 그러나 유학자들이 참여하지 않으니, 함께 그 잘못을 곧바로 지적해주시기를 원합니다.

(3)

서양선비가 말한다 : 제가 잠시 참된 이치의 너댓 단서를 갖춰서 그 속임을 입증하겠습니다. 하나는 이렇습니다. 3교라고 하는 것이 각기 참되고 온전하거나, 각기 거짓되고 모자르거나, 하나는 참되고 온전하거나 하지만 그 둘은 거짓되고 모자라거나 합니다. 가령 각기 참되고 온전하면 오로지 그 하나만 따라도 충분한데 어째서 그 둘로써 하겠습니까. 가령 각기 거짓되고 모자라면 당연히 끝내 틈을 제거해야 하는데, 어찌 [삼국시대 오吳나라 시절의 저수貯水 시설인] 삼해三海로써 저장하겠습니까. 설령 한 사람이 하나의 거짓된 종교만을 익힐지라도 그 오류가 이미 심한데, 더구나 3교의 거짓을 겸하게 하겠습니까. 가령 오직 하나는 참되고 온전하지만 그 둘은 거짓되고 모자라면 오직 의당 그 하나의 참됨을 따라야 하니, 그 거짓된 것은 어찌 필요가 있겠습니까.

(4)

하나는 이렇습니다. 여론에 이르기를, "선이라는 것은 완전하게 함으로써 이뤄지고, 악이라는 것은 하나로써 이뤄질 뿐이다."라고 합니다. 예를 들면 한 아름다운 모습의 부인이 단지 코가 없어도 사람들이 다 추하다고 합니다. 제가 앞에서 [부처·노자] 두 사람의 가르침에 모두 각기 병폐가 있음을 명백히 해석하였거니와, 만약 [3교를] 포함해서 하나로 만들고자 하면 악행과 착오를 면하지 못할 것입니다.

(5)

하나는 이렇습니다. 바른 종교의 파벌[교파敎派]은 입교자로 하여금 믿는 마음을 돈독하게 하고 한결같이 하여 둘이 없게 합니다. 만약 삼함교를 신봉하면, 어찌 마음을 세 길로 나뉘게 하여 신심信心이 더욱 경박해지지 않겠습니까.

(6)

하나는 이렇습니다. [유·불·도교] 세 교파는 세 사람으로 말미암아 설립되었으니, 공자는 노자의 도에서 취함이 없이 곧 유교를 세웠으며, 석가모니는 도교·유교의 교파에 부족하여, 그러므로 또 불교의 교파를 중국에 세웠습니다. 저 [공자·노자·석가모니] 세 종정宗正은 자기 의향이 서로 같지 않았지만 2천 년 후에 저 세 사람의 의향을 추측하여 억지로 같게 하니, 또한 속임이 아니겠습니까.

(7)

하나는 이렇습니다. 3교라는 것이 하나[도교]는 '없음(無)'을 숭상하고, 하나[불교]는 '비움(空)'을 숭상하고, 하나[유교]는 '참됨(誠)'을 숭상합니다. 천하에 서로 분리되는 일이 '비움(虛)'·'채움(實)'과 '있음(有)'·'없음(無)' 보다 먼 것이 없습니다. 가령 저들이 '있음'과 '없음', '비움'과 '채움'을 합할 수 있는 경우에 오히려 우리는 '물(水)'과 '불(火)', '네모(方)'와 '둥 (圓)', '동(東)'과 '서(西)', '하늘(天)'과 '땅(地)'을 합할 수 있어 천하에 못할 일이 없을 것입니다.

(8)

어찌하여 생각하지 못했습니까. 종교마다 근본 계율이 같지 아니하여, 이렇게 하나[불교]에서는 살생을 삼가고, 하나[유교]에서는 희생물을 써서 제사를 지내도록 하지만, 오히려 셋을 포함할 경우에 이것을 지키려고 하면 본디부터 저것을 어기게 되며, 지키려 하여도 어기게 되고 어기려고 하지만 지키게 되니, 어찌 문란한 종교의 극치가 아니겠습니까.

(9)

셋[함]교를 추종하느니 보다 차라리 추종할만한 교가 하나도 없는 것이 낫습니다. 따를만한 교가 없으니, 틀림없이 별도로 바른 길을 찾을 것입니다.

그 샴[함]교를 따르는 사람은 자기 생각으로는 교[의 선택]에 여유가 있다고 하지만 실은 하나도 얻지 못합니다.

(10)

진정한 주님의 바른 도는 배우지 않으면서 사람들이 꿈속에서 주장하는 도에 목숨을 바치는 것입니까.

[제34강]
천주의 바른 도는 오직 하나다

(1)

무릇 진리는 오직 하나일 따름입니다. 도가 그 진리에 부합하면, 그러므로 무성하게 자랄 수 있습니다. 그 하나를 얻지 못하면 뿌리의 침투가 깊지 못하고, 뿌리가 깊지 못하면 도가 정해지지 못하고, 도가 정해지지 못하면 믿음이 독실하지 못하며, 하나가 아니고 깊지도 않고 독실하지도 않으니, 그 학문이 어찌 성취될 수 있겠습니까.

(2)

중국선비가 말한다 : 슬프고 슬픕니다! 떼도둑이라고 하는 것이 사람을 해치려 깊은 밤에도 봉기하니, 우리가 스스로 구제하려고 하여도 마치 잠 깨지 못함과 같습니다. 선생님의 말씀을 들으니, 마치 벼락같이 제가 자는 것을 흔들면서 깨워줍니다. 비록 그럴지라도 바른 도의 종사宗師로서 저를 기어이 구원해주시기를 여전히 바랍니다.

(3)

서양선비가 말한다 : 마음이 이미 깨달았으며 잠이 이미 깨었으니 하늘을 우러르면서 하느님의 도움을 기구할 바로 그때입니다!

제8편

제8편

서양 풍속의 흐름을 총괄해서 거론하고, 그 도리를 전하는
수사修士가 혼인하지 않는 까닭을 논하고, 아울러 천주께서
서양 땅에 강생하신 내력을 설명하다

(1)

중국선비가 말한다 : 귀하의 나라에서는 이미 천주의 가르침을 익혔으니,
그 백성들이 틀림없이 순박하며 그 풍속이 틀림없이 바르고 아름다울 것입니
다. 숭상하는 바에 관해 듣기를 원합니다.

(2)

서양선비가 말한다 : [저희 나라의] 백성들이 성교[천주교]에 힘쓰는 것이
늘 같지는 않습니다. 그러므로 비록 동일한 도리를 말하더라도 또한 그 숭상
하는 바가 같을 수는 없습니다. 그러나 그 공변된 것을 논의하자면, 저희 서
양 여러 나라에서는 더욱이 도리를 배움으로써 본업으로 삼는다고 이를 수
있습니다. 그러므로 설사 각국의 임금이더라도 모두 도리를 보존하고 올바
로 전하기에 힘씁니다.

[제1강]
교화황[교황, 교종]은 어떤 등급의 지위인가

한편 가장 높은 지위를 세워 교화황[教化皇, 교황敎皇, 교종敎宗]이라 일컬으며, 오롯이 천주를 계승하고 교리를 반포하여 세상을 깨우침을 자기 직분으로 삼으며, 이단의 그릇된 주장이 여러 나라들 사이에서 일어나지 못하게하고, 주교主敎라고 하는 지위를 세 나라의 땅에서 누립니다. 그러나 혼인하지 않으며, 그러므로 세습할 자손이 없어 오직 현명한 사람을 택해 세우니 나머지 나라의 임금 · 신하들이 다 신하로 복종합니다. 대개 기왕에 자기 집이없는 경우에는 오직 공변만을 힘쓰며, 기왕에 자식이 없는 경우에는 오직 만백성을 자식으로 삼습니다. 이런 까닭으로 사람들을 도리로 인도하며 오직이에 힘 쏟지만, 몸소 미치지 못하는 바일 경우에는 재능이 온전하고 덕이 풍성한 사람에게 위임하여 대신해서 여러 나라를 가르쳐 인도하여 기릅니다.

[제2강]
예수회 수사는 학문을 강의하여 선을 권유함으로 임무를 삼는다

(1)
여러 나라의 사람이 7일마다 하루는 철시撤市하고 모든 일을 금지시킵니다. 남자 · 여자, [신분이] 높은 사람 · 낮은 사람을 막론하고 다 성전에 모여서[주님을] 뵙고 예를 올리며 절하고 제사를 드리며 도리에 관한 말씀과 성경에관한 해설 청취하는 것을 온종일 합니다.

(2)
한편 뛰어난 수사修士와 여러 수도회修道會가 있어서 그 벗들도 또한 사방을 두루 돌아다니면서 학문을 강론하여 학습시켜 선을 권합니다. 그중에 저희 수도회가 있는데, 예수의 이름으로 칭호를 삼았으니 그 창설이 오래되지

않았습니다. 그러나 이미 서너 벗이 믿음을 여러 나라에 널리 알리니 다 그 자제들을 참된 도리에 이끌어 구해주기를 원했습니다.

(3)

중국선비가 말한다 : 현명한 사람을 골라서 나라의 임금으로 세우고 수사를 배치하여 백성을 가르치니 덕을 숭상하는 나라이며, 아름다운 풍속입니다. 또 들자니, 귀하의 천주교 수도회에 몸담은 자는 개인 재산이 없고 벗 각자의 재산을 공유하며, 일을 자기 뜻대로 하지 못하고 매번 장상長上의 명령을 받아들인다고 합니다. 어려서는 자기의 덕을 성취하고 자기의 학문을 넓힐 따름이나, 장년이 되어 학문을 성취한 후에는 다른 사람과 더불어 하며 문서로 모이고 진심으로 약속한다고 하니, 우리 중국에서 도리를 강론하는 자들도 혹은 어렵게 여깁니다.

(4)

그러나 종신토록 색정을 끊고 끝내 혼배하지 않는 계율이 있다는데 무슨 뜻인지 자세히 알지 못하겠습니다. 무릇 생물들이 자연히 지니는 색정은 의당 다 없애기가 어렵습니다. 천주의 성정은 대대로 자손을 이어 내려옴을 근본으로 삼고, 대단히 많은 조상들이 그 세월을 전해왔으니 저에게 이르러 즉시 단절될 수가 있겠습니까.

[제3강]
색정을 끊는 어려움은 자원자自願者가 지켜야 한다

(1)

서양선비가 말한다 : 색정을 끊는 한 가지 일은 과연 인간 정서에 어려운 바

입니다. 그러므로 천주께서는 계율로 선포하여 사람들이 다 지키게 강제하지는 않으셨습니다. 다만 사람들로 하여금 스스로 택하여 원하는 자만 지키게 하였을 따름입니다. 그러나 그 일은 하기가 어려워서 대체로 덕을 지니고 있는지를 입증하는 것이지 정밀하며 엄격하고 바르게 행하기는 어렵습니다.

(2)

무릇 사람이 이미 덕으로 인도되었으면 길이 정해지면서 바뀌지 않습니다. 군자는 덕을 닦음에 힘들고 괴로움을 꺼리지 않으니, 우리 마음의 지향이 이미 세워졌으면 세상에 어려운 일이 없습니다. 가령 하기가 어려워서 의롭지 않다고 여길 때에는 의로움을 하는 것이 매우 어렵습니다.

(3)

대대로 자손을 잇게 하시는 분이 천주이시면 죽은 것을 없애는 분은 누구입니까. 이 두 가지는 본디 하나이니 두 마음에서 말미암지 않았습니다. 천하가 열리기 전 오랜 세월 이전에 천주께서 생명 있는 것 하나도 생성함이 없으셨으면, 산 것을 생성하신 성품은 어디에 있습니까. 사람의 심성은 낮고 어두워서 천주의 지극한 심성을 헤아리지 못하는데, 하물며 말하여 나무랄 수 있겠습니까. 더욱이 사람이 천주의 심성을 [자기의] 심성으로 삼으면, 비단 자식을 낳아 전하는 것으로써 의로움으로 여길 뿐만 아니라 자식을 낳는 터울을 두면서 색정을 조절하는 섭리도 역시 지니고 있었을 것입니다.

(4)

무릇 천하의 백성을 전부 합하여 말하면 마치 하나의 전신과 같습니다. 그 전신의 지향은 오직 하나일 뿐이지만 각 지체가 관장하는 바가 매우 많아서, 가령 하나의 전신이 다 머리·배가 되려고 하면 어찌 행동하며, 가령 전신이 다 팔·다리가 되면 어찌 보고 들으며 어찌 건강을 유지하고 증진하겠습니까. 이것에 비유하면서 논의하면, 한 나라의 사람들 각각에게 하나의 같은 길을 권유해서는 안 됩니다.

(5)

만일 말씀하기를 '이 살아있는 사람으로 또한 겸하여 천주교를 관장하여 제사를 주재하게 함으로써 비로소 완전히 준비하였노라.' 하신다면, 삼가 말씀드리건대 혼인하고픈 욕정도 물론 끝내 끊기가 어렵고 하느님께 올리는 제사도 역시 모름지기 오로지 정결해야 하는데, 두 직분이 한 육신에 전부 책임 지워지면 그가 영신을 공경하는 예절에 틀림없이 황폐해짐이 있을 것입니다.

(6)

무릇 사람이 나라의 임금을 받들어 섬길지라도 오히려 그 자신을 참아 이겨내는 자가 있으니, 천주를 받들어 모시면서 어찌 자기의 색욕을 이겨내는 게 마땅하지 않겠습니까. 옛날에는 백성이 적지만 덕이 풍성하여 한 사람이 두 직분을 겸할 수 있었으나, 지금 세상에서의 근심은 사람이 적은 데에 있지 않고 오히려 사람은 많으나 덕이 쇠약해짐에 있을 따름이며, 자손이 많기를 꾀하지만 가르칠 줄을 모릅니다. 이는 바로 다만 날짐승 · 길짐승의 무리를 증가시키는 것이지, 어찌 이른바 인류를 널리 퍼뜨리는 것이겠습니까.

[제4강]
예수회 수사가 혼인하지 않는 연유

(1)

지향이 세상 구원에 있는 자가 이 세상의 일을 깊이 슬퍼하며 저희 수도회

의 규칙을 제정하여 곧 색정을 끊고 혼인하지 않도록 했으니, 자식을 낳기에
는 천천히 하고 살아나갈 방도 찾기에는 급히 하며, 이 세상의 악에 떨어지고
빠진 자를 건져 구원하기로 의향을 삼으니 그 의향이 더욱 공변되지 않겠습
니까.

(2)

한편 자녀를 낳아 전하는 책임은 남녀가 균등합니다. 지금 동정녀로 빙폐
[혼인 예물]을 받고 아직 출가하지 않았지만 사내가 죽은 여자가 신의를 지키
며 [혼인을] 두 번하지 않으면, 유학자들은 가상히 여기고 천자는 매번 정문旌
門을 세워주고 표창을 합니다. 색욕을 포기하고서 자녀를 낳아 전하는 것이
도리에 맞지 않게 된 그 여자들은 단지 [이미 죽은] 배필인 사내에게 작은 신
의를 지키는 [예전의] 관행을 그대로 쫓아 집에 있으면서 출가하지 않아 더욱
이 포상을 받은 것입니다.

(3)

우리 서넛 벗이 천주를 받들어 모심으로 말미암아 천하를 돌아다니며 만민
을 교화하는 데에 편리하고자 하면서 한번 혼인할 겨를도 없었는데, 오히려
비난을 받는 것도 역시 지나치지 않겠습니까.

(4)

중국선비가 말한다 : 혼인하는 것이 선을 권하고 도를 펴는 데에 어찌 방해
가 되는지요.

[제5강]
도를 행하는 사람에게는 혼인하지 않음이 편한 것이 많다

(1)

서양선비가 말한다 : 서로 방해가 안됩니다. 다만 독신으로 혼인하지 않으면 더욱 평안하게 자기를 완성하고 더욱 편리하게 다른 사람에게 이르게 됩니다. 제가 그대를 위해서 그 편리한 점을 들겠으니, 청컨대 상세히 살펴보면 저희 수도회가 수행하는 바에 증거가 있는지 없는지가 밝혀질 것입니다.

(2)

첫째는 이렇습니다. 혼인하는 것은 자녀를 낳아서 가정을 이룰 뿐이며, 이미 자녀 몇을 얻었으면 반드시 양육해야 하면서 재물로 양육비를 마련해야 합니다. 남의 아버지가 되면 아무래도 재산을 모을 마음을 가지게 되니, 지금의 아버지에게 자녀가 많은 경우에는 재물을 많이 구해야 할 것이고 구해야 할 것이 많은 경우에는 각기 그 원함을 얻기가 어렵습니다.

(3)

내 육신이 세속의 감정에 얽매여서 뛰어넘어 벗어날 수도 빠져들지 않을 수도 없으니 틀림없이 장차 구차함을 다행으로 여기면서 지향을 세워 사람들에게 의로움을 요구하고자 하면 어찌 떨치고 일어나게 할 수 있겠습니까. 무릇 덕을 닦음은 재물 경시를 으뜸으로 힘써야 하는데, 우리는 이제 한창 중히 여기고 사랑하면서 어찌 너희들은 가벼이 여기라고 권하겠습니까.

(4)

둘째는 이렇습니다. 도덕의 정서는 지극히 깊고 지극히 오묘하니 사람 마음은 혼란스럽고 우매함을 면할 수 없으며 색욕에 관계된 바는 또한 항상 사람의 총명함을 무디게 합니다. 만약 색욕이 작용하게 되면 마치 작은 등불이 두꺼운 가죽 초롱 속에 감춰진 것과 같아서 더욱 보이지 않으니, 어찌 도리의 오묘함에 통달할 수 있겠습니까. 색욕을 끊는 자는 마치 마음의 눈에서 때와 티끌을 제거한 것같이 더욱 밝고 환함이 증가하여 도덕의 섬세하고 치밀함을 깊이 연구할 수 있습니다.

(5)

셋째는 이렇습니다. 천하의 큰 유혹은 오직 재물과 색욕 두 욕망에서 말미암을 뿐이니, 어짊으로써 분발하여 세상을 구하려는 자는 반드시 이 두 유혹을 벗어남이 시급하다고 여겨야 합니다. 의원은 서로 거슬리는 것으로 서로 다스리므로 몸에 열이 나는 병에는 찬 약을 쓰고 몸이 차서 생긴 병에는 따뜻한 약을 써서 마침내 치료할 수 있습니다.

(6)

이에 우리는 부유함의 해로움을 미워하면서 스스로 택하여 가난한 자가 되었으며, 색욕의 해침을 두려워하면서 스스로 택하여 독신 남자가 되었습니다. 자기 처신하기를 이같이 하면서 나중에는 의롭지 않은 재물과 사악한 색욕이 비로소 줄어듦이 있었습니다. 그러므로 저희 수도회 벗들은 자기가 의롭게 얻은 재물을 감소시킴으로써 사람들에게 의롭지 못한 부유함에 빠지지 말기를 권유하며, 도리를 닦기 위하여 정상적인 색욕의 즐거움을 물리침으로써 사람들에게 예의에 어긋난 색욕에 미혹되지 말기를 권유합니다.

(7)

넷째는 이렇습니다. 설사 재능이 뛰어난 사람이 있을지라도 만일 그 마음이 흩어지면서 하나에 전념하지 못하는 경우에는 하는바 일이 반드시 정밀하지 않아 자기를 극복하는 공들인 보람이 천하를 극복하기보다 더 어렵다고 합니다. 예로부터 지금에 이르는 역사에 전하는 영웅으로 천하를 공격하면서 얻은 자가 많지만 자기를 극복할 수 있었던 자는 몇 사람입니까.

(8)

지향志向이 온 세상에 도리를 행하고자 하여 비단 [자기 자신] 하나만을 이길 뿐만이 아니라 아울러 만민의 사사로운 욕심을 막는 경우에는 그 효용이 크겠지만 어찌 계획할 수 있겠습니까. 전념하여도 여전히 정밀하지 못할까 두려운데 더구나 당연히 다른 임무에 분산시키겠습니까. 그대는 제가 장차 어리고 예쁜 여인을 맞아들여서 어린애를 낳아 기르기를 바라십니까.

(9)

다섯째는 이렇습니다. 말을 잘 기르는 자는 하루에도 천리를 달릴 수 있는 준마駿馬·천리마千里馬를 만났을 경우 소중히 길러서 전쟁터에서 쓸 것을 기약하고, 색욕에 빠져 약해짐이 있을 것을 두려워하여 무리와는 별도로 두어 암말과 접하지 못하게 합니다. 천주의 성교회聖敎會도 역시 장차 사방의 국경을 두루 돌아다닐 수 있는 재능이 뛰어난 사람을 찾아서 도리를 밝힘으로써 모욕에 항거하고 이단異端의 논의를 그치게 하며 그릇된 주장을 물리치면서 성교회가 정당함을 영원히 보존하였습니다. 어찌 색욕의 쾌락으로써 그 마음을 유약하게 하여, 그 과단성 있는 굳셈을 바야흐로 배양하려 하지 못하면서 사사로운 욕망의 습관을 극복하겠습니까.

(10)

그러므로 서양선비는 도리를 지속하기에 전념함이 후손을 이음에 오로지 일삼음보다 심합니다. 비유컨대 농부가 오곡 만 섬을 거둬들여 곡물 종자로 여겨 밭 가운데 다 뿌리지 않고, 반드시 장차 택하여 그 일부는 임금에게 공물로, 일부는 다음 해의 수확을 위한 종자로 삼습니다. 어찌 유독 인간만 다수의 자녀들을 자녀 생산하는 데에 다 허비하면서 보전하여 남겨두어 다른 용도에 대비하는 바가 없었겠습니까.

(11)

여섯째는 이렇습니다. 모든 평범한 일에 인간이 날짐승 · 길짐승과 더불어 같은 것이 있을지언정 이것을 대단히 소중하게 여겨서는 안 됩니다. 육신을 수고롭게 하여 먹을 것을 구하며, 먹을 것을 구하여 주림을 채우고, 주림을 채워서 기운을 기르고, 기운을 길러 해로움에 대적하고, 해로움에 대적하여 자기 목숨을 보전하기도 하고, 다 저희의 진정이기도 해서 인간은 날짐승 · 길짐승에 비교하여 이는 다름이 없기도 합니다. 만일 근신함으로써 의로움을 구하고, 의로움을 구함으로써 마음을 점검하고, 마음을 점검함으로써 육신을 수련하고, 육신을 수련함으로써 어짊을 넓히고, 어짊을 넓힘으로써 천주의 은혜에 응답하면, 이것이 바로 인간을 생성하신 간절한 사리이니 하느님의 중대한 취지에 부합할 수 있습니다.

(12)

이것을 쫓아가 보면 혼인하는 애정과 도리에 힘쓰는 의향 어느 것이 중하겠습니까. 천하에 차라리 밥이 없을망정 차라리 도리가 없지 못할 것이며, 천하에 차라리 인간이 없을망정 차라리 종교는 없지 못할 것입니다. 그러므로 도리가 급함으로 인하여 혼인을 늦출 수는 있지만, 혼인이 급함으로 인하여 도리를 늦출 수는 없습니다. 천주의 성스러운 취지를 준수하여 반포함으로써 비록 자기 육신을 버림에 이를지언정 감당할 수 있으니, 더구나 혼인을 포기하는 것쯤이야 그럴 수 있는 것 아니겠습니까.

(13)

일곱째는 이렇습니다. 저희 수도회의 취지는 다름 아니라 단지 사방에 올바른 도리를 전하고자 할 따름입니다. 가령 이 도리가 서쪽에서 행해질 수 없는 경우에는 그 벗을 동쪽으로 이동시키고, 동쪽에서 여전히 안 되면 다시 장차 남북으로 옮기니, 어찌 육신을 겨우 한 곳에만 획정을 짓겠습니까.

(14)

의술이 어진 자는 육신이 한 곳에 매이지 않고 반드시 두루 돌아다니면서 여러 곳의 병자를 구제함으로써 바야흐로 널리 베풉니다. 혼인한 육신은 한 곳에 얽매어 그 본래 책임이 집안 다스림을 넘지 못하고 혹은 [널리 베푼다고 하면서도] 한 나라에 이를 뿐입니다. 그러므로 중국의 도리를 전하는 자가 다른 나라에 나가 돌아다녔다는 것은 아직 못 들었으며, 부부는 서로 떨어져서는 안 되는 것입니다.

(15)

저희 수도회의 서넛 벗은 도리를 행할 수 있는 지역이 있다고 들으면 비록 수 만 리 밖에 있을지라도 역시 즉시 갔습니다. 집을 의탁하고 처·자식을 머무르게 할 염려가 없으니 곧 천주를 부모로 삼고 세상 사람을 형제로 삼으며 천하를 자기 집으로 삼습니다. 그 가슴 속에 품고 있는 의지가 마치 바다와 하늘 같으니, 어찌 어느 평범한 사람이 이해할 수가 있겠습니까.

(16)

여덟째는 이렇습니다. 무릇 이것이 저것과 더욱 비슷하면 그 성품도 더욱 가까운지라, 천신은 색욕이라는 것을 전혀 알지 못하니 색욕을 끊는 자의 그 진정은 천신에 가깝습니다. 대저 육신은 아래인 땅에 있지만, 하늘 위에 거처하는 자에 비하면, 형체가 있는 자이면서 형체가 없는 자를 본받음이니, 이것이 저의 변변치 못한 배움이라고 말해서는 안 됩니다.

(17)

이같이 결백한 수사修士가 천주께 기도하는 바가, 하늘의 가뭄이거나 요괴의 괴이함이거나 수재水災·화재火災·재이災異를 만나거나 하더라도 해결해주기를 구함이 있으면, 천주께서는 대부분 살피시고 들어주십니다. 그렇지 않으면 하느님께서 어찌 총애한다고 하겠습니까.

(18)

그러나 제가 이상과 같이 유달리 여러 조리條理를 갖추어서 저희 수도회에서 혼인하지 않는 의미를 해설하려는 것이지 혼인하는 것이 그르다고 하려는 것이 아니며, 대개 순리는 혼취이고 그리고 또 천주의 계명을 범하는 것이 아닙니다. 또한 혼인하지 않는 자가 다 신령한 사람[신인神人]이라 일컬으려는 것도 아닙니다. 설령 혼인을 단절하고 색욕을 물리치더라도 덕을 떳떳이 지킴에 간절하지 않으면 어찌 헛되지 않겠습니까.

(19)

오히려 중국에서 정상적인 색욕을 마다하면서 화류계花柳界 골목에 가는 자와 여성에 대한 색욕을 내버리지만 불량한 아동을 취하는 자가 있다고 하니, 이런 무리의 추잡함에 대해 서양의 군자들은 그 입을 더럽힐까 두려워 언급도 하지 않습니다. 비록 날짐승·길짐승 무리도 역시 오직 음과 양이 접촉하여 반응함을 알며 이같이 천성에 반대로 거슬리는 것이 없으니, 사람으로서 부끄러운 줄을 모르는 경우 그 범한 죄는 어떠한지요.

(20)

저와 같은 수도회원은 자기 종자 거두기는 온전히 하고 밭이랑에 뿌려 심지는 않지만, 그대는 오히려 그것이 옳은가 그른가를 의심합니다. 더구나 도랑과 골짜기에 버리는 자는 어떠하겠습니까.

(21)

중국선비가 말한다 : 섭리에 의거한 말은 사람의 마음을 복종하게 함이 날카로운 칼보다 강합니다. 다만 중국 경전에 이르기를, "불효에는 세 가지가

있는데, 후손이 없는 것이 가장 크다."라고 하니, 어떠하겠습니까.

[제6강]
후손이 없으면 불효라는 주장을 바로잡아 설명하다

(1)
서양선비가 말한다 : 그것을 해석한 자가 이르기를, "그때는 그때요, 지금은 지금입니다. 옛날에는 백성이 많지 않으니 당연히 확충해야 했지만 지금에는 사람이 이미 많으니 의당 잠시 중지해야 합니다."라고 했습니다. 제가 말씀드리건대, 이것은 성인이 전한 말이 아니라 바로 맹자도 잘못 전해진 것을 계승하였거나 순임금이 알리지 않으면서 혼인한 의미를 해석하거나 하면서 다른 사람이 핑계 삼은 것입니다. 『예기』 한 책만 해도 옛 논의가 아닌 게 많으며, 훗날 사람들이 그 당시의 의례를 모아서 편의대로 경전에 뒤섞어 기록한 것입니다.

(2)
그대 나라에서는 공자를 대성大聖이라 여기며 『대학』·『중용』·『논어』에 공자께서 효에 관해 논의하신 말씀이 지극히 상세한데, 어찌 유독 그 큰 불효에 대한 경계가 많은 제자와 그 후손들에게는 전해지지 않으면서, 오직 맹자에 이르러 비로소 저술되었습니까. 공자께서는 백이·숙제를 옛 현인으로 여기고, 비간比干으로 은殷나라 세 어진이 중 하나로 여겨서 이미 '삼자三子'로 칭하여 어질다 이르고 현명하다 일렀으니, 반드시 그 덕이 모두 완전하면서 무결하다고 믿으신 것입니다.

(3)

그러나 세 사람 다 후손이 없는 경우에 곧 맹자는 불효라고 여겼고 공자는 어질다고 여겼으니 또한 서로 어그러진 게 아니겠습니까. 이런 까닭으로 제가 후손이 없음을 불효로 여김이 결코 중국에서는 선진적인 인물의 취지가 아니었다고 말씀드리는 것입니다.

(4)

가령 후손 없음이 과연 불효가 될 경우에는 남의 자식이 된 자가 의당 아침·저녁으로 오로지 자식 낳기에 힘써 그 후손 잇기를 함으로써 하루라도 틈이 있어서는 안 될 것입니다. 어찌 사람들이 색욕을 지나치게 쓰도록 유인함이 아니겠습니까.

(5)

이 같으면 곧 순舜임금도 오히려 지극한 효자가 되지 못할 따름입니다. 대개 20세 이상 남자는 자식을 낳을 수 있는데 순임금도 30에 혼인하였으니 20에서 30에 이르는 동안은 효자가 아니었습니까. 옛사람은 30 이전에는 혼인하지 않았으니, 그 10년 사이는 다 효자가 아니었습니까.

(6)

예를 들면 평범한 남자가 있어 스스로 후손 없음이 효자가 아니며 후손이 있어야 곧 효자임을 알게 되어 즉시 여러 첩과 혼인하여 그 고향에서 늙도록 자식을 지극히 많이 낳으니, 처음에는 달리 칭할 선이 없다가 효도를 할 수 있게 된 것입니까.

(7)

도리를 배운 선비는 평생 멀리 다른 고장을 돌아다니며 임금을 도와 나라

를 바로 잡으며 많은 백성을 교화시켜 충성·신의를 지키느라 자식 낳기를
상관하지 않았습니다. 이것은 앞서의 논의를 따르자면 곧 큰 불효입니다. 그
러나 국가와 많은 백성에게 큰 공로가 있는 경우에는, 여론은 일컫기를 큰 현
인이라고 합니다.

(8)

효도냐 아니냐는 안에 있지 밖에 있지 않으니 나로 말미암지 어찌 다른 데
서 말미암겠습니까. 자식을 얻고 자식을 얻지 못함도 천주께서 정하신 명命
에 달려있으니, 자식을 구하는 자가 얻지 못함이 있지만 어찌 효도를 구하면
서 효도를 얻지 못하는 자가 있겠습니까.

(9)

맹자께서 일찍이 이르시기를, "구하면 얻고 버리면 잃으니, 이런 구함은 얻
음에 유익함이 있으며 구하는 게 나에게 있는 것이다. 구함이 도리에 있고 얻
음이 명命에 있으니, 이런 구함은 얻음에 유익함이 없으며, 구하는 게 밖에
있는 것이다."라고 하였습니다. 이로써 후사後嗣를 얻음에 무익하니, 더구나
높은 덕의 효험을 위함이겠습니까.

[제7강]
불효의 극도에 셋이 있다

서양 성인의 말씀에 불효의 극도에는 셋이 있다고 합니다. 부모를 죄악에
빠뜨림이 그 처음이요, 부모의 육신을 시해함이 그 다음이요, 부모의 재물을
빼앗음이 또 그 다음입니다. 천하 만국이 온통 세 가지를 불효의 극도로 삼
는데, 중국에 이른 뒤에 들으니 후사가 없는 불효의 죄가 세 가지보다 오히려

더 중하다고 합니다.

[제8강]
천주 · 임금 · 부친이 세 아버지이시니 거역하는 자는 불효다

(1)
제가 이제 그대를 위해 효에 관한 주장을 정리하겠습니다. 효에 관한 주장을 정리하려고 하면 먼저 아버지와 아들에 관한 주장을 정리해야 합니다. 무릇 사람은 천하에 세 아버지가 계시니, 첫째는 천주를 일컬으며 둘째는 임금을 일컬으며 셋째는 가친을 일컫는데, 세 아버지의 취지를 거역하는 자는 불효자가 됩니다. 천하에 도리가 있으면 세 아버지의 취지가 서로 어그러지는 게 없어 대개 [하늘] 아래의 아버지는 자기 아들에게 명하여 [하늘] 위의 아버지를 섬기게 하고, 아들 된 자는 한 아버지에 순종하니 곧 아울러 세 아버지에게 효를 하는 것입니다.

(2)
천하에 도리가 없으면 세 아버지의 명령이 상반되어서 곧 [하늘] 아래의 아버지는 그 위의 아버지에게 순종하지 않으면서 사사롭게 아들이 자기를 받들게 함으로써 그 위의 아버지를 상관하지 않게 합니다. 그 아들 된 자는 그 위 아버지의 명을 들어 비록 그 아래 아버지의 명을 위배하더라도 그것이 효도하는 데에 해를 끼치지 않습니다. 만일 아래 아버지의 명을 따르는 것이 그 위 아버지의 명을 거역하는 것이라면 말할 것도 없이 불효를 크게 하는 것이 됩니다.

(3)

국왕은 저에게 서로 임금 · 신하가 되고 가친은 저에게 서로 아버지 · 아들이 됩니다만, 가령 공변된 아버지이신 천주께 비할 수 있겠습니까. 세상 사람은 비록 임금 · 신하, 아버지 · 아들일지언정 [아버지이신 천주의 같은] 형제일 뿐입니다. 이 인륜은 불가불 밝혀야 합니다.

(4)

무릇 서양과 국경을 통하는 많은 나라가 다 칭하기를 성인이 난 땅이라고 하니, 어쩌면 성인이 있지 않았던 시기가 없을 것입니다. 제가 100년 이하를 살펴보건대, 저희 땅에서 성인으로 존경받는 분들은 다 틀림없이 종신토록 혼인하지 않았습니다. 성인은 세상의 표상이신데, 어찌 천주께서 세우셔서 표상으로 삼으면서 자기를 불의를 행함에 처신하게 하였겠습니까. 그들이 혼인하지 않았으면서 재물 축적을 위해서거나, 먹고 살기 위해서거나, 일시적인 안일을 꾀하고 게으름을 피우기 위해서거나 하는 그런 낮고 천한 부류는 논의할 게 못 됩니다.

(5)

만일 저희 서넛 벗이 한마음으로 도리를 사모하여 천주를 섬김으로써 세상을 구하고 근원으로 돌아가려 하며 게다가 모든 종류의 색욕을 끊은 것이 그것을 제 의견에 오로지 맡겨두면 추켜들 수 있는 이치에 맞지 않아서 진실로 불가하게 될 것입니다. 그런데 여러 성인이 그 몸소 먼저 했고 많은 나라의 현명한 선비들이 찬미하였으며 실제로 이치에 부합하고, 천주교 성경에서 특별나게 여기는 것 역시 잠시 그 뜻을 따를 수 있습니까, 없습니까.

(6)

후손을 잇는 게 급하다고 여기는 자는 오로지 천주 섬길 줄을 알지 못하여 본인의 수명에 불안해합니다. 다음 세상이 있음을 불신하는 자는 세상에 태어난 뒤에는 이미 다 흩어져 없어져 생존하지 않는 것은 실은 후손이 없다고 말할 수 있다고 여깁니다. 저희가 지금 세상에서 하늘 위에 계신 주님을 받들어 섬기면서 매우 긴 세월 이후를 바라보며 오히려 유구하게 항상 받들어 모실 터인데, 어찌 후손이 없음을 근심하겠습니까. 우리는 죽지만 신명神明[영신靈神]은 온전히 존재하며 당연히 더욱 선명하고 윤택할 것이며, 남겨 놓은 [육신의] 빈 껍데기는 자식이 장사지내도 역시 썩으며, 벗들이 장사지내도 역시 썩을 것이니, 만일 그렇다면 무엇을 선택하겠습니까.

(7)

중국선비가 말한다 : 도리를 배우기 위해 혼인을 하지 않음은 실로 의로움에 부합합니다. 저희 위대한 우禹임금도 난세를 만나 홍수를 다스리려고 온 나라를 돌아다니며 8년이나 밖에 있었고 세 번 그 집의 문을 지나가면서도 들어가지 못했습니다. 지금 역시 태평성세를 맞아 선비가 아내를 둠이 무슨 지장을 주겠습니까.

(8)

서양선비가 말한다 : 아아! 그대는 이 세상으로써 태평성세로 여기지만, 틀렸습니다. 지혜로운 자는 지금의 재난이 요임금 때의 재난에 비해서 더욱 크다고 여깁니다. 무리를 이룬 세상 사람은 소경과 같아 볼 수 없으니, 오히려 그 잔혹함도 역시 심하지 않겠습니까.

(9)

옛날의 이른바 불길함은 외부으로부터 와서 사람들이 오히려 쉽게 보고 빨리 막을 수 있었으나, 그 손상된 바가 재화를 넘지 않고 혹은 피부를 손상시키기도 하였지만, 지금의 재앙은 내부로부터 돌발하니 명철한 자라도 깨달았으면서 피하기 어려운데, 더구나 범상한 사람은 어떻겠습니까. 그러므로 그 피해가 막심하니, 바람 · 벼락과 같이 요괴가 사람을 쳐서 외모는 손상하지 않으면서 그 안의 것[마음]을 침범합니다.

[제9강]
천주께서는 바로 공변된 위대한 아버지이시며 최상의 공경할 임금이시다

(1)
대저 천주께서는 천지 만물을 [무無에서] 변화시켜 [유有를] 생성하신 바로 공변된 위대한 아버지이시요, 또한 때마다 주재하시고 편안하게 기르시니 바로 최상의 임금이십니다. 세상 사람이 우러르지 않고 받들지 않는 경우 아버지도 없고 임금도 없으니, 충성이 없음에 이르고 효도가 없음에 이릅니다. 충성과 효도가 없이 더욱이 무슨 덕이 있겠습니까.

(2)
무릇 쇠 · 나무 · 흙 · 진흙으로 어떤 사람의 거짓 형상인지 알지 못하는 것을 쇳물을 부어 만들거나 흙을 빚어 만들어서는 어리석은 백성을 앞장서서 이끌고 가서 절하고 기도드리게 하며 말하기를, "이것이 바로 부처다." "이것이 바로 [도교의] 삼청三清[청원시천존玉清元始天尊 · 상청영보천존上清靈寶天尊 · 태청도덕천존太清道德天尊]이다."라고 합니다. 더욱이 음란한 말과 간사한 주장을 홍행시켜 [사람들 사이에] 천주의 의향이 통하지 못하게 하면서 [사람들의] 마음속에 범람시켜 그 근본으로 돌아갈 수 없게 합니다. 게다가 '비었음(공空)'과 '없음(무無)'으로써 사물의 근원으로 삼으니, 어찌 천주를 '비고' '없다'라고 하는 것이 아니겠습니까.

(3)

　인류를 천주와 같은 한 몸[동일체 同一體]으로 여겨서 장차 하느님의 존귀함을 비천한 노역자에 비등하다고 하지 않겠습니까. 그 거짓되고 망령됨을 자행하여 천주의 무한하신 존엄한 영신을 흙·돌·말라죽은 나무와 대등하게 하며, 천주의 무궁한 어짊을 뒤집어 결점이 있는 것으로 만들어 추위·더위·재해·이변을 원망하고 또한 탓합니다. 임금이시요 아버지이신 천주를 업신여기고 가볍게 여겨 한결같이 이런 지경에 이르렀으니, 대개 인생의 현저한 일에 관한 배움이 차츰 쇠퇴한 지가 이미 오래되었습니다.

(4)

　[이모저모 깊이] 생각하지 않는 하급관리는 그럭저럭 그 백성들과 영합하여 이미 사당을 짓고 형상을 세워, 군郡·현縣에 그득히 널린 게 모두 산 사람을 위한 사당·불전·신궁으로 산에 가득 차고 거리에 두루 퍼져 있는데, 어찌하여 천주의 존엄하신 영신을 예의로 절하며 공경하여 섬기는 작은 제단祭壇은 하나도 없는 것입니까.

(5)

　일반 사람도 다 사기·허위를 익히고 허위로 대중의 스승을 만들어 헛된 명예를 찬양하고 그 입에 공양하고 백성의 부모라고 사칭하여 명성을 바라고 재물을 받으며, 세상 사람의 위대한 아버지이시며 우주의 공변된 임금에 관해서는 그 자취를 없애고 그 지위에 넘치는 일을 하니 위태롭고 위태롭습니다. 제 생각에는 위대한 우禹임금이 마침 지금 세상에 있어도 비단 8년만 밖에 있을 뿐만 아니라 틀림없이 그는 절대로 아내를 가지지 못하고 종신토록 만국을 두루 순시하다가 차마 돌아가지 못할 것입니다.

(6)

그대는 우리 서너 벗이 자식으로서의 심성을 가지며 형제로서의 애정을 가지기를 바라는데, 이것이 어떤 때에 될 것이라고 보십니까.

(7)

중국선비가 말한다 : 이것을 혼란이라고 하는 경우 혼란은 물론 말로 다 할 수 없습니다. 때때로 현자가 학문에 대해 강론하면서 그 표면에만 급급하면서 그 내면을 탐구하지 않으면 그러므로 표면과 내면이 마침내 전부 나빠집니다. 대개 악을 마음에 쌓고 겉으로 당황하여 표현하지 않는 사람을 아직 듣지 못했습니다.

(8)

간혹 유학자가 그의 개인적인 지혜를 신뢰하여 마음대로 부처·노자에게 억지로 갖다 붙여 다가올 세상을 거지 아이가 먹다 남은 밥을 구걸하는 것같이 논의함으로써 올바른 학문을 더욱 문란케 하니 그대 나라의 유학자들이 마침내 근원으로 돌아감만 못합니다. 이 논의는 이미 분명하여 누구나 깨달을 수 있습니다. 다만 기꺼이 심혈을 기울여 한번 많은 사물의 상태를 생각해보면, 틀림없이 사물에는 사물에 비할 수 없는 최초의 근원이 있음을 알게 됩니다.

(9)

성인이나 부처나 신선이나 다 사람으로 말미암아 생겨났으니 최초의 근원이라는 것이 없다고 말할 수 없습니다. 최초의 근원이 되지 못하면 참된 주님이 되지 못하는데, 어찌 즉시 대대로 전할 계명을 세울 수 있겠습니까. 무릇 돌아갈 근원이 있음을 아는 경우 사람의 도리는 이미 정해졌으니, 하늘 섬기기를 버리고도 또한 무엇을 배우겠습니까. 가령 한 육신의 팔·다리가 각기 스스로 존재하기를 바라는 것입니다. 그러나 갑자기 칼과 창을 가지고 곧 그 머리를 치려고 하면, 손과 다리가 저절로 가서 구하여 보호하며 비록 상처를 입어 불구가 되더라도 끝내 그칠 리가 없습니다.

(10)

선생님의 가르침이 천주께서 만물의 근원이 되심을 환하게 깨달아서 알게 해주셨으니, 악한 행실을 보거나 악한 말을 듣고, 무릇 이치에 거슬리거나 가르침에 어긋나는 것이 있어, 만약 천주께서 곧 창·칼에 찔리실 것같이 여겨지면, 급히 쫓아가서 보호하겠습니다. 이것도 역시 오직 천주께서 하늘 위에 계심을 아는 것이지만, 어찌 천하에 숭상할 다른 사물이 있다는 것을 알겠습니까. 그러므로 아내·자식과 재물·자산을 염두에 두지 않을 뿐만 아니라 내 육신의 목숨까지도 또한 개의치 않습니다.

(11)

우리들의 속된 마음은 막히고 맺혀 마치 사모하여 본받고자 하는 듯하지만 믿고 따르기가 가볍고 천박하니, 어찌 목숨을 내버리라고 말하고 아내·자식을 포기하라고 명하겠습니까. 하느님의 도덕에 관계된 까닭으로 말미암았을지라도 가깝게는 반걸음을 옮기거나 멀게는 티끌 하나를 쓰는 것마저도 각각 애석하게 여기니 슬픕니다!

(12)

그렇기는 하나 제가 자주 큰 가르침을 받았으니, 천주를 부르면 통하지 않는 바가 없으며 할 수 없는 것이 없으며, 그분께서 이미 세상 사람의 인자한 아버지이시니 어찌 차마 우리들을 어리석음과 어두움에 오래 두시겠으며, 근원이시고 위대한 아버지이심을 깨닫지 못하고 이 길을 무턱대고 가게 하시겠습니까. 어찌 스스로 이 세상에 내려오셔서 몸소 미혹된 뭇사람을 인도하지 않으시겠습니까. 만국의 자식들로 하여금 참된 아버지로 숭상할 둘이 없음을 분명히 보게 하시니 어찌 기쁘지 않겠습니까.

(13)

서양선비가 말한다 : 그대의 이 질문을 기다린 지 오래입니다. 참으로 중국에서 도리를 배우는 사람은 항상 이 이치를 물었을테고, 틀림없이 이미 얻었을 것입니다. 이제 제가 이 세상에서 혼란을 다스리는 까닭을 드러내고자 합니다. 청컨대 그대는 마음에 새겨 잊지 마소서.

(14)

천주께서 처음 천지를 창조하시고 사람과 사물을 변화시켜 생성하셨습니다. 그대 생각에는 맨 처음이 오히려 곧 이같이 혼란스럽고 고통스러웠다고 여겼습니까. 뜻밖에도 그렇지 않았습니다. 천주의 권능이 가장 신령하시고 그 진정眞情이 지극히 인자하셔서, 사람의 무리를 고르게 양육하시고 천하 만물에 도달하셨으니, 어찌 차마 다스리지 못하시고 불길한 곳에 두시겠습니까.

[제10강]
천지가 열리던 처음이 사람에게 좋은 곳이었다

(1)

천지가 열린 처음 생성된 사람은 병들어 요절함이 없이 늘 화창하며 늘 매우 쾌락하였으며, 날짐승 · 길짐승 · 만물에게는 그 명을 순순히 들어 감히 침해하지 못하게 하고, 오직 사람에게는 천주를 순종해 받들게 하니, 이와 같을 따름이었습니다. 모든 혼란과 많은 재난은 다 사람이 이치를 거스르고 천주의 명을 위반함으로 말미암았으니, 사람이 이미 천주를 배반하고 만물도 역시 사람을 배반하여, 이로써 스스로 행하고 스스로 초래하여 매우 많은 재앙이 생겨났습니다.

(2)

세상 사람의 조상이 이미 인류 성품의 근본을 무너뜨렸으니 곧 그 자손이 되는 자들이 그 남긴 허물을 따라서 성품의 온전함을 계승할 수 없게 태어나면서 결점을 지녔고, 또한 많이 서로 이끌면서 추한 행위가 습관이 되니 곧 그 성품의 근본이 선하지 않은가 의심을 가져, 천주께서 창출하신 바와 상관이 없다 함도 역시 이상한 것은 아닙니다.

(3)

사람이 이미 습관이 된 바는 제2의 성품이라 이를 수 있습니다. 그러므로 그 소행이 성품 때문인지, 그 위에 습관 때문인지를 분간하기가 어렵습니다. 비록 성품 자체가 스스로 선할지라도 악으로 말미암아서 없어질 수는 없습니다. 그러니 분발하여 선으로 옮기도록 생각을 바꾸기에 성공할 수 있으면, 천주께서도 역시 틀림없이 도와주십니다.

(4)

다만 사람의 선한 성품이 이미 없어지고 또 추함에 습관이 되어 그러니 악에 빠지기는 쉽고 선에 서기가 어려울 뿐입니다. 천주께서는 아버지의 자애로써 불쌍히 여기시고 예로부터 대대로 성령[聖靈 성신聖神]으로 하여금 계속하여 일어나게 하시어 최고 정점에 서게 하셨습니다. 무릇 순박함이 점점 엷어짐에 이르자 성인 · 현인은 죽고 욕망을 좇으려는 자들은 날로 많아지며 이치를 따르려는 자는 날로 드물어졌습니다.

(5)

　그래서 자비를 크게 드러내시어 친히 오셔서 세상을 구원하시고 많은 종류를 두루 깨우치셨습니다. 1,603년 전 경신庚申년, 곧 한漢 왕조 애제哀帝 원수元壽 2년 동지冬至 후 3일에 동정녀를 택하여 어머니로 삼아 교접하여 감응한 바가 없이 잉태되어 강생하시니 이름을 예수라 불렀는데, 예수는 즉 세상을 구원하심을 이르는 것입니다. 몸소 스스로 표양을 세우시고 서쪽 땅을 널리 교화하시고 33년에 다시 승천하여 돌아가셨으니, 이것이 천주의 진실한 자취입니다.

(6)

　중국선비가 말한다 : 비록 그럴지라도 다만 어떤 이치로써 입증하겠습니까. 그때 사람이 무엇으로써 예수께서 실제로 천주가 되셨으며 비단 사람이 아니시라는 것을 입증하겠습니까. 만약 예수께서 스스로 말씀한 것뿐이라면, 아마 증빙하기에 부족할 것입니다.

[제11강]

　면 서양에서 성인이라 일컬음이 무엇 때문에 절실했나

(1)

　서양선비가 말한다 : 서양의 법률에 사람을 성인으로 일컫는 것을 중국과 비교하면 더욱 엄격한데, 더구나 천주라고 일컬음은 오죽하겠습니까. 무릇 100리 땅의 임금으로써 제후의 알현을 받고 천하를 얻어도, 비록 불의를 하나도 행하지 않고 무고한 사람 하나도 죽이지 않고 천하를 얻었더라도 저희 서쪽 나라에서는 성인이라 이르지는 못해도 역시 세속을 초월한 임금이 있어 큰 제후[의 나라를 버리고 도리를 닦으면서 영화를 물리치고 검약하게 거처

할지라도 겨우 청렴하다고 칭찬하여 말할 뿐입니다. 그 이른바 성인이라는 자는 바로 그가 천주를 흠숭하고 자신을 낮춰 겸손하게 다스립니다. 그래서 그 말하는 바나 행하는 바가 사람을 넘어서서 모두 사람의 힘이 기필코 필적할 수가 없는 바입니다.

(2)

중국선비가 말한다 : 어찌 사람을 넘어섰다고 말씀하십니까.

(3)

서양선비가 말한다 : 사람을 사람의 일로써 가르치는데 이미 지나간 것이거나 지금 있는 것이거나 하는 것은 비단 성인이 된 이후에나 할 수 있을 뿐만 아니라 명성을 얻으려는 지향을 가진 자는 모두 스스로 힘쓰면서 해야 합니다. 만약 천주님과 미래의 일로써 백성을 가르치고 도를 전파하는 것이 어찌 사람의 힘이겠습니까. 오직 천주[의 권능]이십니다. 병을 치료하면서 약을 복용하여 곧 낫게 함은 의술을 배운 자가 할 수 있고, 상 · 벌의 공정함으로써 세상을 다스리지만 세상을 다스림은 유학자가 성취할 수 있습니다. 이는 다 사람의 힘으로 할 수 있는 것이니, 이로써 성인을 입증하려 해서는 안 됩니다.

(4)

만일 뛰어난 공로와 더없이 훌륭한 덕행이 있어 조화를 함께 부려서, 투약하는 방법을 쓰지 않고서도 치료할 수 없는 병을 치료하며 이미 죽은 사람을 다시 살리기라도 하면, 이와 같은 종류의 일은 사람의 힘이 미치지 못하니 틀림없이 천주로부터 유래한 것입니다. 저희 나라에서 소위 성인이라고 일컫는 사람들이 대체로 다 이와 같습니다.

(5)

만약 스스로 그 자신이 성인임을 뽐내거나, 벗들이 대신 과장하여 자랑하거나, 천주를 두려워 않고 사악한 술법과 귀신같은 기예를 써서 괴이한 짓을 하거나 함으로써 어리숙한 보통 사람을 현혹하며 스스로 뽐내기를 좋아하면서 천주의 공덕에 상반되면, 이는 지극한 악입니다. 서양 나라에서는 이를 방지하기를 물·불과 같이하니, 어찌 다만 성인이라 일컫지 않을 뿐이겠습니까.

(6)

천주께서 세상에 계실 때에 드러내신 자취가 매우 많았으며, 그 하신 바는 성인을 넘어섰고 동시에 심원하였습니다. 성인이 하신바 기묘한 일은 다 천주의 권능을 빌린 것이니, [천주께서는 전능하시니] 천주께서 다만 무슨 빌려서 할 바가 있겠습니까.

[제12강]
예수가 세상에 계실 때 무슨 효험으로 천주를 증거하였나

(1)

오랜 옛날 서양 땅에 성인이 많이 있어 몇천 년 전에 미리 먼저 상세히 성경에 기록하여 천주 강생의 의미를 등재하면서 그 정해진 때를 지적했습니다. 그 때에 이르기까지 세상 사람들이 다투어 함께 희망하더니 과연 만났습니다.

(2)

그분께서 하신 바를 검증해보면, 옛 성인이 기록한 바와 부절符節[옛날 사신

들의 신분 증명 표식을 맞춘 것과 같습니다. 그분께서는 돌아다니시면서 백성을 가르쳐 일깨웠는데, 귀머거리는 들으라 명하니 즉시 들었고, 장님은 보라 명하시니 즉시 보았으며, 벙어리는 말하라 명하니 즉시 말하였고, 앉은뱅이는 걸어가라 명하시니 걸어갔으며, 죽은 자는 살아나라 말씀하시자 즉시 살아났으니, 천지와 귀신이 다 두려워하고 공경하였으며 모두 명을 듣지 않음이 없었습니다. 이미 옛 성인이 기록한 바와 부합하고, 이미 또한 이전의 성경에 더 보태어 큰 가르침을 세상에 전함으로써 도리를 전달하는 공적을 이미 마치시고는 스스로 말씀하신 기약된 때 대낮에 하늘로 올라가셨습니다.

(3)

그때 네 성인이 있어 그분께서 세상에 계시던 행실과 그 가르치신 말씀을 기록하면서 여러 나라에 전하자 곧 사방의 많은 사람이 무리 지어 추종하면서 대대로 지켰습니다. 이로부터 서양 여러 나라에서 교화가 크게 행해졌습니다.

(4)

중국의 역사를 고증해보면, 그때 한漢 나라 명제明帝가 일찍 그 일을 듣고 사신을 보내 서양에 가서 성경을 구해 오게 하였는데, 사신이 도중에 잘못 신독국身毒國[오늘날의 인도印度]을 만나 그 나라의 불교 경전을 가져와 중국에 널리 전했습니다. 그리하여 지금에 이르기까지 그대 나라가 속아서 유인당한 바가 되어 그분의 올바른 도리를 들을 수 없어서 학술에 큰 화난이 되었으니, 어찌 참담하지 않겠습니까.

(5)

중국선비가 말한다 : 그 시기를 조사해보면 맞고 그 사람을 조사해보면 통하며, 그 일을 조사해보면 또한 의심이 없어집니다. 제가 원하오니, 집으로

물러가 목욕하고 와서 천주의 진실한 성경을 받아 절하여 스승으로 모시고 천주 성교회의 문에 들어가고자 합니다. 아마도 이미 이 문밖의 지금 세상에서는 올바른 도리를 얻을 수 없으며, 다음 세상에서도 하늘의 복을 얻을 수 없을 것임을 명확히 알겠습니다. 존경하는 스승께서 허용해주실지 아니하실지를 알지 못하겠습니다.

(6)

서양선비가 말한다 : 다만 이 성경을 널리알리고자 함으로 인하여 제가 두세 영민한 벗을 따라서 집을 버리고 고향을 떠나 몇 만 리를 어렵지만 부지런히 돌면서 다른 나라에 임시로 거주하고 있습니다만 후회는 없습니다. 진심으로 기쁘게 받아들이시니, 바로 제게는 커다란 행복입니다. 그러나 목욕은 단지 육신의 때를 씻어내지만, 천주께서 미워하시는 바는 바로 마음의 때일 뿐입니다. 그러므로 성교회에서는 출입문을 만들어서 성수聖水를 조성해두었으니, 무릇 이 도리를 따르고자 하며 예전의 죄과를 깊이 뉘우치고 진심으로 선으로 옮겨가고자 하면서 이 성수를 받아들이면 곧 천주께서 애모하시어 이전의 죄를 다 사면해주시면서 어린아이가 처음 태어난 것과 같아집니다.

(7)

우리들의 의향은 남의 스승이 되는 게 아니라 오직 세상의 그릇됨을 가엾게 여겨 근원의 길로 되돌리게 하면서 전부 천주의 성교회로 인도하여 곧 가득 채워 다 같은 아버지의 형제가 되는 것입니다. 어찌 감히 함부로 이름을 부르며 스승을 욕되게 하는 예절을 도모하겠습니까. 천주 성경의 문자는 중국과는 다르며, 비록 번역이 다 되지 못했지만 그 중요 부분은 이미 정자正字 [해서楷書]로 바뀌었습니다. 다만 제가 앞에서 담론談論한 교리의 단서는 모두 이 도리의 핵심입니다. 배우기를 소원하는 자가 물러서면서 앞 몇 편의 사리를 깊이 음미한 경우에는 이미 의심이 없어져 곧 성경을 받들고 성수를 받아들여 입교함에 무슨 어려움이 있겠습니까.

(8)

중국선비가 말한다 : 제 육신이 천주로부터 나왔지만 오래도록 천주의 도리를 몰랐었는데, 다행히 선생님께서 8만 리 풍파를 마다하지 않으시고 멀리 성교[聖敎, 천주교]를 전하여 다른 점과 같은 점을 호랑이 몸 위의 반점이 선명한 것과 같이 드러내어 저로 하여금 듣고 지난날의 죄를 훤히 깊게 깨닫도록 해주셨으니 받은 은총이 매우 많습니다. 더욱이 저로 하여금 지금 사는 세상에서 위대한 아버지의 성스러운 분부를 받들면서 준수하도록 하셨습니다.

(9)

제가 고요히 생각하니 아주 크게 기쁘면서 또한 매우 깊이 슬픕니다. 저는 반드시 제집에 물러가 가르쳐주신 것을 익혀 적어서 기록하고 기억하여 잊지 않아 근원으로 돌아가는 올곧은 도리를 다 들어서 알 것을 기약합니다.

(10)

소원하는 바는 천주께서 선생님의 인자한 가르침을 도우시고 보우하사 천주교를 현양하여 저희 중국의 집마다 전해져 사람마다 암송하게 하여 다 선을 닦고 악이 없는 백성이 되게끔 해주시는 것입니다. [천주님의] 공덕이 넓고 크심을 또 어찌 다 헤아릴 수 있겠습니까.

노용필 盧鏞弼

서강대학교 문과대학 사학과 및
동 대학원 석사 · 박사 졸업 (문학박사, 한국사전공)

가톨릭대학교 인간학연구소 연구교수
전북대학교 HK 교수
한국사학연구소 소장

〈저서 · 역서 · 편저 · 공저 목록〉

저서

『한국도작문화연구』(한국연구원, 2012)
『한국고대인문학발달사연구』(1) 어문학 · 고문서학 · 역사학 권 (한국사학, 2017)
『한국고대사회사상사탐구』(한국사학, 2007)
『신라진흥왕순수비연구』(일조각, 1996)
『신라고려초정치사연구』(한국사학, 2007)
『朝鮮後期天主學史硏究』(韓國史學, 2021)
『한국천주교회사의 연구』(한국사학, 2008); 金京善 译,『韩国摄取西方文化史研究』(北京 : 學苑出版社, 2021)
『한국 근 · 현대 사회와 가톨릭』(한국사학, 2008)
『≪동학사≫와 집강소 연구』(국학자료원, 2001)
『한국근현대사회사상사탐구』(한국사학, 2010)
『한국현대사담론』(한국사학, 2007)
『이기백한국사학기초연구』(일조각, 2016)

역서

『고대 브리튼, 그들은 어떻게 살았을까』(일조각, 2009)
『교요서론－18세기 조선에서 유행한 천주교 교리서－』(한국사학, 2013)
『天主實義 · 텬쥬실의』상권 · 하권 (한국사학, 2021)

편저

『벗은 제2의 나다 : 마테오 리치의 교우론』(어진이, 2017)
『한국중국역대제왕세계연표』(한국사학, 2013)

공저

『최승로상서문연구』(일조각, 1993)
『이기백한국사학의 영향』(한국사학, 2015) 외 다수

천주실의

초판 1쇄 발행   2021년 6월 25일

지은이 / 노용필
펴낸이 / 곽정희

편집 · 인쇄 / 준프로세스 김병근 이국경

펴낸곳 / *어진이* 於辰伊
등록번호 / 제25100-2011-000037호   일 자 / 2003년 7월 3일
주 소 / 서울특별시 노원구 동일로 1701 (상계동, 희성오피앙) 1434호
전 화 / 02-741-4575   팩 스 / 02-6263-4575
e-mail / people-in-korea@hanmail.net
국민은행 계좌번호 / 324702-04-073289 / 예금주 곽정희(어진이)

　* 저자와의 협의 하에 인지는 생략합니다.
　** *어진이* 는 어질고자 하는 모든 이를 위해 책을 만드는 곳으로,
　　펴낸이가 함자 그대로 살다 가신 어머님 최어진崔於辰의 은혜를
　　기리려고 설립하였습니다.

ISBN 978-89-92321-08-2 93230

값 : 22,000원